JN059841

窓でかわる
住宅の
パッシブ設計

暖房・冷房を上手に減らす 快適な住宅のつくり方

前 真之・倉渕 隆・吉澤 望・谷口 景一朗 著

建 築 技 術

はじめに

井上 隆
東京理科大学名誉教授／東京電機大学客員教授

住宅の窓を如何に設けるかは、元来、極めて難しい問題である。考慮すべきは、性能面に限っても、熱・光・風・音・眺望など、実に多岐にわたる。内外を遮断すれば済む外壁・屋根などの他部位に比べ、日射取得・採光・眺望・通風・換気など内外の連続性、透過性をも求められる。しかも同じ部位に、冬期には断熱・気密・日射取得、中間期・夏期には通風・換気、日射遮蔽など、まったく正反対の性能が要求される。さらには、時間帯や天候によっても要求は大きく変化する。内外の意匠性、眺望、開放感、安心感など、心理面まで考えると難易度は一層高まる。

わが国においては、窓は単板ガラスと引違いアルミサッシという時代が長らく続いたが、特にこの数年、状況は大きく変わりつつある。ＪＩＳなどの規格、建築物省エネ法、建材トップランナー制度、性能表示制度など見直しが相次いだ。背景には言うまでもなく、地球温暖化対策としての国際的な省エネルギー・脱炭素化の動きがある。ガラスでは、複層化、Ｌｏｗ－Ｅ化、中空層不活性ガス充填・真空化、サッシでは、樹脂化、開閉方式、形状など、ともに急速に高性能化・多様化が進み、実際に新築住宅における高性能窓の採用率は大幅に向上している。

パッシブタウン黒部においても、高い断熱性能、日射遮蔽性能、気密性能、を有することで、開放感あふれる大開口を設けながらも、冬期の窓面温度の低下、室内上下温度分布を大幅に抑え、中間期・夏期の日射による悪影響、年間エネルギー消費を抑えつつ居住者の満足度を高めることが、可能であることが実証された。

このプロジェクトを通じて、窓まわりの個々の技術・工夫とその室内環境改善効果、居住者の満足度に及ぼす影響など詳細に実態を把握し、考察を深めた研究者・実務者の方々が、各々の蓄積を活かし分かりやすく窓まわりで発生する現象の原理から、何が問題で本来どうあるべきかという視点の中で、今後の窓のあり方まで解説を試みたのが本書である。

脱炭素化は今後長期に亘り課題であり続け、人々の環境や快適性・健康性に関する意識も大きく変化している。新型コロナウイルス感染拡大を契機としたテレワークなど行動変容の影響も、見極めが必要である。

本書が、新しい時代の生活・住まいの構築に大いに貢献することを期待している。

パッシブタウンの全景（2022年現在）※

※写真提供：YKK不動産(株)

ランドケープ（開放的な空間構成）※

ストリートモール※

PTCC（パッシブタウンコミュニティセンター）※

オープンコミュニティ（KAYADO！フリー）※

月例イベント（センターコモン）※

本書の基礎になった パッシブタウン性能評価研究の紹介

八木繁和　パッシブタウン性能研究部会長

富山県黒部市に建設されているパッシブタウンは、過度なエネルギー消費に依存せず、太陽光や風、水など、黒部の自然エネルギーを最大限に活かす「パッシブ設計」による、これからの持続可能な社会にふさわしい、ローエネルギーな「まちと住まい」の実現を目指す取組みです。

第1街区36戸、第2街区44戸、第3街区37戸を異なった設計者が独自のアプローチで外皮性能の強化と、パッシブデザインによる工夫でエネルギー消費量の削減に挑戦するプロジェクトです。

そのパッシブ設計を駆使して建設された建物のエネルギー消費量の実測や、パッシブ設計の効果を客観的に評価すること、その評価結果である機能や効用を公開することで、パッシブタウン後期街区および、多様な地域における省エネな住まいづくりとその暮らし方を提言し、持続可能な社会づくりに貢献することを目的としています。

研究は第1街区完成直後の、２０１６年7月から3年半に渡り、パッシブデザイン性能評価委員会を発足させ、委員長に井上隆 東京理科大学理工学部教授（当時）、副委員長に倉渕隆 東京理科大学工学部教授、委員に前真之 東京大学大学院工学系研究科准教授が就任し、評価方針・計画の策定に掛かりました。同時に、実測研究部隊のパッシブデザイン性能研究部会を分科会として組織しました。専門分野別に吉澤東京理科大学教授、長井東京理科大学教授、前東京大学准教授、高瀬東京理科大学助教（当時）らが委員となり、各研究室の講師や助教、学生の協力を得て実測と分析を行いました。

調査は、各街区が竣工するたびに実測し、各街区とも夏と冬を二季節含み、測定数は実に数万に上りました。そこで得られたデータや知見は、日本建築学会や空気調和・衛生工学会、あるいは海外で論文として多数発表しています。

パッシブタウンでは、断熱性に優れた大きな開口部が冬には日射を取り入れ、夏には卓越風（あいの風）を取り入れて快適な室内環境を醸し出し、住居当たりのエネルギー消費量が目標値以下に成っていることを、実測結果により証明することができました。しかも、居住者の七割以上が満足を得ていることをアンケートなどでも確認しています。

２０１９年の研究発表会では、開口部と満足度や、パッシブ設計と外部環境の関係に加えて、設計の意図とライフスタイルのマッチングについても言及しました。

本書は、パッシブデザイン性能研究部会に携わった研究者が得た知見に独自の研究を加えて、実際の建物に応用してもらいたいという想いで刊行しました。さらに、実際に環境シミュレーションを実践している設計者の声を交えるなど、窓のパッシブ設計を実際の建物に取り入れたときの効果を示しています。グラフや写真の活用だけでなく、ＱＲコードを読み取ることで著者の先生方と動画で出会うこともできます。読み進むうちに基礎になった黒部市のパッシブタウンに思いをはせて、足を運んでいただけることを楽しみにしております。さらに、パッシブタウンは竣工後の運営にも力を入れており、月に一度タウン内でＫＡＹＡＤＯ！フリーと称してマルシェなどを催し、地元の食材や工芸品などの販売店が50店舗以上の参加と地域の方々が千人以上訪れるようになってきました。愛されるパッシブタウンとともに、本書が地球環境にやさしく居住者や地域の方々にも喜ばれる住宅設計の一助に成れば幸甚です。

【窓でかわる住宅のパッシブ設計】　正誤表　　2023年10月

ページ	誤	正
004頁 行目	八木繁和　パッシブタウン性能研究部会長	八木繁和　パッシブデザイン性能研究部会長
007頁　目次	窓の性能を実感する体感シュールーム	窓の性能を実感する体感ショールーム
018頁 4段目4行目	日本の断熱が、・・・	日本の住宅の断熱レベルが、・・・
020頁　図7	出典元未記載	出典：一般社団法人 日本サッシ協会 住宅用建材使用状況調査
042頁 QRコード下	QRコードから、前教授への・・・	QRコードから、前准教授への・・・
054頁 QRコード下	QRコードから、前教授への・・・	QRコードから、前准教授への・・・
067頁　1段目1行目	十分に高くなら、・・・	十分に高くなり、・・・
067頁　2段目30行目	・・・と特に大きく冷房負	・・・と特に大きく冷房負荷
074頁　2段目6行目	1. 住宅で目指す性能・住空	1. 住宅で目指す性能・住空間
094頁　図3	アウトセット納まり・・・	インセット納まり・・・

目次

III 高性能住宅を実現する実務的な所作

IV パッシブ設計で使えるツール

コラム

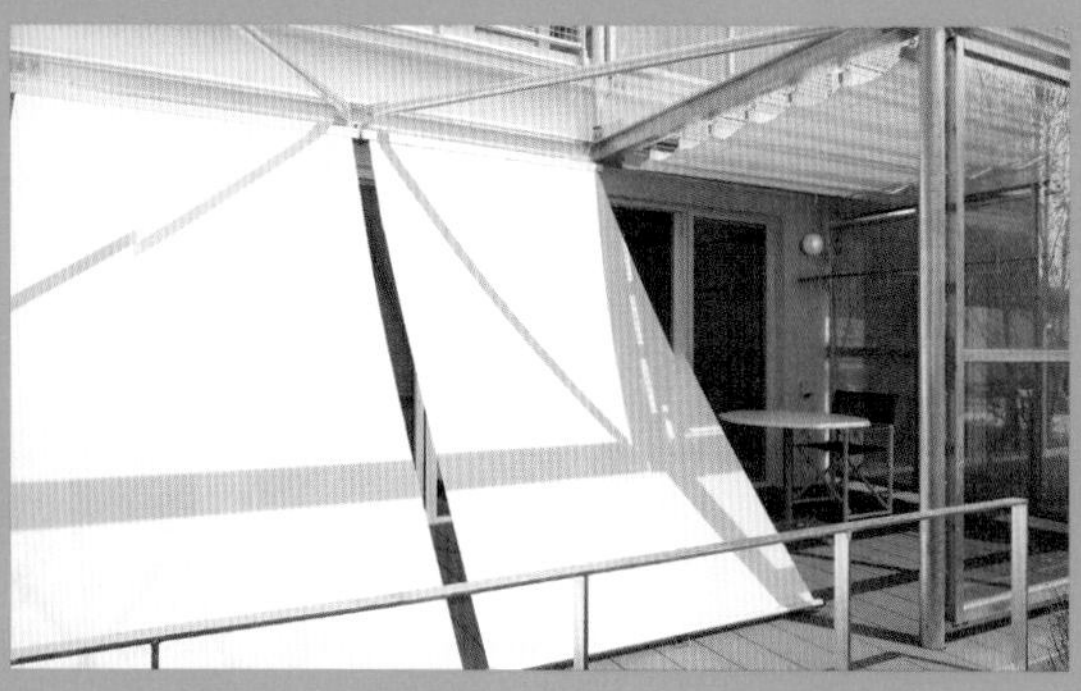

パッシブタウン
第1街区

自然と交感する楽しみ
地域・社会とつながる喜び

写真提供：YKK不動産㈱

I

どんな窓を・どこに・どの大きさで・開けるのが最適か？

採光・日射熱取得のポイント❶

高窓からの採光で
室内を明るく

窓の種類

YKK AP ㈱書籍制作委員会＋渡辺圭彦

窓の仕様を最優先で考える

家づくりを進めていくうえで、建築主や設計者はどれだけ窓に関心をもっているでしょうか？　みなさん、間取りやインテリア、外観デザイン、収納や動線などについては、真先に取り組むことと思います。窓は、そうした計画を経て「じゃあ、この空間はどう構成しようか」というパーツ選びの段階で検討される、二次的なものとなりがちでした。

しかし、近年のように住宅性能が重視されてくると、窓の選択は重要になります。もちろん、従来でも窓は通風・採光の他、住宅デザインをも左右する要素として大きな役割を果たしてきました。最近、特に建築物省エネ法において注目されているのは、窓は住まいにおける熱の出入口だという点です。昔ながらのアルミ製窓の場合、冬の暖房時の熱の50%が窓から逃げ、夏の冷房時に外から入ってくる熱の74%が窓を経由します。窓は「住宅に空いた大きな穴」のようなものなのです。

つまり、住宅の断熱性能を決めるうえで、まず考えなければいけないのが窓ということです。その家で求められる性能をクリアするためには、窓の仕様を最優先に検討しなければならないのです。

フレームとガラスの選択肢

窓は、フレームとガラスの組合せで構成されます。「フレームはこれ、ガラスはこれ」と選ぶことで、窓仕様と性能が決まります。さらに、窓はサイズや開閉方式によっても、性能が変わります。求める性能を発揮させるためには、それぞれ適切な窓を選択していく必要があります。

現在、国内市場ではフレームの種類は、アルミ、アルミ樹脂複合、樹脂の三つが主流です（**図1**）。2022年時点のデータによると、欧米では断熱性能の高い樹脂窓がシェア60%を超えていますが、日本ではアルミ窓8%、アルミ樹脂複合窓66%、樹脂窓26%というのが現状です。これからの日本の住まいの断熱性能を考えるうえでは、樹脂窓のさらなる普及が必要でしょう。

またガラスに関しては、**図2**のような複層ガラスが主流です。二枚のガラスの間に乾燥空気を封入したシンプルな複層ガラスだけでも、単板ガラスの2倍以上の断熱効果を発揮します。近年ではさらに断熱性能の高い三枚のガラスで構成されたトリプルガラスも採用が増えています。

さらに、Low-E金属膜をガラスの中空側に貼ることで、放射熱を抑えて断熱性を高めたLow-E複層ガラスも普及が進んでいます。Low-E金属膜（低放射率の光学薄膜）を室内側に配置すると室内の熱を逃がしにくい断熱タイプ、室外側のガラスに日射の波長が通しにくい膜を貼ったものは遮熱タイプとなります。日差しをたっぷり取り込みたい南面には断熱タイプ、西日や冬の熱の出入りが気になる北・東・西面には遮熱タイプといった使い分け方が基本的な考え方です。ガラスの選択については、住宅を建てる地域の日照条件や窓の設置方位・敷地条件に応じて柔軟に考える必要があることも、パッシブ設計では重要なポイントとなります。

その他、ガラス間をつなぐスペーサーの材質も重要になります。アルミスペーサー仕様よりも、樹脂スペーサー仕様の方がより断熱性が高くなります。それぞれ特性に合わせてうまく選択することで、より快適で安心な住まいになります。

放射・対流・伝導を考慮する

まず、窓性能を検討する際にポイントとなるのが、「放射」「対流」「伝導」という熱を伝える三つの要素です（**図3**）。「放射」とは、ガラスから発せられる

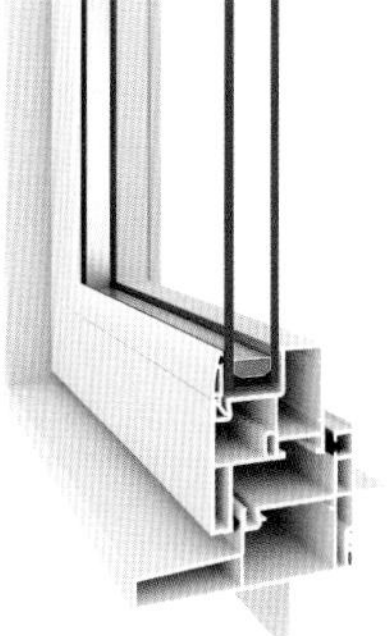

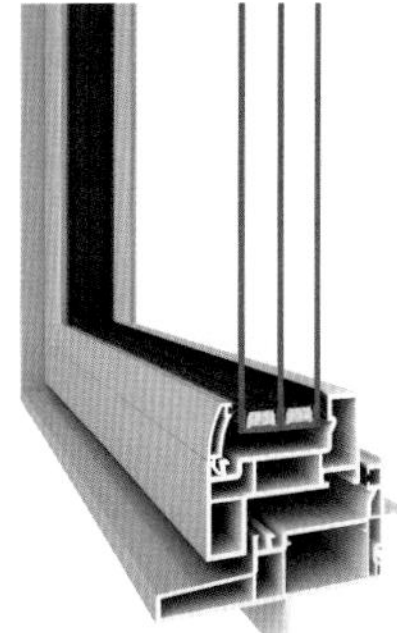

図1　国内で主流な窓のフレーム

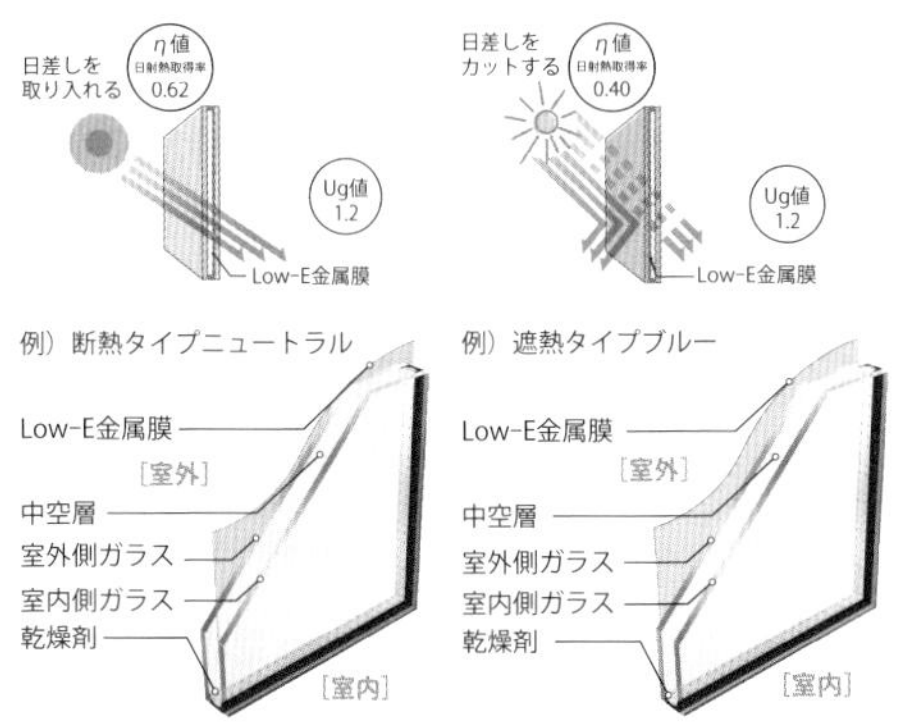

［複層ガラス］

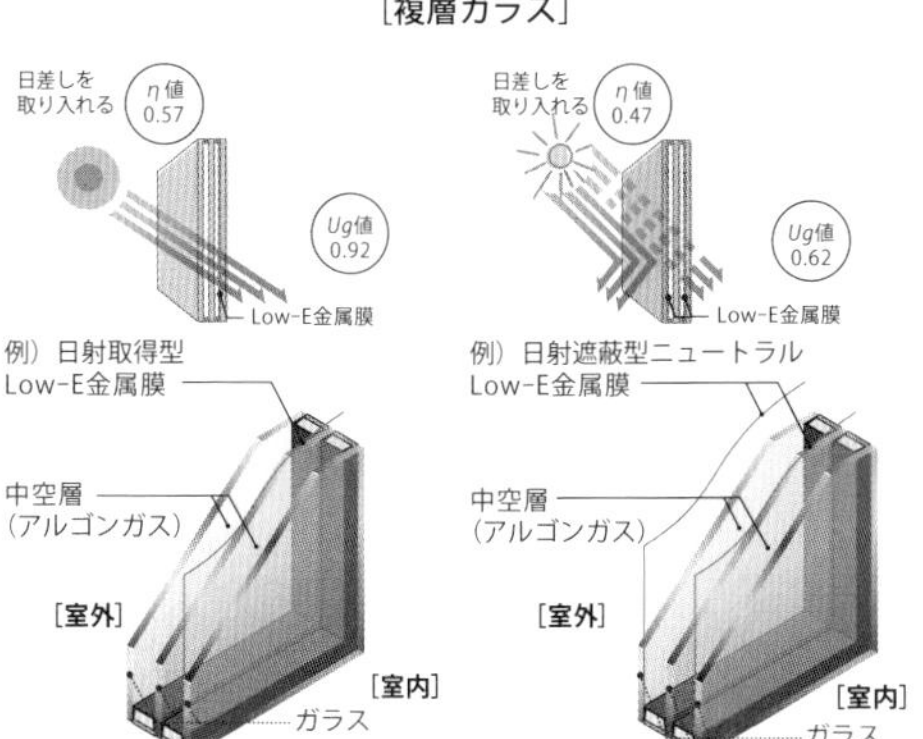

［トリプルガラス］

図2　主なガラスの種類

屋外（低温）　熱の伝わり方　屋内（高温）

Low-E コーティングなし

Low-E コーティングあり

1 ガラスの枚数とコーティング

単板 > 複層（二枚）> トリプル（三枚）　クリアガラス > Low-Eコーティング

- ガラスの枚数が増えるほど熱ロスが減る
- ガラスの内側にLow-E（ローイー）という薄い金属膜のコーティングを施すと遠赤外線の放射が抑制され、放射による熱ロスを減らすことができる

ガラス間の遠赤外線による放射

2 ガラス間のガス種類と厚み

空気 > アルゴンガス > クリプトンガス > 真空

- ガラス間のガス種類を変えることで、対流による熱移動を抑えられる
- 空気の主成分である窒素の原子量が14と軽いのに対し、アルゴンは40、クリプトンは84と重いので、分子の運動が遅くなり、対流熱移動が減る

ガラス間の気流の運動による対流

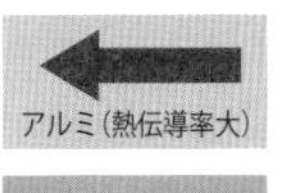

樹脂（熱伝導率小）

3 フレームの種類

アルミ > アルミ樹脂複合 > 樹脂・木

- アルミなどの金属素材は自由電子が多く、伝導による熱ロスがとても大きい
- 窓のフレームを熱伝導率の小さい樹脂にすると熱ロスの低減だけでなく結露抑制にも有効

フレーム素材の自由電子による伝導

図3　窓の断熱性能を決める3要素

遠赤外線による熱の伝わり方のことです。簡単に言えば、ガラスの枚数が単板から複層、トリプルと増えていくごとに遠赤外線の放射が遮られ、熱のロスが減っていく、つまり、断熱性能が高まるということです。

「対流」とは、気体が動いて熱を運ぶ働きのことです。複層ガラスのガラス間（中空層）に封入された気体の種類を変えることで、対流が起きにくくなり、熱の移動を抑えることができます。アルゴンガスよりもクリプトンガスのほうが対流しにくいので、熱移動が少なく、真空になると気体がないので、対流そのものがおきず、断熱性能が高くなりますが、その希少性ゆえに価格も高くなる傾向があります。

「伝導」とは、物質が熱を伝える働きのことです。アルミのような金属素材は熱の伝導率が高いので、窓のフレームに使われると、熱伝導率の低い樹脂よりも多くの熱を通し、熱のロスが大きくなってしまいます。

以上のような伝熱の三要素を踏まえて、さまざまな窓仕様の断熱性をグラスウールの厚さに例えて比べると、図4のようになります。高性能グラスウール16kg［㎡］を厚さ100㎜で入れた壁の断熱性に対して、「アルミフレーム+単板ガラス」はわずか0・2㎜分の断

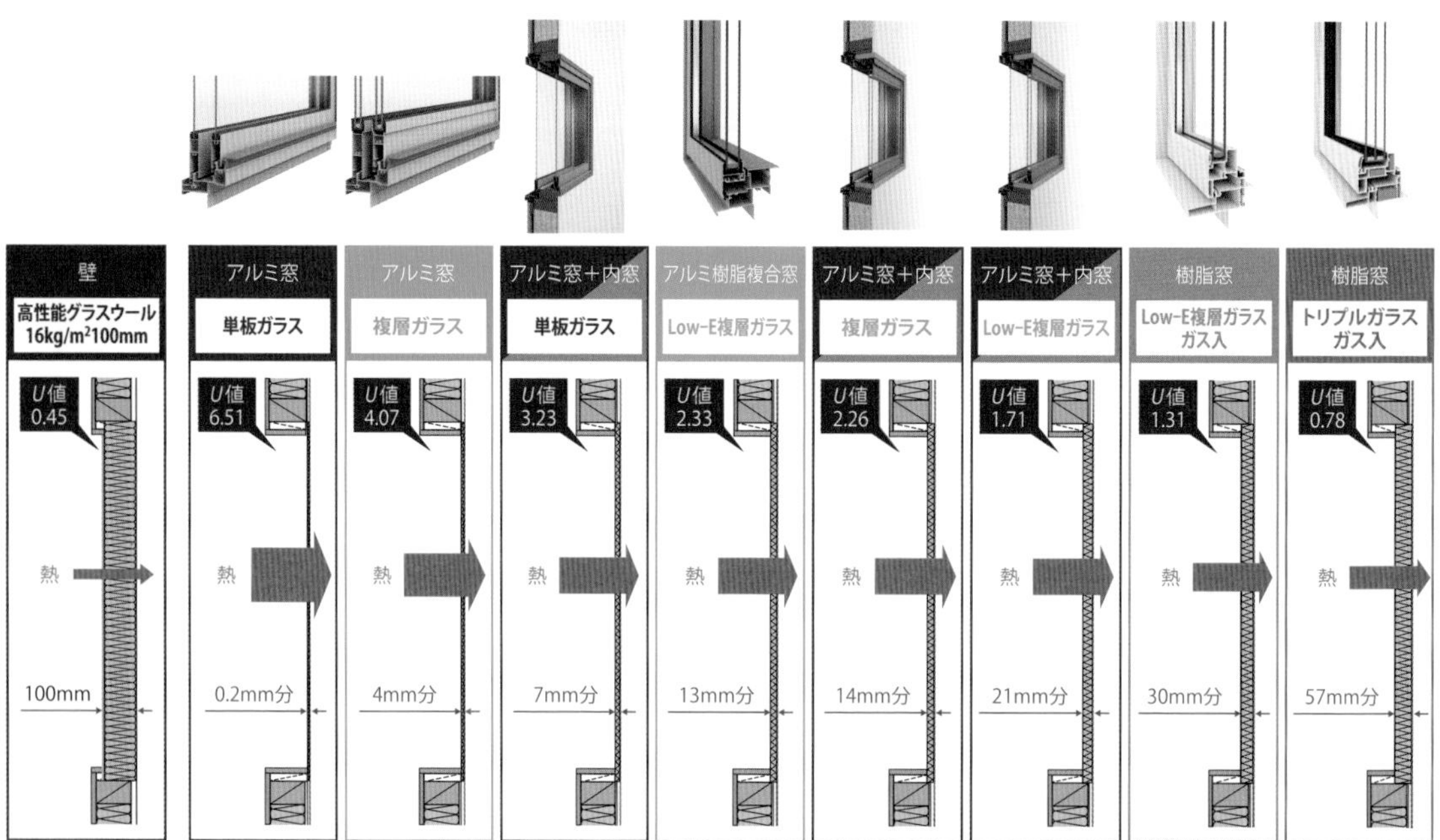

※YKK AP（株）調べ：窓を壁の断熱材厚みに置き換えて試算

図4　窓を断熱材の厚さに例えると

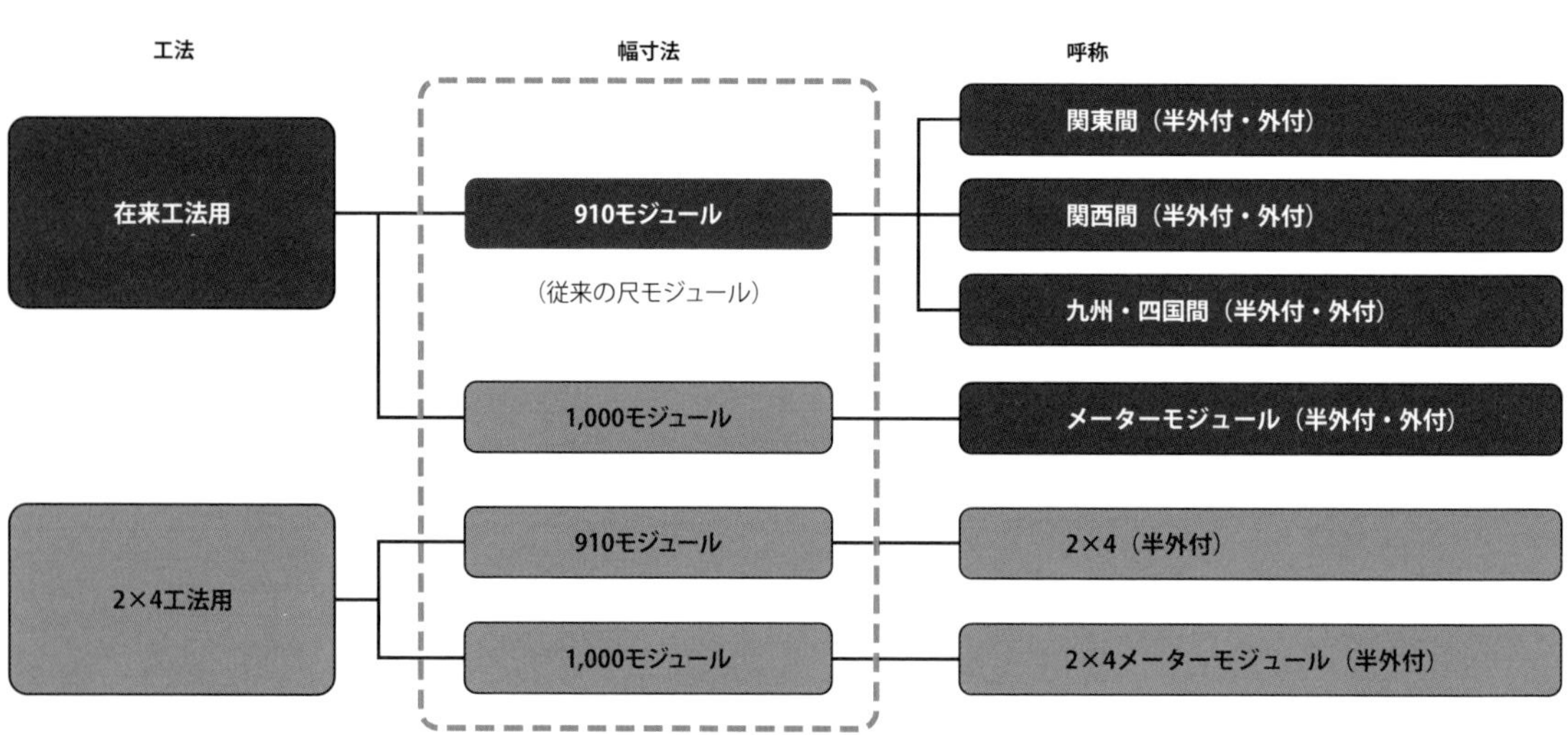

図5　標準規格寸法体系

熱性能しかないということになります。一方、熱伝導が低い樹脂フレーム＋Ｌｏｗ-Ｅトリプルガラスの窓は、57㎜分の断熱性能を発揮することになります。フレームとガラスの組み合わせ方によって、これだけの差が生まれます。

部位、部屋ごとの適切な選択

先ほど、窓を「住宅に空いた穴のようなもの」と表現しました。穴は大きいほど熱を通し、小さいほど熱を通しにくくなります。つまり、住宅の断熱性能を考えるうえでは、窓サイズも重要な要素の一つなのです。

図5は、国内における住宅サッシの標準規格寸法体系を示したものです。現在、国内メーカーはこの体系に則したサイズで窓を製造しており、これを外れたサイズは特注品になります。

窓は、一般的に大きくなるほど採光量が高まり、明るさを求める建築主からは喜ばれます。しかし、外からの視線が気になって落ち着かなくなったり、外の熱気や冷気が影響して暖冷房効果が落ちたり、冬場は結露が生じやすくなったりといったリスクもあります。部位、部屋ごとに適切な窓サイズを検討することも、快適な家づくりのためには欠かせないポイントです。

引違い窓
左右に開閉する最もポピュラーな窓です。障子の開け方で風通しを上手に調節できます。

片引き窓
左右片方がFIX窓で、もう一方をスライドさせて開閉する窓です。

リビング　寝室　ダイニング・キッチン
トイレ　和室　子供部屋　水まわり

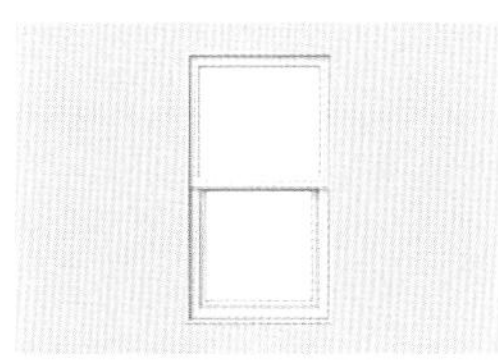

片上げ下げ窓
上下二枚の障子があり、上は固定で下だけを上げ下げするシングルハングです。

リビング　寝室　ダイニング・キッチン
子供部屋　玄関ホール

シャッター付引違い窓
日差しや視線をカットでき、防犯にも配慮。スリット付きのシャッターでは、シャッターを閉めたままでも採光・採風ができます。

リビング　寝室　和室　子供部屋

FIX窓
窓が開かないはめ殺し窓です。気密性も確保されるので、開閉の必要がなく、採光も眺望が欲しい箇所に最適です。

リビング　寝室　ダイニング・キッチン
階段室　子供部屋

すべり出し窓
左右の枠に設けられたアームに支えられた障子が、枠に沿って外に移動し開閉。障子の角度によって風を調節できます。

洗面室・水まわり　トイレ　階段室

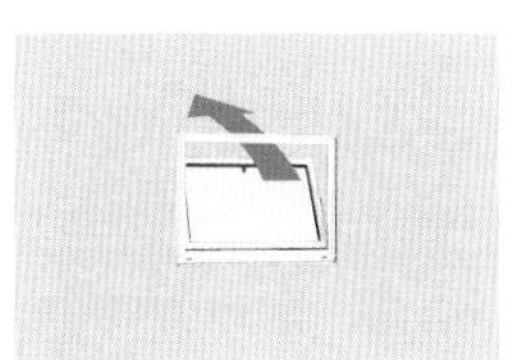

内倒し窓
障子を室内側に倒して開く窓。大きく開閉しないので、窓からの落下防止に優れています。換気用に最適です。

洗面室・水まわり　トイレ

ツーアクション窓
一つの窓で、内開きと内倒しの二通りの開け方ができる窓です。

リビング　寝室　ダイニング・キッチン
子供部屋　玄関ホール

小雨程度なら通風・換気できる便利な窓

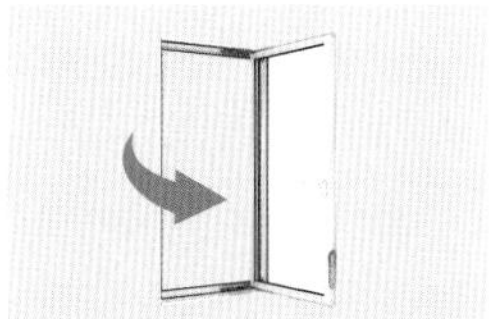

たてすべり出し窓
上下の枠に設けられたアームに支えられた障子が、枠に沿って外に移動し開閉。障子の角度によって風を調節できます。

リビング　寝室　ダイニング・キッチン
子供部屋　玄関ホール

ウインドキャッチ連窓
勝手の異なるたてすべり出し窓を左右に配置し。風の入口と出口をつくることで、室内へ風を取り入れやすくする窓です。

リビング　寝室　ダイニング・キッチン
子供部屋　玄関ホール

積極的に風を取り込みたい部屋におすすめ

図6　主な窓の開閉方式

引違い窓　ウインドキャッチ連窓
換気量：約22倍

【算出条件】解析No.00042　※イラストはイメージです。
●使用ソフト：STAR-CCM+　●風速：1［m/s］
●風向：窓面に対して平行　●窓：16511サイズ
●部屋：3.2m×3.2m×2.4m

図7　ウインドキャッチ連窓の効果

配置や用途に応じた開閉方式

窓の断熱性能は、その開閉方式によっても変わります。一般的によく使われる窓を**図6**に示します。以前は、水まわりには通気量の多いガラスルーバー窓、リビングには採光量の多い弓型や角型の出窓などもよく見られましたが、断熱性や気密性が低くなることから、採用事例が減ってきています。

最もポピュラーな窓は引違い窓です。近年は防犯の他、日射や外部からの視線を遮ることのできるシャッター付きの製品も人気です。特に、たてすべり出し窓やウインドキャッチ連窓は、障子の角度により風を室内に取り入れやすい窓なので、積極的に風を取り込みたい部屋には最適です。

また断熱面に配慮して、引違い窓よりも気密性の高い、すべり出し窓を選ぶケースも増えてきています。

窓は開閉方式によって使い勝手や役割も変わります。旧来の慣習のまま、引違い窓を前提にするのではなく、それぞれ配置や用途をよく考慮したうえで、きちんと意図をもって窓を選択したいものです。

窓の性能

YKK AP ㈱書籍制作委員会＋渡辺圭彦

窓のさまざまな性能は、JIS A 4706：2021(サッシ)に、等級と性能値(判定基準)が定められています。2021年の改訂で新たに性能項目として「日射熱取得性」が追加され、窓の日射熱取得と日射遮蔽を示す日射熱取得率(JIS A 2103)の三つの等級で規定されました。「断熱性」には新たに上位2等級(H-7、H-8)が追加になり、八つの等級で示されています。同時に試験値(断熱性試験JIS A 4710)に加え、計算値(JIS A 2102-1、JIS A 2102-2)も根拠として採用可能になりました。

パッシブ設計に重要な窓性能

製品性能については、開口部メーカーのカタログなどで確認することができます。ここでは、パッシブ設計に重要な窓の性能を表す代表的な七つの項目について解説します(**図1**)。

— 断熱性 —

断熱性は、熱貫流率(U値)を基準とした等級で表します。その基となる熱貫流率とは、壁体や窓の両側の空気の温度が異なるとき、その壁体を通して高温側空気から低温側空気へ熱が流れる割合のことです。U値が小さいほど熱が流れにくく、断熱性能が高いということになります。熱貫流率は、室内空気と外気との間に1℃の温度差があるとき、1㎡の面積で一時間に流れる熱量を基本単位とし、W/(㎡・K)で表します。

— 日射熱取得率 —

日射取得性は、太陽の日射を受けた窓が、どのくらいの割合でその日射熱を室内側に取り込むかを示す性能値です。ガラスの場合は太陽からの日射エネルギーに対して、直接ガラスを透過する分と、ガラスに一度吸収されて室内側に再放熱される分を合わせた室内へ侵入する比率として求めます。窓の日射熱取得率は、JIS A 2103に算定方法が定められています。

— 可視光透過率 —

可視光透過率とは、人間の目に光として感知できる電磁波が透過する割合のことです。0〜100%の間で数値が大きいほど、採光性が高いことを意味します。

— 耐風圧 —

耐風圧性とは、窓がどれくらいの風圧に耐えられるかを表わす性能です。台風などの強風によって窓が変形したり、ガラスが割れたり、また障子が脱落することなどがないようにするために非常に大切な性能です。耐風圧性は、面積1㎡当たり、どれくらいの風圧に耐えられるかを規定した等級で表わし、風圧の単位はPa(=N/m^2)で表わされます。JIS A 4706：2021(サッシ)により、耐風圧試験時の最高圧力に応じて等級が定められています。一般的には市街地の住宅であれば、S-3等級あれば十分と言えるでしょう。

— 水密性 —

雨を伴った風に対して、雨水の浸入をどのくらいの風圧まで防げるかを表す性能です。建物の立地条件により、風雨の程度は異なるので、条件に合った性能をもつサッシを選ぶ必要があります。水密性の単位は、風雨にさらされた状態で面積1㎡当たりどのくらいの風圧まで雨水の浸入を防げるのかを表します。JIS A 4706とJIS A 4702によって、等級が定められています。木造用住宅サッシでは、一般的にW-2等級が大半を占めており、要求性能が高くてもW-3等級で十分と言えます。

— 気密性 —

サッシ・ドアセットの枠と戸(障子)の隙間から、どのくらいの空気(隙間風)が漏れるかを表す性能です。単位は、面積1㎡につき一時間でどの程度の空気が漏れるかを基準とした等級で表します。JIS A 4706とJIS A 4702によって等級が定められています。断熱サッシ・ドアセットの場合、A-4が一般的な性能であり最上位等級です。

JIS等級	日射熱取得率
N-1	1.00以下
N-2	0.50以下
N-3	0.35以下

JIS等級	等級との対応値	（参考）風速換算値
S-1	800Pa	風速は36m／sに該当します。
S-2	1,200Pa	風速は44m／sに該当します。
S-3	1,600Pa	風速は51m／sに該当します。
S-4	2,000Pa	風速は57m／sに該当します。
S-5	2,400Pa	風速は62m／sに該当します。
S-6	2,800Pa	風速は67m／sに該当します。
S-7	3,600Pa	風速は76m／sに該当します。

※SはStructureの頭文字です。

選択の目安

階高	高さh	風圧力（C＝0.8）	対応するJIS等級
1F	約3m	約　800Pa	S-1
2F	約6m	約1,200Pa	S-2
3F	約9m	約1,600Pa	S-3

JIS等級	遮音等級線	住宅性能表示制度等級区分
T-1	T-1等級線	等級2
T-2	T-2等級線	等級3
T-3	T-3等級線	等級3
T-4	T-4等級線	等級3

※TはTransmission Lossの頭文字です。

騒音レベルとサッシの遮音性

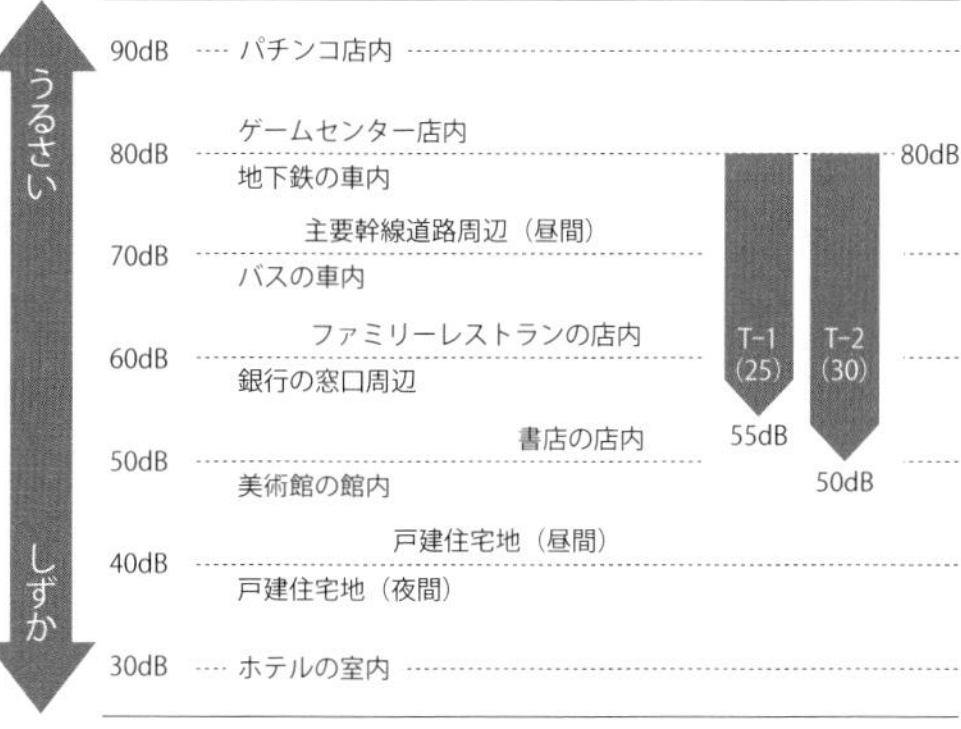

参考「全国環境研究協議会騒音小委員会」騒音の目安（都心・近郊用）

気密性

JIS等級	気密等級線	（参考）対応サッシ・ドア
A-1	A-1等級線	室内建具など
A-2	A-2等級線	
A-3	A-3等級線	普通サッシ・ドア群
A-4	A-4等級線	断熱・防音サッシ・ドア群

※AはAirの頭文字です。

気密性が良いと

1 冷暖房における熱負荷が少ない。→省エネルギーにつながる

2 内・外部騒音における遮音性が良くなる。→静けさにつながる

3 外部からの塵埃、粉雪の吹込みが少ない。→快適な環境につながる

JIS等級	熱貫流率（U値）
H-1	4.7W/(m²・K) 以下
H-2	4.1W/(m²・K) 以下
H-3	3.5W/(m²・K) 以下
H-4	2.9W/(m²・K) 以下
H-5	2.3W/(m²・K) 以下
H-6	1.9W/(m²・K) 以下
H-7	1.5W/(m²・K) 以下
H-8	1.1W/(m²・K) 以下

※HはHeatの頭文字です。

水密性

JIS等級	圧力差	（参考）風速換算値
W-1	100Pa	風速は 9〜15m／sに該当します。
W-2	150Pa	風速は11〜19m／sに該当します。
W-3	250Pa	風速は14〜24m／sに該当します。
W-4	350Pa	風速は16〜29m／sに該当します。
W-5	500Pa	風速は20〜35m／sに該当します。

※WはWaterの頭文字です。

必要等級の目安

水密性能のJIS等級	W-1	W-2	W-3	W-4	W-5
選択の目安	市街地住宅	市街地住宅	市街地住宅		
		郊外住宅	郊外住宅	郊外住宅	
			低層ビル	低層ビル	低層ビル
				中高層ビル	中高層ビル

※ 上表は一般的な地域における目安です。建物の立地条件、使用条件などによって異なります。

図1　省エネルギー基準に対応した窓やドアの熱性能情報提供サイト

（出典：（一社）日本サッシ協会：https://www.jsma.or.jp/Portals/0/images/sash_pro/pdf/020_10items(1207).pdf）

―遮音性―

室外から室内へ侵入する音、室内から室外へ漏れる音をどれくらい遮ることができるかを表す性能です。室外の騒音レベルから、窓の遮音性能値を差し引いたものがおよその室内騒音の大きさとなります（人間の耳が感じる音の大きさと、ほぼ同じ感度測定した場合）。

遮音性は、周波数ごとにどれくらい音を遮ることができるかを基準とした等級で表わし、周波数ごとの測定値はdBで表わされます。JIS A 4706とJIS A 4702によって遮音性による等級と遮音等級線が規定されています。

―必要とされる窓の性能―

多様な性能がJIS A 4706によって規定されていますが、窓によって生じる暖冷房の年間熱負荷を示す窓のエネルギー性能（JIS A 2104）や結露防止性能（JIS A 1514）については、計算や試験により評価するJIS規格はあるものの、窓の性能としてJIS A 4706に規定されていません。特に結露は、冬期の窓においてガラスやフレームなど表面が低温な部分で発生する表面結露が問題となります。窓の結露は室内のカーテンを汚し美観を損ねるとともに、カビの原因になり、居住者の健康を害する可能性があります。今後、窓の断熱性能の一つとして「結露防止性」を規定する必要が

商品名	対象窓種		ガラスの仕様		開口部の熱貫流率 Uw［W/(m²・K)］		ガラス中央部の熱貫流率Ug［W/(m²・K)］	開口部の日射熱取得率 ηw［―］	ガラス中央部の日射熱取得率 ηg［―］
			構成（Kr：クリプトンガス，Ar：アルゴンガス）	ガラスタイプ	樹脂スペーサー	アルミスペーサー			
APW 430＋ APW 431＋	引違い	引違い窓 シャッター付引違い窓 引違いテラス戸 シャッター付引違いテラス戸	Low-E3＋Kr12＋3＋Kr12＋Low-E3	日射遮蔽型	0.96	―	0.55以下	0.21	0.30
			3＋Kr12＋3＋Kr12＋Low-E3	日射取得型	1.32	―	0.87以下	0.41	0.57
APW 430＋	たてすべり出し すべり出し FIX ツーアクション	たてすべり出し窓 すべり出し窓 FIX窓 ツーアクション窓	Low-E3＋Kr16＋3＋Kr16＋Low-E3	日射遮蔽型	0.78	―	0.57以下	0.22	0.30
			Low-E3＋Ar16＋3＋Ar16＋Low-E3	日射遮蔽型	0.86	―	0.65以下	0.22	0.30
			3＋Kr16＋3＋Kr16＋Low-E3	日射取得型	1.05	―	0.95以下	0.41	0.57
			3＋Ar16＋3＋Ar16＋Low-E3	日射取得型	1.05	―	0.95以下	0.41	0.57
APW 430 APW 431	引違い	引違い窓 シャッター付引違い窓 引違いテラス戸 シャッター付引違いテラス戸	Low-E3＋Ar12＋3＋Ar12＋Low-E3	日射遮蔽型	1.05	―	0.75以下	0.22	0.30
			3＋Ar12＋3＋Ar12＋Low-E3	日射取得型	1.26	―	1.1以下	0.41	0.57
APW 430	たてすべり出し すべり出し FIX ツーアクション	たてすべり出し窓 すべり出し窓 FIX窓 ツーアクション窓	Low-E3＋Ar16＋3＋Ar16＋Low-E3	日射遮蔽型	0.90	―	0.65以下	0.21	0.30
			3＋Ar16＋3＋Ar16＋Low-E3	日射取得型	1.16	―	0.95以下	0.41	0.57
APW 330	引違い 片引き 両片引き	引違い窓（2枚建 W≦1,870） 片引き窓（偏芯タイプ、均等タイプ） 両袖片引き窓 シャッター付引違い窓（2枚建 W≦1,870）	Low-E3＋Ar16＋3	日射遮蔽型	1.36	1.42	1.2以下	0.28	0.40
			3＋Ar16＋Low-E3	日射取得型	1.36	1.42	1.2以下	0.45	0.62
APW 331		引違いテラス戸 シャッター付引違いテラス戸	Low-E3＋Ar16＋3	日射遮蔽型	1.50	1.59	1.2以下	0.28	0.40
			3＋Ar16＋Low-E3	日射取得型	1.50	1.59	1.2以下	0.45	0.62
APW 330	たてすべり出し すべり出し ＦＩＸ ツーアクション	たてすべり出し窓 すべり出し窓 FIX窓 ツーアクション窓	Low-E3＋Ar16＋3	日射遮蔽型	1.31	1.37	1.2以下	0.28	0.40
			3＋Ar16＋Low-E3	日射取得型	1.31	1.37	1.2以下	0.45	0.62
	片上げ下げ	片上げ下げ窓 面格子付片上げ下げ窓	Low-E3＋Ar16＋3	日射遮蔽型	1.35	1.43	1.2以下	0.28	0.40
			3＋Ar16＋Low-E3	日射取得型	1.35	1.43	1.2以下	0.45	0.62
	外倒し	外倒し窓	Low-E3＋Ar16＋3	日射遮蔽型	1.82	1.82	1.2以下	0.28	0.40
			3＋Ar16＋Low-E3	日射取得型	1.82	1.82	1.2以下	0.45	0.62

※試験は「JIS A 4710」、計算は「JIS A 2102-1」に基づいて確認した開口部の熱貫流率の値であり、「JIS Q 17050-1」に基づき自己適合宣言しています。
※その他の商品や詳細についてはYKK AP公式サイト（https://www.ykkap.co.jp/）内のビジネス向けページでご確認ください。
※2023年4月時点の情報です。修正になった場合は、自己適合宣言書の更新によって公開いたしますので上記公式サイトにて、常に最新情報をご確認ください。
※日射遮蔽型はブルー、日射取得型はニュートラルの性能を示しています。
※引違いは2枚建、4枚建を含みます（APW330を除く）。

図2　代表的な樹脂窓の窓種別ガラス別熱貫流率・日射熱取得率一覧（提供：YKK AP㈱）

あります。

窓の熱性能の根拠

窓の熱性能には、熱貫流率（U値）と日射取得率（η値）があります。図2に、代表的な樹脂窓の窓種別ガラス別熱還流率・日射熱取得率一覧を示します。窓の選択時の参考としてください。これらは住宅の省エネ基準の外皮性能や一次エネルギー消費量を算出する際に、窓の熱性能値を示す重要な指標となります。それぞれの情報源について紹介します。

― 開口部の熱貫流率 ―

開口部の熱貫流率には、

①建具とガラスの組合せ表による値（建具、ガラスの仕様）
②簡易的評価による値
③代表試験体の窓種、およびサイズでの計算・測定による値（代表試験体）
④ＷｉｎｄＥｙｅなどで窓種・サイズごとの計算による値

があります。

①建具とガラスの組合せ表は、日本サッシ協会ＨＰ内の「建具とガラスの組み合わせ」による開口部の熱貫流率表（住宅用窓の簡易的評価）に基づく開口部の熱貫流率を用います。窓については、建具の仕様・ガラスの仕様・中空

枠の種類	ガラス仕様	計算式
木製建具または樹脂製建具	複層	$U_W=0.659\times U_g+1.04$
	単板	$U_W=0.659\times U_g+0.82$
木と金属の複合材料製建具または樹脂と金属の複合材料製建具	複層	$U_W=0.800\times U_g+1.15$
	単板	$U_W=0.800\times U_g+0.88$
金属製建具またはその他	複層	$U_W=0.812\times U_g+1.51$
	単板	$U_W=0.812\times U_g+1.39$

U_W：窓の熱貫流率W/(m^2・K)
U_g：ガラス中央部の熱貫流率W/(m^2・K)

図3　窓の熱貫流率計算式

		生産品質		
		ISO登録工場またはJIS認証取得工場	第三者生産品質審査機関で審査実施	自己適合宣言（JIS Q 17050-1）
試験品質	第三者試験機関で試験実施	A		B-1
	第三者試験等審査機関で審査実施			
	自己適合宣言（JIS Q 1000など）	B-2		C

図4　住宅確認方法の区分

層の仕様・付属部材（シャッター、雨戸、和障子、風除室）の有無による熱貫流率が示されています。ドアについては、枠の仕様・戸の仕様・ガラスの仕様・中空層の仕様・風除室の有無による熱貫流率が示されています。

②簡易的評価による熱貫流率は、ガラスの性能値から、窓の性能値を計算する方法です。建築研究所ＨＰ内の「平成28年省エネルギー基準に準拠したエネルギー消費性能の評価に関する技術情報（住宅）」に掲載されている「参考情報：窓等の大部分がガラスで構成される開口部の簡易的評価」の計算式によります。計算式を図3に示します。

③計算値や測定値から、窓の性能値を求める方法については、建築物省エネ法において建材や設備の性能値は原則として「第三者が確認した値」が求められます。第三者が確認した値としては、住宅性能評価・表示協会が公開する「温熱・省エネ設備機器等ポータルサイト」に登録されているものが該当します。各事業者などの情報提供ページに記載されている「性能確認方法の区分」は、**図4**の記号と対応しています。**図4**中の「生産品質」と「試験品質」の詳細については、「低炭素住宅の認定に係る設備機器の性能確認方法に関するガイドライン」を確認してください。各メーカーの性能情報提供ページから、「性能確認方法の区分」の自己適合宣言による性能値が入手できます。

ＹＫＫ ＡＰを例に、自己適合宣言による性能値の入手方法を辿ってみます。省エネ基準に対応した窓やドアの熱性能に関する情報を提供するＷＥＢサイトのＵＲＬを示します（https://www.ykkap.co.jp/business/law/supportguide/products_28/index3.php）。サイトには、対象製品の窓種ごとの一覧表が示され、それぞれの「自己適合宣言書」と熱貫流率と日射熱取得率の性能一覧をまとめた「附属書」を入手できます。

— 開口部の日射熱取得率 —

開口部の日射熱取得率（η値）には、ガラス種類と中空層、付属部材などで設定されている①仕様η値と、JIS A 2103による計算で算出した②計算η値の二種類があります。

①仕様η値は、建築物省エネ法で規定しているガラスの仕様にサッシ・フレームの仕様を考慮したη値です。ガラスとサッシ部の面積率を想定して、ガラス単体のη値を用いた近似式で示されます。窓のη値は、ガラスのη値にサッシの仕様（材質）が木製または樹脂製の場合は０・72を乗じた値に、金属または金属・樹脂複合の場合は０・８を乗じた値になります。建築研究所ＨＰ内の「平成28年省エネルギー基準に準拠したエネルギー消費性能の評価に関する技術情報（住宅）」（https://www.kenken.go.jp/becc/house.html）の第三章 暖冷房負荷と外皮性能 第４節 日射熱取得率の「付録Ｃ 大部分がガラスで構成される窓等の開口部の垂直面日射熱取得率」には、和障子や外付けブラインドを付加した場合の窓およびガラスのη値が示されています。

②計算η値は、Ｕ値とともにＷｉｎｄＥｙｅ（http://windeye.jp/）を用いて、窓種・サイズごとの算出可能です。ＷｉｎｄＥｙｅには開口部メーカー各社の多くの部材データベースが収録されています。精緻な熱性能の検討を行う際に有用です。

住宅用窓の熱性能の根拠は、既に整備されています。建具、ガラスの仕様によるもの、簡易計算によるもの、詳細計算によるものなどさまざまですが、パッシブ設計による効果に大きく影響するので、より正確な値を用いて建具やガラス、窓付属物の最適な配置を検討することが重要です。

これからの日本の住宅にとって、開口部（＝窓＋付属物）の適切な設計・操作は「健康・快適」と「脱炭素」の両立のためには、最も重要なポイントになります。

高断熱窓の利点

YKK AP ㈱書籍制作委員会＋渡辺圭彦

目指すべき住宅の性能

ここまで窓にはさまざまな性能、種類があり、適切に選択することで、快適で健康的な高性能住宅が実現するということを説明してきました。

いつでも、家のどこにいても暖かく、健康で快適な室内環境を、リーズナブルな価格の電気代で実現しようとするには、現状の「家が寒い」「暖房の電気代が高い」という状況に陥っている原因を解消する必要があります。

それは、これまでの日本の家は熱損失が大きいということです。室温を快適なレベルにまで暖かくすると、熱がたくさん漏れ出してしまうのです。その分、エアコンなどの暖房で穴埋めしようとすると電気代がかさんでしまう。逆に言えば、熱損失を減らしていけばいいのです。

そのために必要なことは、壁や開口部から漏れ出す熱を減らすことです。

幸い日本の窓性能は、近年、急速に向上しています。樹脂窓、トリプルガラス、Ｌｏｗ-Ｅコーティングといった性能の高い技術が普及してきました。窓が改善されると熱が逃げなくなる分、室内側の表面温度も高くなります。効率よく暖房が機能しますし、窓からの冷放射がなく、不快感も減るはずです。

また、住戸内に温度差が生じると、健康に悪影響を及ぼすヒートショックのリスクを高めます。健康で快適な暮らしを実現し、なおかつ電気代の負担を重くしないためには、窓や壁に前述したような断熱性をもたせる必要があるのです。

また、壁の断熱性能も重要です。首都圏などの温暖な地域では、充填断熱を最大限に施すことによって断熱等級6、ＨＥＡＴ20のＧ2レベルは最低限ほしいところです。外皮平均熱貫流率U_A値でいえば0・46以下に抑えると、等級4＋部分間欠空調と同じエネルギーで、全館空調を行うことが可能になります。すなわち、健康・快適と省エネ・脱炭素を両立させるのに必要な基本性能が、最低でも断熱等級6、ＨＥＡＴ20のＧ2レベルと言うことができるでしょう。可能であれば、付加断熱によって等級6＋αとも言えるレベルにまで上げられるといいですね。

日本の窓の性能向上がカギに

図1に、ドイツ、中国、日本、アメリカにおける窓の断熱基準についてまとめました。日本の基準が、他国より低いのが一目瞭然です。しかも、他国が基準に適合することが義務であるのに対し、日本では説明義務にとどまっており、実際には基準値よりも低い性能となっているのが現状です。

日本の断熱が、欧米や中国に比べて停滞している大きな原因の一つが、窓の高断熱化が遅れたことです。日本の窓は、障子から進化した経緯があるためか、アルミフレーム+単板ガラスの大きな引違い窓がずっと一般的でした。引違い窓は、二枚の障子が両方動き、かつ窓枠と障子を密着させる機構がないので、どうしても隙間が多く、気密性能が劣ります。また、熱が逃げやすい枠の部分が大きくなることから、断熱性能も悪くなります。

２０５０年のカーボンニュートラルの実現に向け、国交省により２０２２年10月に断熱等性能等級の上位等級となる等級6、7が施行されました。さらに、経産省はトップランナー制度の新たな目標基準値として、２０３０年以降に新築される住宅に求められる省エネルギー性能から逆算し、窓に求める断熱性能として熱貫流率2・08［W/(㎡・K)］を据えています。断熱等級6、7の新設と窓のトップランナーの強化により、高断熱窓の普及と低価格化が進み始めることが期待されています。

窓の建材トップランナー制度の強化に合わせて、これまで運用されてきた窓

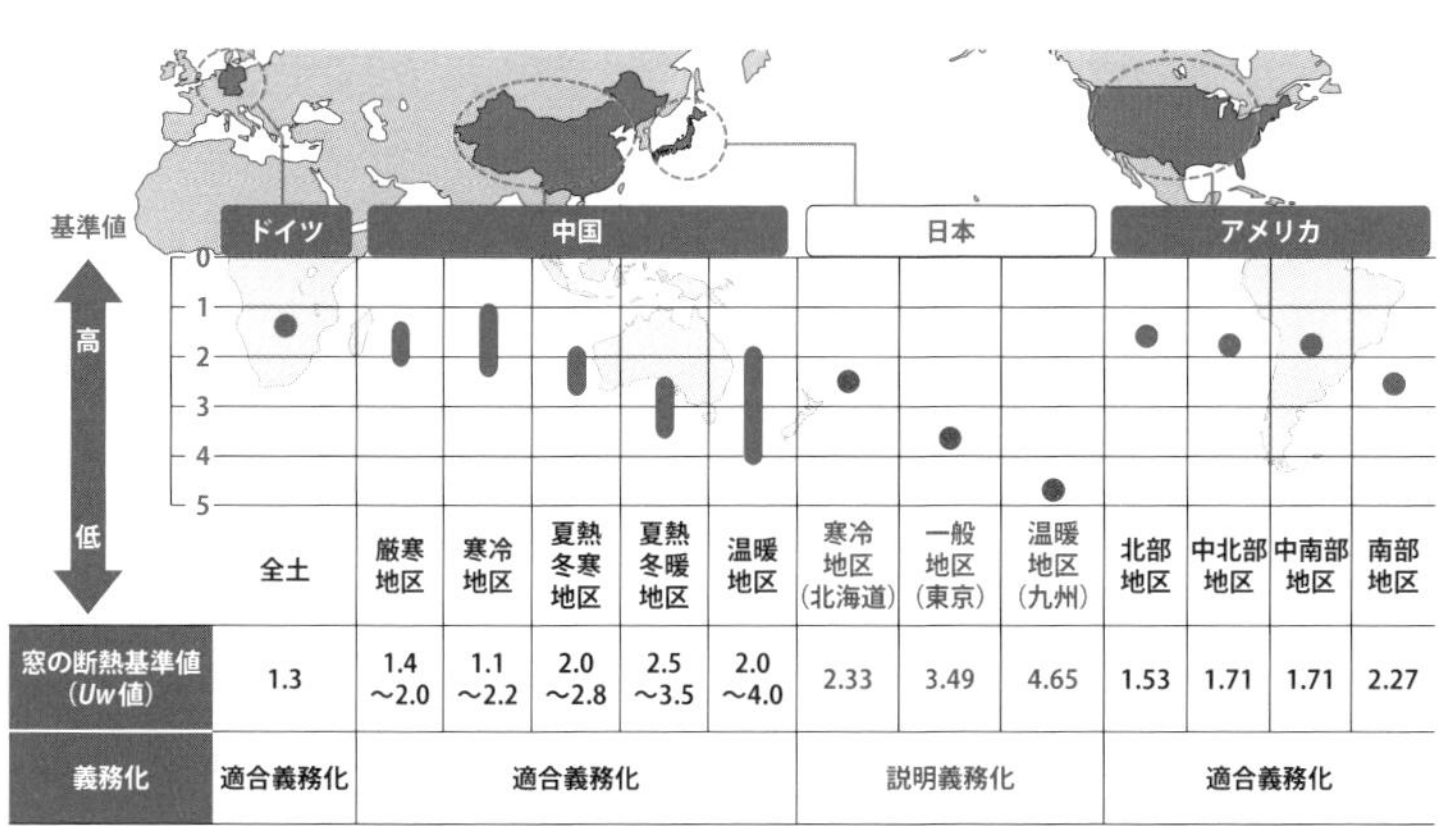

図1　世界の窓の断熱基準（ドイツ・中国・日本・アメリカ）

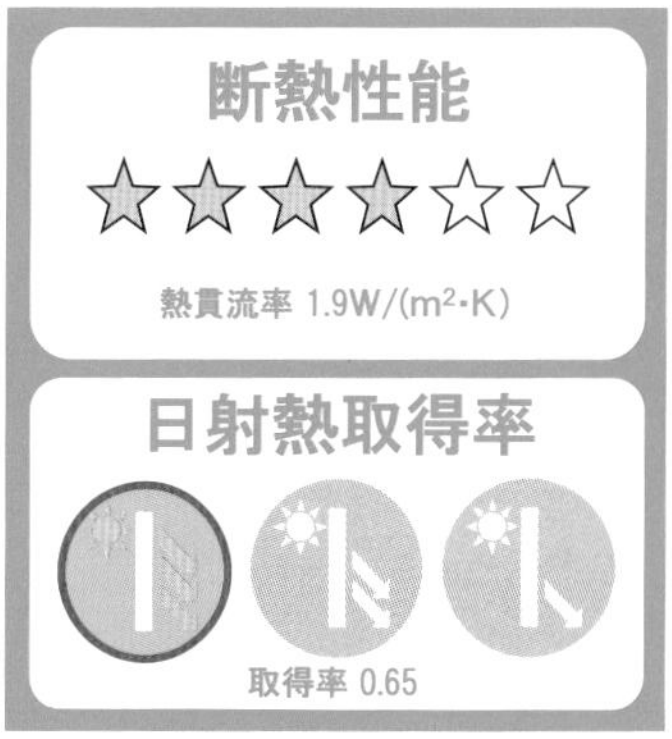

断熱性能
熱貫流率 1.9W/(m²・K)
日射熱取得率
取得率 0.65

図2　窓の性能表示ラベルデザイン例

性能項目	等級	熱貫流率	新たな評価区分（六つ星評価）
断熱性	—	4.7［W/（m²・K）］を超えるもの	☆☆☆☆☆☆
	H-1	4.7［W/（m²・K）］	★☆☆☆☆☆
	H-2	4.1［W/（m²・K）］	
	H-3	3.5［W/（m²・K）］	★★☆☆☆☆
	H-4	2.9［W/（m²・K）］	
	H-5	2.3［W/（m²・K）］	★★★☆☆☆
	H-6	1.9［W/（m²・K）］	★★★★☆☆
	H-7	1.5［W/（m²・K）］	★★★★★☆
	H-8	1.1［W/（m²・K）］	★★★★★★

図3　断熱性の評価区分と熱貫流率

リビング　脱衣所　浴室　浴槽
暖　寒　寒　暖
血圧　安定　上昇↑　上昇↑　急降下↓
ヒートショック

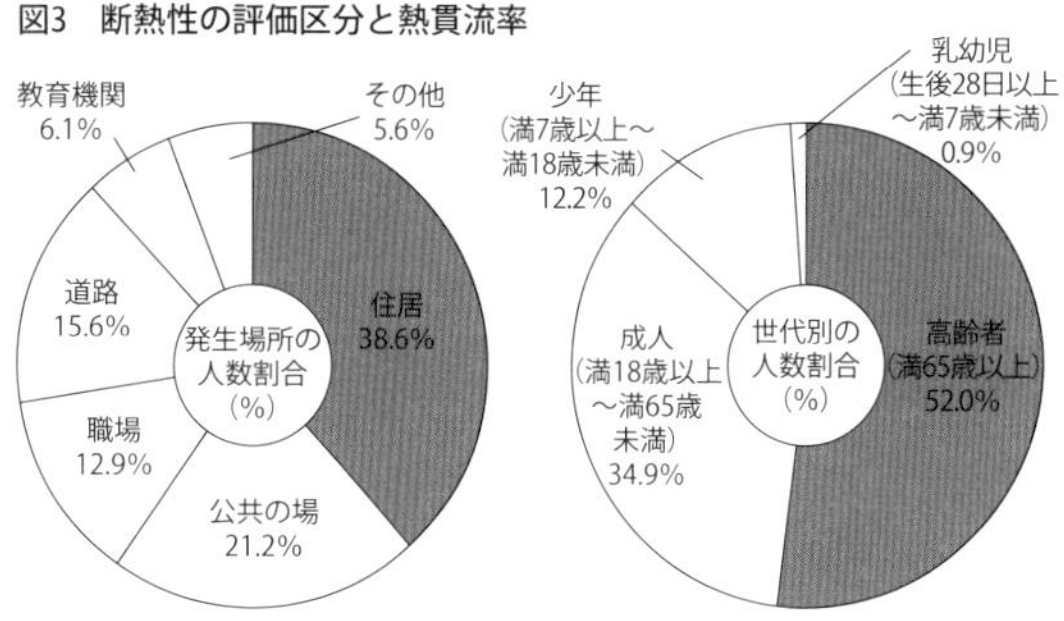

図4　熱中症発生場所と熱中症患者の世代
出典：総務省消防庁発表報道資料「2019年（5月から9月）の熱中症による救急搬送状況」

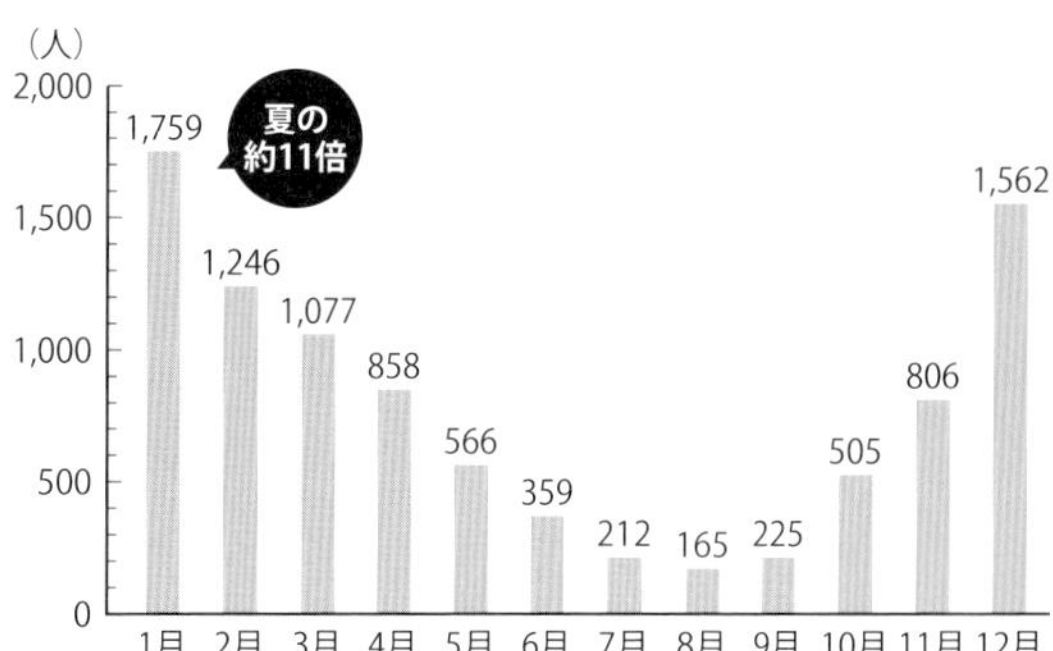

図5　急激な温度変化がもたらす体の変化と入浴中心配機能停止者数
出典：東京都健康長寿医療センター研究所 HP「全国47都道府県635消防本部の統計（2011年）」

の性能表示制度が見直され、2023年4月以降に公開されます。2021年2月のJIS A 4706の改正により、断熱性の上位等級（H-7、H-8）と日射熱取得性（N-1〜N-3）が追加されたため、それに対応した窓ラベル（図2）になります。断熱性の星の数は四つから六つへ、日射取得性は三段階のマークで表示することになりました。断熱性の新たな評価区分（六つ星評価）と窓の熱貫流率の対応を図3に示します。十分な断熱性を得ようとした場合、温暖地でも星四つ、寒冷地なら星六つの窓を使いたいものです。

これらの窓ラベルがより多くの消費者の目に触れるようになり、高性能な窓に対する消費者の認知度が高まることで、新築のみならず中古住宅においても、より高性能な窓が普及していくことが期待されます。また、住宅設計においては適切な窓の選択を通じて、省エネルギー性能確保に努めていることが示されることになります。

樹脂窓の効果・効能

性能の高い樹脂窓を採用することで、住まいの断熱性は大きく高まります。

近年、特に注目されているのが、健康面におけるメリットです。暑い夏の日

［単板ガラス＋アルミフレーム］

［普通複層＋アルミフレーム］

［Low-E複層＋アルミ樹脂複合フレーム］

［Low-E複層＋樹脂フレーム］

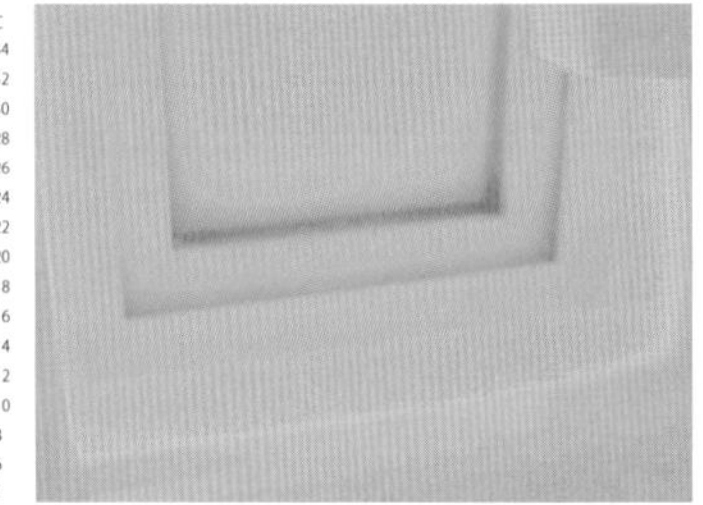

［Low-Eトリプル＋樹脂フレーム］

図6　ガラスとフレームの組合せによる性能の差

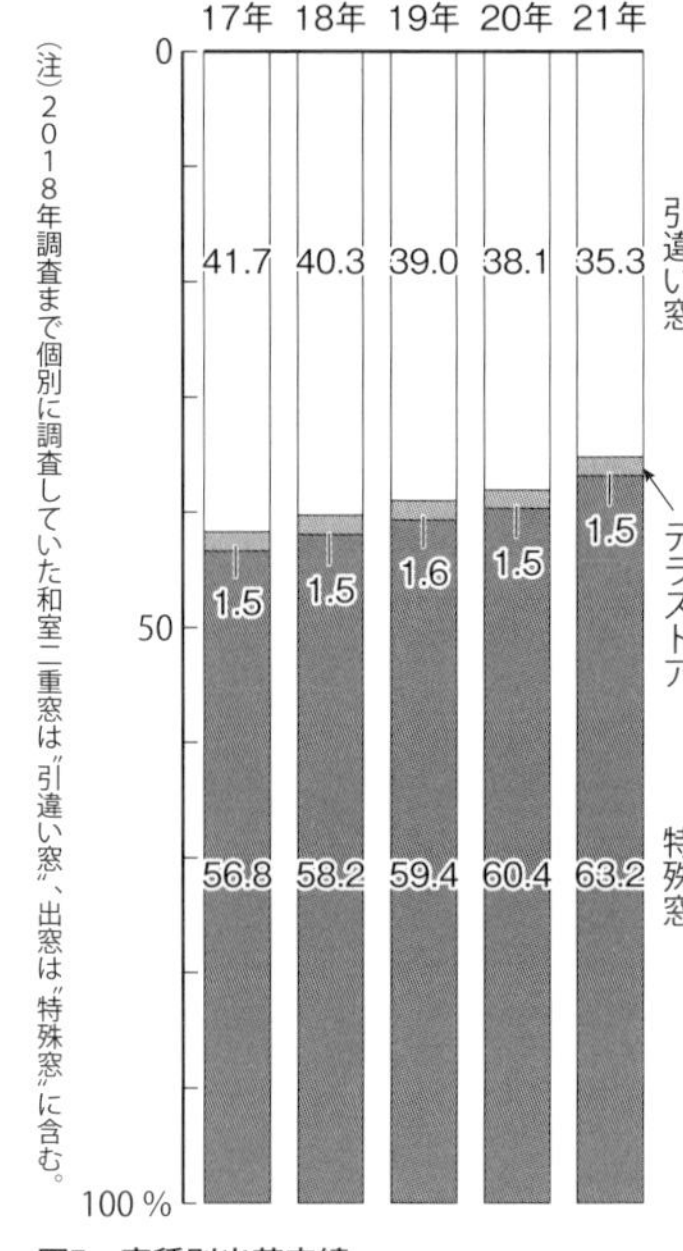

（注）2018年調査まで個別に調査していた和室二重窓は"引違い窓"、出窓は"特殊窓"に含む。

図7　窓種別出荷実績

に、自宅で発生している病気が「熱中症」です（図4）。熱中症を発症した場所を人数の割合で見ると、最も多いのは屋外ではなく、実は家の中です。初夏や梅雨明けなど、高温多湿な環境に体が慣れていないのに、気温が急上昇するときや、気温が下がり切らない夜間の寝室などで、室温を調整できない睡眠時などに、熱中症のリスクが高まります。

特に65歳以上の高齢者の場合、体温調節機能が低下して暑さを自覚しにくいため、水分補給を行わず、冷房も適切に使用しないことが熱中症の原因と言われています。

樹脂窓を採用することで、外の熱気を家に入れず、冷房効率を高めることが熱中症の予防に役立ちます。

また、樹脂窓は冬場のヒートショックの予防にも、効果があります。ヒートショックとは、居室と廊下、浴室と脱衣室のように、大きく気温差が生じる場所で、血圧や脈拍の変動が起きる現象です（図5）。心筋梗塞や脳梗塞などを引き起こす原因になります。

ヒートショックによる死亡者数は、交通事故の約5倍です。樹脂窓を採用することで室内の熱を逃がさず、部屋と部屋の温度差を小さくできれば、ヒートショックのリスクを軽減することにつながります。

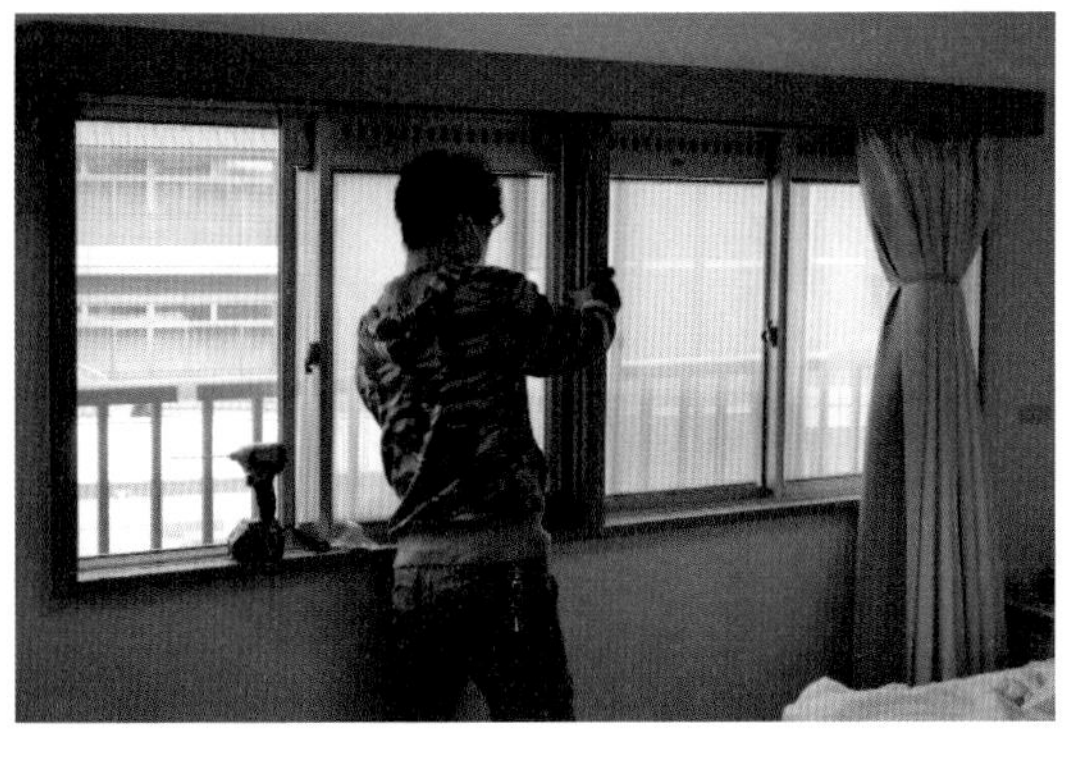

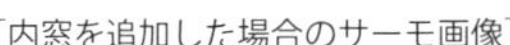

［内窓を追加した場合のサーモ画像］　［単板ガラス＆アルミサッシの窓近くのサーモ画像］

図8　内窓設置の効果

また、樹脂窓によって窓の断熱性能が向上すれば、熱の出入りが小さくなるので、その分、暖冷房に費やす電気代が大幅に削減されます。

窓が外の冷気、熱気を通しにくくなると、室内の空気が急に下がって水分を放出する現象である結露も起きにくくなります。カビや腐朽菌が繁殖しにくくなり、ハウスダストも減って、より健康的な室内環境が実現します。

熱性能を考慮して窓を計画する

図6は、ガラスとフレームの組合せによる性能の違いをサーモ画像で視覚化したものです。こうした窓の性能は、製品に貼付するラベルでも明示されます。

そこから先の課題は、家のどこに、どの大きさの、どんな窓を配置するのか、という設計面についてのことです。

詳しくは次の項で解説しますが、日射熱を効率よく取得するパッシブ設計の考え方に基づいて、南向きの窓面積を大きくとって、冬の日射熱取得が増えるように、フレーム面積が少ない窓を選ぶということが重要になります。

例えば、引違いは大きな荷物を運び込む可能性がある窓にだけ限定する。通風のために開く窓には、障子が外に飛び出してウインドキャッチとして機能する「たてすべり出し窓」をおすすめします。閉めたときには窓枠と障子が密着するので、断熱性・気密性もより高まります。

開閉が不要な窓は、ＦＩＸ窓にすればフレームを細くできて、ガラス面積が大きくなるので、冬の日射取得にも有効です。

近年の窓の種類別の出荷データを見てみると、引違い窓は明らかに減っており、その他の窓の出荷量が増えているのが見てとれます（**図7**）。多くの設計者のみなさんも、性能向上に努め、適切に窓を使いわけることに取り組まれているのでしょう。

また、既設住宅を改修する場合は**図8**で示したように、単板ガラス＋アルミフレームの窓に内窓を取り付けるだけでも、窓の性能は大きく向上させることができます。既設窓の内側に障子を追加する内窓は、採寸・工事が各一日程度で完了します。居ながらの工事が可能で、費用対効果の高い窓改修方法です。

「快適で健康な室内環境を省エネルギーで実現できる家」を目指すためには、樹脂窓を活用した適切な窓の計画と高断熱化が必要不可欠なのです。

脱炭素化に向けて住宅の窓に求められること

前 真之◎東京大学大学院工学系研究科建築学専攻准教授

脱炭素化への政策の転換

— 脱炭素に向けた世界の流れ —

人類の活動により発生するCO_2などの温室効果ガスの増加がもたらす気候変動は、地球の将来に深刻な脅威となっています。ＩＰＣＣ（国連気候変動に関する政府間パネル）は１９９０年から報告書を発表していますが、２０２１年８月に発行された最新の第６次報告書では、「人間の影響が大気、海洋および陸域を温暖化させてきたことには疑う余地がない」「人間が原因の気候変動は異常気象や災害につながっている」と明確に結論づけています（**図１**）。

急激に進む気候変動を緩和するため、２０１５年12月に世界１９６か国がパリ協定を採択し、産業革命前からの温度上昇を2℃未満に抑える目標が示されました。さらに、「グラスゴー合意」では、温度上昇を１・５℃未満とするために「２０１０年比で２０３０年までに世界全体の二酸化炭素排出量を45％削減」「今世紀半ば頃には実質ゼロにすること」が目標とされました。

— 住宅のCO_2削減目標は66％ —

日本政府は２０２１年10月の菅内閣（当時）の所信表明において、２０５０年までに温室効果ガスの発生を実質ゼロとする「カーボンニュートラル」の目標を宣言。２０３０年までのCO_2排出量の削減目標は、日本全体で２０１３年比で46％減、家庭部門（住宅）では66％減と特に大きく設定されました。

一方で、家庭部門の削減実績は２０２０年度には19・3％減に留まっており、そのほとんどが電力のCO_2原単位の減少（kWh当たりのCO_2原単位：２０１３年０・５７８kg→２０２０年０・４７５kg→18％減）によるもので、住宅の性能向上が進んでいるとは言えない状況です。またコロナ禍の影響で在宅時間が増え、２０１９年度からは４・９％増加しています。住宅のCO_2削減目標は全部門の中でも極めてハードルが高く、あらゆる対策を講じた積極的な取組みが求められています。

— 脱炭素に向けた住宅政策の転換 —

住宅の脱炭素化に向けて、２０２１年３月に閣議決定された「新たな住生活基本計画」では、住宅の省エネ・断熱性能に関係した目標が設定され、さらに「２０５０年カーボンニュートラルの実現目標からのバックキャスティングの考え方」に基づいた目標を策定（**図３**）。これを受けて国交省・経産省・環境省の三省合同で開催された検討会では、２０２５年に現行省エネ基準（断熱等級４＋一次エネ等級４）、遅くとも２０３０年までに誘導基準（断熱等級５＋一次エネ等級６）を適合義務化、さらに新築戸建の６割に太陽光発電設置の目標を掲げました。また、日本の住宅政策において初めて、住宅の新築・ストックの省エネ性能別の構成比の将来目標が示されたことも注目に値します。

— 真の脱炭素住宅の実現に向けて —

日本における住宅の省エネ政策の変遷を**図４**に示します。１９８０年に定められた旧基準（断熱等級２）から始まり、１９９２年に断熱等級３、１９９９年に断熱等級４が定められましたが、いずれも断熱・日射遮蔽といった外皮性能のみの基準でした。２０１５年に国交省は「建築物のエネルギー消費性能の向上に関する法律」（通称 建築物省エネ法）において、設備効率も考慮した「一次エネルギー等級」を導入しますが、要求水準が低く、任意基準のままだったため、実効性に限界がありました。また、経産省が推進するネット・ゼロエネルギー住宅（ＺＥＨ）では、「断熱等級５」＋「一次エネ等級６」＋「設備のエネルギー消費量を抑える太陽光発電」が要件とされています。さらに、２０２２年４月からは断熱等級５、６、７が新設され、ようやく海外基準と比べても見劣りしない断熱性能が定義されました。

報告書	公表年	人間活動が及ぼす気候変動への影響についての評価
第1次報告書 First Assessment Report 1990（FAR）	1990年	「気温上昇を生じさせるだろう」 人為起源の温室効果ガスは気候変化を生じさせるおそれがある。
第2次報告書 Second Assessment Report： Climate Change 1995（SAR）	1995年	「識別可能な人為的影響が全球の気候に表れている」 →1997年12月「京都議定書」を採択
第3次報告書 Third Assessment Report： Climate Change 2001（TAR）	2001年	「可能性が高い」（66％以上） 過去50年に観測された温暖化の大部分は、温室効果ガスの濃度の増加によるものだった可能性が高い
第4次報告書 Forth Assessment Report： Climate Change 2007（AR4）	2007年	「可能性が非常に高い」（90％以上） 温暖化には疑う余地がない。20世紀半ば以降の温暖化のほとんどは、人為起源の温室効果ガス濃度の増加による可能性が非常に高い
第5次報告書 Fifth Assessment Report： Climate Change 2013（AR5）	2013～14年	「可能性が極めて高い」（95％以上） 温暖化には疑う余地がない。20世紀半ば以降の温暖化の主な要因は、人間の影響の可能性が極めて高い→ **2015年12月 世界196か国が「パリ協定」を採択**
第6次報告書 Sixth Assessment Report: Climate Change 2021（AR6）	2021年8月	人間の影響が大気、海洋及び陸域を温暖化させてきたことには疑う余地がない。人間が原因の気候変動は異常気象や災害につながっている。21世紀の間、気温が上昇し続けるのはもはや避けられない。破滅的な結果が予想される温度上昇2℃を超えないためにできるだけ早期に温室効果ガスの排出量を0にする必要がある
国連気候変動枠組条約第26回 締約国会議COP26「グラスゴー合意」	2021年11月	世界全体の温暖化を1.5℃に制限するためには、世界全体の温室効果ガスを迅速、大幅かつ持続可能的に削減する必要がある。世界全体の二酸化炭素排出量を2010年比で**2030年までに45％削減。今世紀半ば頃には実質0**にすることを目標とする。

図1　IPCC報告書における気候変動の表現の変化と対策

	日本全体	産業部門	運輸部門	業務部門（建築）	家庭部門（住宅）
2013年度実績 （電力 0.578kg－CO_2/kWh）	12.35億トン	4.63億トン	2.24億トン	2.38億トン	2.08億トン
2020年度実績 2013年比 削減率 （電力 0.475kg－CO_2/kWh）	9.67億トン 21.7％減	3.53億トン 23.7％減	1.85億トン 17.6％減	1.84億トン 22.4％減	1.67億トン 19.3％減 2019年度から4.8％増
2030年度目標 2013年比 削減率	6.77億トン 46％減	2.89億トン 37％減	1.46億トン 35％減	1.16億トン 51％減	0.70億トン 66％減
2050年度目標	脱炭素 100％減				

図2　日本のCO_2排出量の実績と目標（電力のCO_2原単位）

目標3　子供を産み育てやすい住まいの実現
⑤民間賃貸住宅のうち、一定の断熱性能を有し遮音対策が講じられた住宅
2018年　約1割→2030年2割

目標4　多様な世帯が支え合い、高齢者等が健康で安心して暮らせるコミュニケーションの形成とまちづくり
⑦高齢者の居住する住宅のうち、一定のバリアフリー性能及び断熱性能を有する住宅の割合　2018年17%　→　2030年25%

目標6　脱炭素住宅に向けた住宅循環システムの構築と良質な住宅ストックの形成
⑪住宅性能に関する情報が明示された住宅の既存住宅流通に占める割合
2018年15%→R12 50%
⑬住宅ストックのエネルギー消費量の削減率　2018年3%→2030年18%
⑭認定長期優良住宅のストック数　2019年113万戸→2030年約250万戸
※2050年カーボンニュートラルの実現目標からのバックキャスティングの考え方に基づき、規制処置の強化やZEHの普及拡大、既存ストック対策の充実等に関するロードマップを作製

2021年03月閣議決定　新たな住生活基本計画（抜粋）

2025年に断熱等級4・1次エネ等級4を適合義務化

2030年にめざすべき住宅の姿
・新築住宅で断熱等級5・1次エネ等級6を遅くとも適合義務化
・新築戸建住宅の6割において太陽光発電を導入

2050年にめざすべき住宅の姿
・ストック平均で1次エネ削減率20%（BEI≦0.8）が確保されること
・導入が合理的な住宅における太陽光発電設備などの再エネが一般的となる

脱炭素社会に向けた住宅・建築物における省エネ対策等のあり方・進め方（抜粋）

$$\mathrm{BEI} = \frac{\text{設計一次エネルギー消費量}}{\text{基準一次エネルギー消費量}}$$

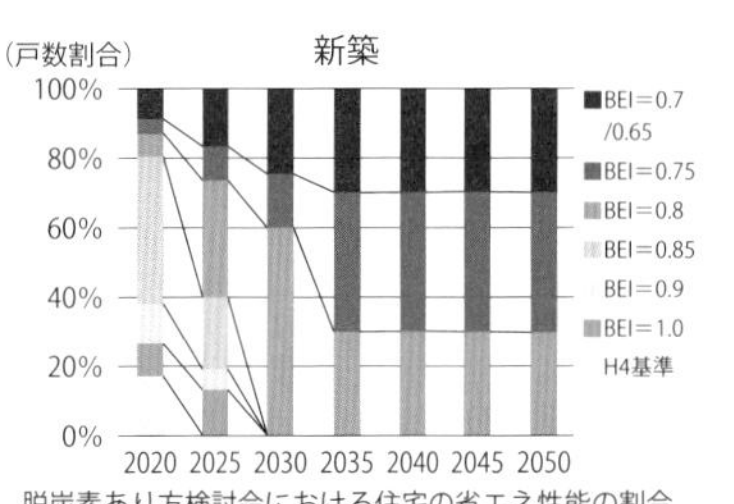

脱炭素あり方検討会における住宅の省エネ性能の割合

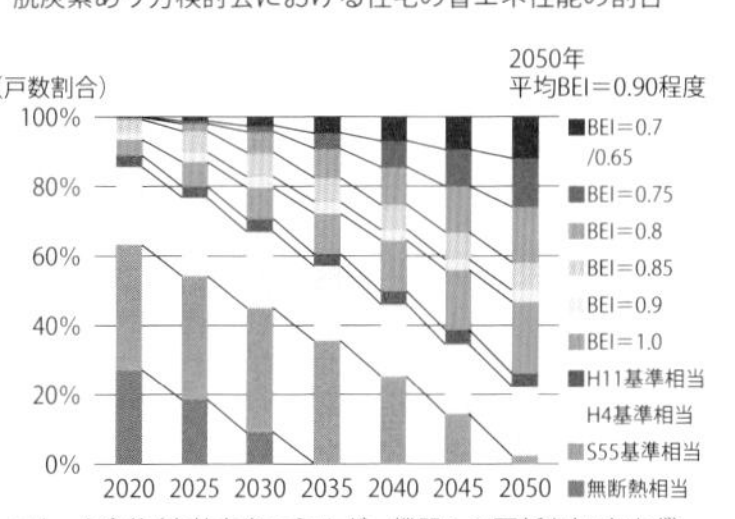

ストック全体（高効率省エネルギー機器への更新を加味せず）

図3　住宅の断熱・省エネルギー化に関する政策および目標

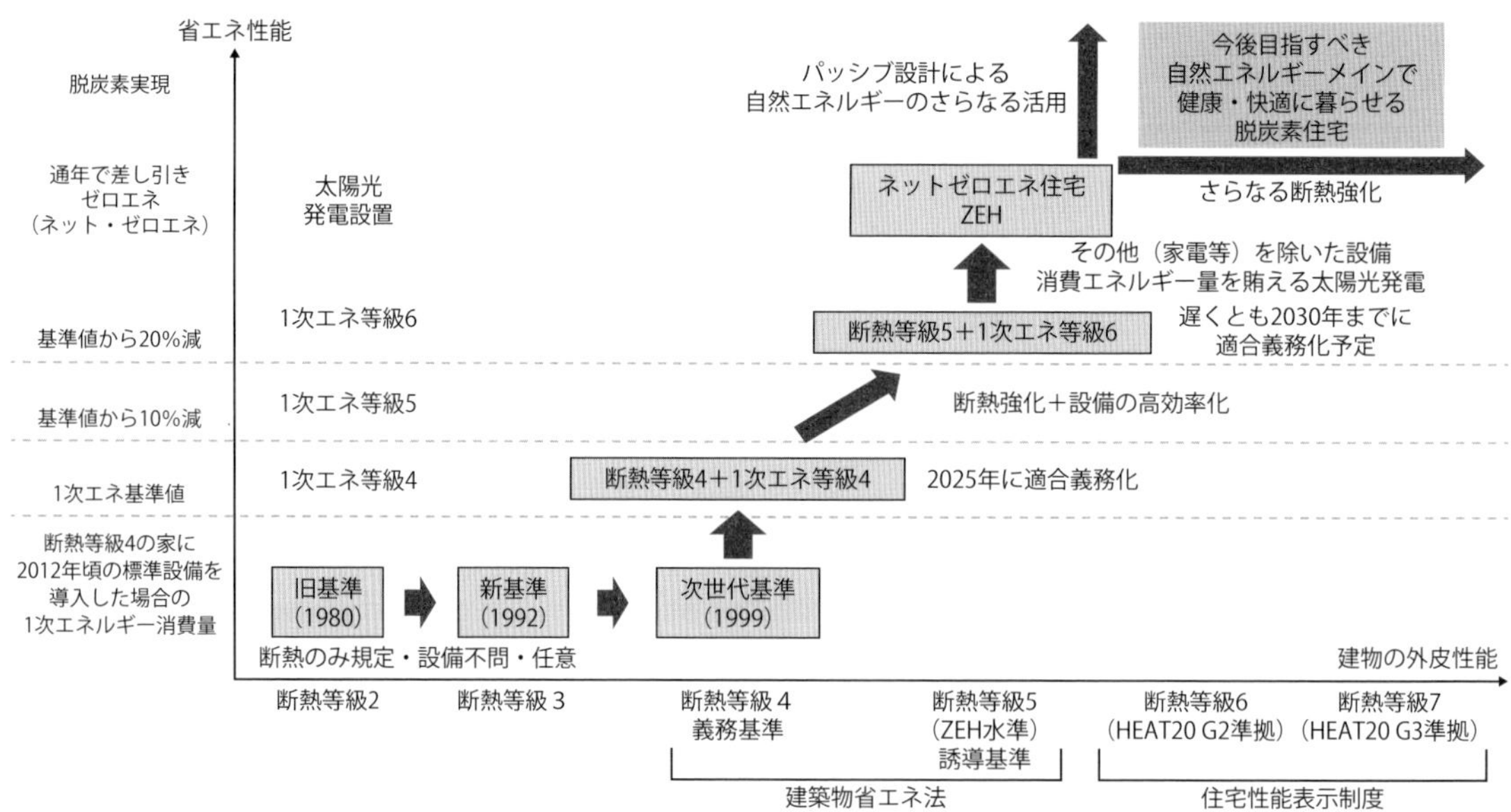

図4　住宅の省エネ基準の変遷と今後の目標

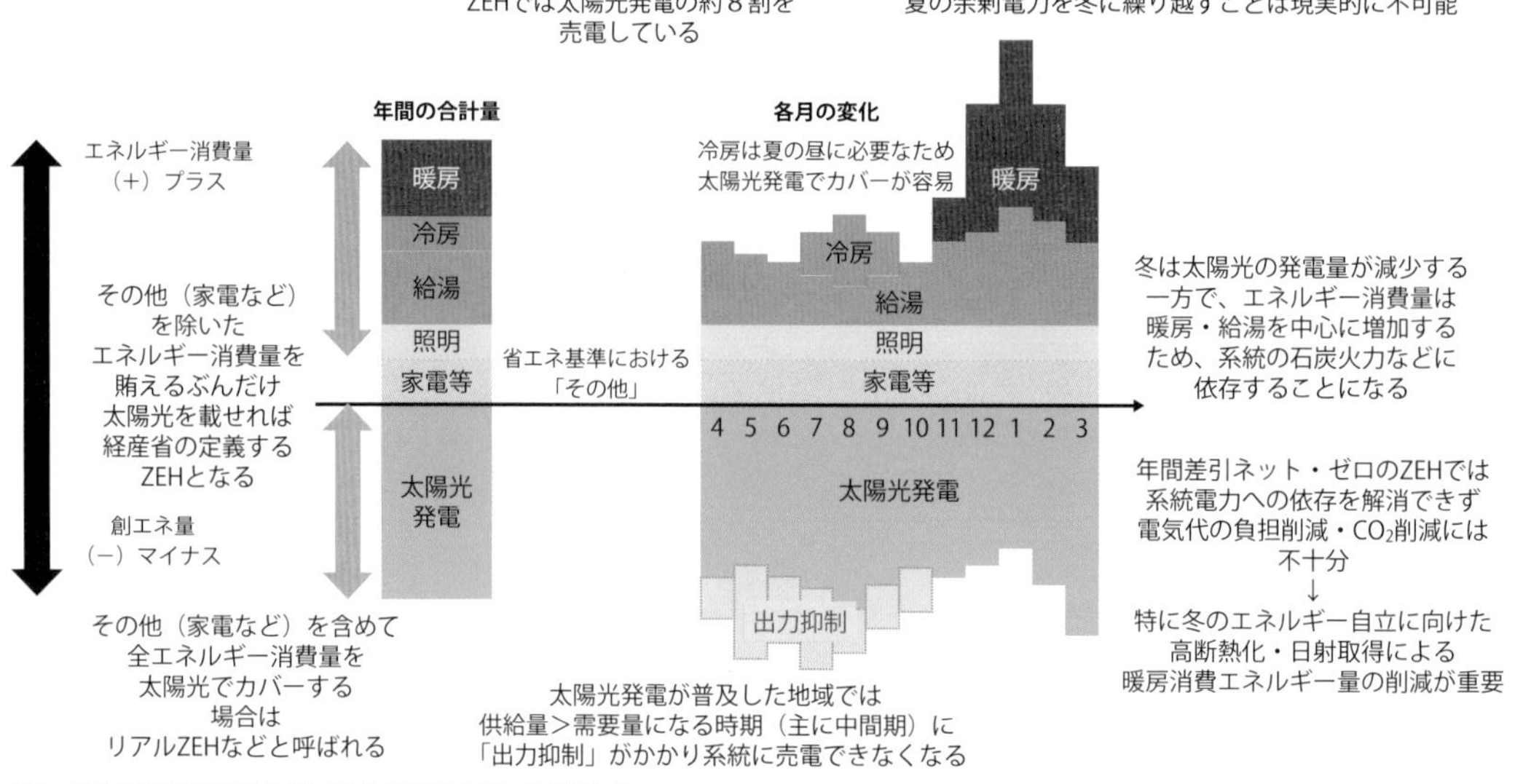

図5　住宅の脱炭素化のためには冬の暖房の省エネが不可欠

今後は、ZEHレベルの住宅は当然求められることになります。一方で、真に脱炭素と健康・快適な室内環境を両立させるには、ZEHを超えた自然エネルギー活用が求められています。

脱炭素と健康快適の両立を

―ZEHの普及は道半ば―

国は住宅の脱炭素の目玉として、ZEH普及を推進しています。一方で新築戸建に占めるZEH割合は2021年には注文（持家）26・8%、建売（分譲）2・6%で、全体の16%にすぎません。特に、工務店の建築する住宅でZEH割合が低いことが課題になっています。

―ネット・ゼロエネでは不十分―

それでは、ZEHにしておけば住宅の脱炭素は達成できるのでしょうか。残念ながらそれでは不十分です。そもそも経産省のZEHの定義では、「その他（家電など）」のエネルギー消費は太陽光でカバーする必要がなく、住宅全体ではゼロエネが達成できません。また、ZEHの正式名称は「ネット・ゼロエネルギー住宅」ですが、「ネット」とは通年での差し引きで、太陽光の発電量合計がエネルギー消費の合計を上まわればよいとされています（**図5**）。

当然ながら、太陽光発電は昼間だけ

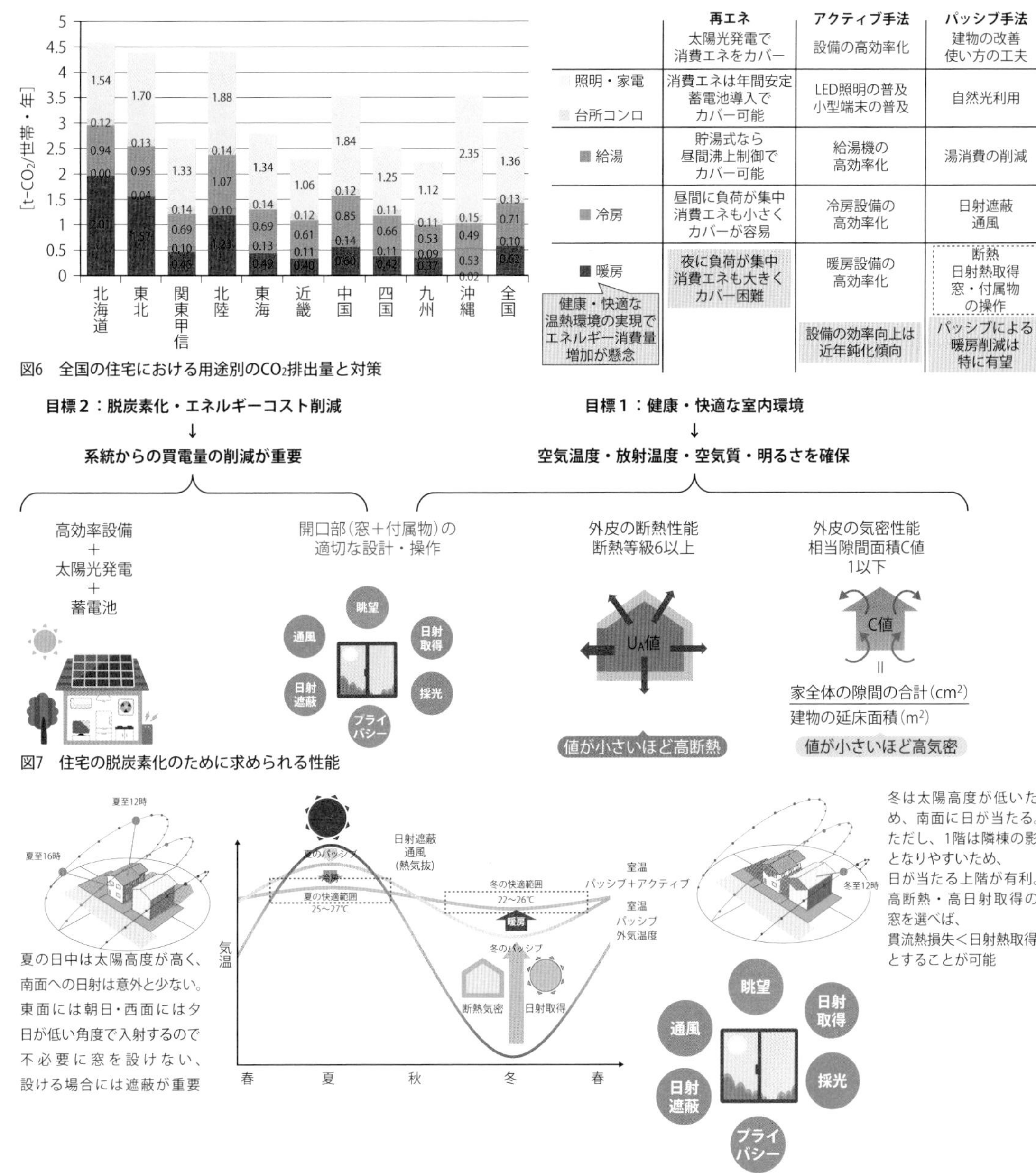

	再エネ 太陽光発電で消費エネをカバー	アクティブ手法 設備の高効率化	パッシブ手法 建物の改善 使い方の工夫
照明・家電 台所コンロ	消費エネは年間安定 蓄電池導入で カバー可能	LED照明の普及 小型端末の普及	自然光利用
給湯	貯湯式なら 昼間沸上制御で カバー可能	給湯機の 高効率化	湯消費の削減
冷房	昼間に負荷が集中 消費エネも小さく カバーが容易	冷房設備の 高効率化	日射遮蔽 通風
暖房	夜に負荷が集中 消費エネも大きく カバー困難	暖房設備の 高効率化 設備の効率向上は 近年鈍化傾向	断熱 日射熱取得 窓・付属物 の操作 パッシブによる 暖房削減は 特に有望

図6　全国の住宅における用途別のCO_2排出量と対策

図7　住宅の脱炭素化のために求められる性能

図8　建物の地力であるパッシブ性能で室温を整える

発電します。昼は在宅人数が少なく、エネルギー需要も少ないため、一般的なZEHでは自家消費できるのは2割程度で、残りの8割は系統に売電しています。売電分は売電単価に応じて支払いを受けることができますが、固定価格買取制度（FIT）の買取期間中でも売電単価は年々引き下げられ（2013年度48円［kWh］→2023年度16円［kWh］）ており、FITが終了する11年目以降はさらに安くなります。

一方、太陽光で発電できない夜は、在宅人数も多くエネルギー消費が増えるため、系統から大量の買電が必要で、電気代の負担はなくなりません。買電単価は長らく30円［kWh］前後で安定していましたが、昨今の化石燃料の高騰などにより、今後は上昇していくことが予想されます。つまり、差し引きゼロのネット・ゼロエネでは、電気代の負担は解消できず、また系統電源のCO_2もゼロにはできないのです。

―蓄電池は万能にあらず―

最近では、太陽光発電と蓄電池を併用する住宅も増えています。昼間の発電を蓄電して夜に使うことで、太陽光発電の自家消費の割合を大きく向上させ、買電量を減少させることで電気代の負担を減らすことが可能です。現状

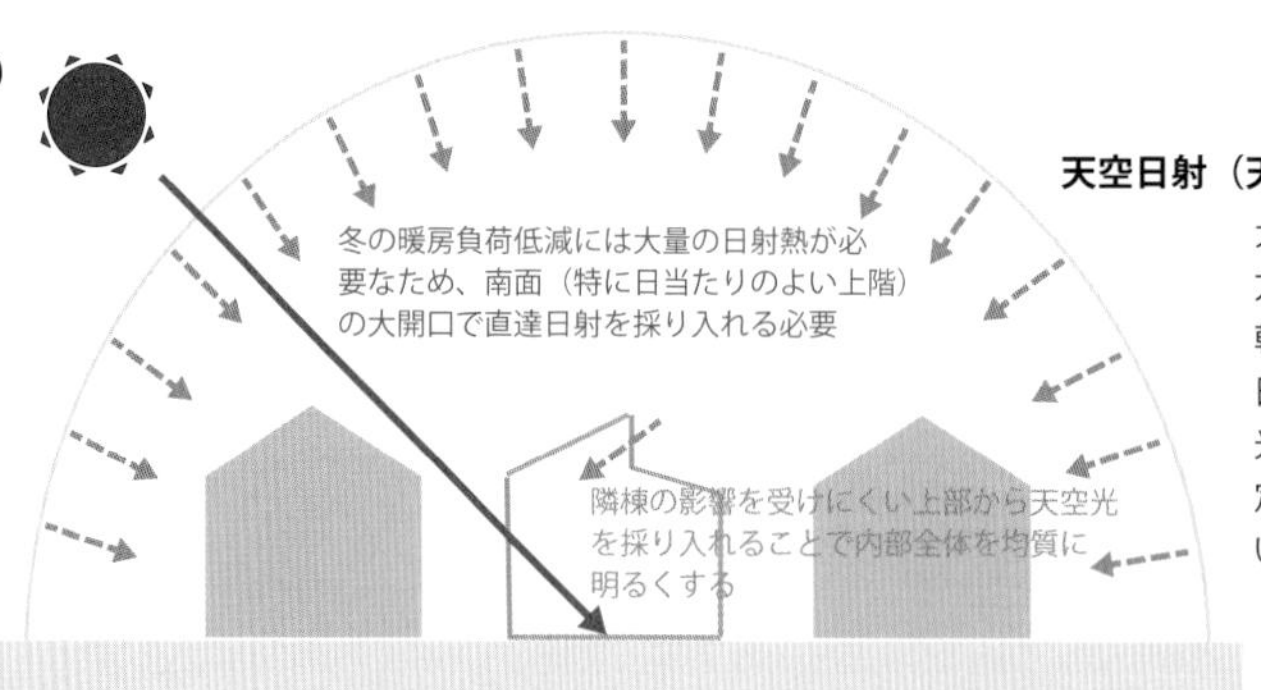

図9　日射と光は直達と天空を区別して考える

ではまだ導入コストが高価ですが、今後の低廉化に伴い普及が期待されます。

ただし蓄電池にできるのは、あくまで昼間の発電を夜に繰り越すだけです。季節をまたいで電気を融通できるわけではありません。春から秋にかけては太陽光発電の電気が余る一方、冬は暖房を中心にエネルギー消費が増加するため、冬は電気が足りません。

─ 暖房の削減が最も難しい ─

住宅の用途別のＣＯ２排出量（図6）を見ると、照明・家電や給湯、冷房は設備の高効率化も進んでおり、かつ太陽光発電でカバーできる目途が立っています。一方、暖房利用によるＣＯ２排出量は寒冷地では多い一方で、温暖地ではさほど大きくありません。しかし、後述するように日本の住宅の冬の室内環境は劣悪であり、ヒートショックをはじめとする多くの健康被害をもたらしました。室内環境を健康・快適に保つために長時間の暖房が一般的になれば、今後暖房のエネルギー消費・ＣＯ２排出量は増加していくことが懸念されます。

─ 健康・快適と脱炭素の両立を ─

今後の住宅は何よりも、「健康・快適な室内環境」を確保することが最優先です。そのうえで、エネルギーコストの削減・脱炭素化も同時に達成なければなりません。太陽光発電＋高効率設備＋蓄電池の組合せは不可欠ですが、それだけで冬の暖房も含めたエネルギー消費を自給できるわけではありません。

冬を含めて通年で「健康・快適」と「脱炭素」を両立するためには、建物自体の性能向上が不可欠です。まずは断熱・気密の確保といった建物の外皮性能の強化が重要です。経産省のＺＥＨを超えて、より高い断熱・気密性能と省エネ・再エネ活用が求められています（**図7**）。さらに建物の中と外をつなげるインターフェースである、窓と付属物を組み合わせた開口部を適切に設計し、季節や時間に応じて適切に操作することは、自然エネルギーを上手に活用しながら室内環境を改善できる、非常に合理的な方法なのです（**図8**）。

			必要面積	位置	有利な開き方	課題
日射熱取得			大	日当たりのよい部位 特に上階の南面	フレーム面積が小さい FIX窓 片引き窓	暖房熱負荷低減には大量の日射熱が必要。大開口に伴うプライバシーなどの確保、直達日射によるグレアなどの不快抑制、夏・秋の日射遮蔽および遮蔽時の採光
通風	熱気抜	温度差換気	小	入口：地窓 出口：ハイサイド	縦長スリット 内開き	操作の容易さ 防犯・防音
	採涼	風力換気 ウインドキャッチ	中			
自然採光利用		グレア予防のため 天空光を重視	小	空が開けた部位 高い位置に	横長スリット	小さな面積で効果的・均質な採光となる配置計画。 特に夏の日射取得が多い東・西面に設ける場合は、必要最小限の面積とする
眺望			中	立脚点と景色の関係		東・西面では日射遮蔽の徹底が必要

図10　目的に応じて求められる窓の性能は異なる

最適な窓の設計を考える

─ 脱炭素住宅はパッシブが主役 ─

真の脱炭素住宅においては、設備による暖房や冷房などのエネルギー消費量は最小限に抑える必要があります。自然エネルギーだけで冬も夏も良好な温熱環境を形成できるよう、建物、特に開口部を丁寧に設計し適切に調整する「パッシブ設計」が極めて重要になります。

─ 目的を明確にして窓を設計する ─

住宅の窓の設計においては、オーソドックスな引違いの掃き出し窓＝腰窓を各方位に配置する、または外観を重視してまどの大きさや配置・種類を決定する場合が多くみられます。一方で、終日カーテンが閉め切られていたり、年中簾がぶら下げられているなど、開口部本来の機能を果たせていない窓がよく見られます。窓は壁などに比べれば断熱・日射遮蔽性能は低いため、不必要な窓は弱点にしかなりません。窓の適切な設計には目的を明確にすることが不可欠です（**図10、11**）。

─ まずは「眺望」「出入り」を検討 ─

まず優先される目的は、見たい景色

2階南面（日射熱取得を最優先）
直達日射が冬に当たりやすい一方、夏は当たりにくい
＜部位・大きさ＞
日当たりが確保しやすいので、日があたる部位になるべく大面積を設ける
吹抜やホールなどの非居室はオーバーヒートの影響が少ないので大開口が有利
日射取得率の高い窓種を選ぶ
＜窓種＞
ガラスは日射取得型Low-E。温暖地ならペアガラスも可
開き方はガラス面積が大きく断熱・日射取得に優れたFIX・片引きが有利
ベランダも日射遮蔽が少ないよう工夫
＜付属物＞
軒・庇は冬の日射取得の障害になるので控えめに
日射取得時のプライバシー確保・グレア予防には暗色の内スクリーンが有効
夜はハニカムスクリーンで断熱強化（特に複層ガラス）
夏の日射遮蔽は外付け優先だが内付けも可。反射率の高い素材を選ぶ

1階南面（眺望・プライバシー・通風入口）
2階ほど日が当たらない部位が多い
＜部位・大きさ＞
断熱性能を確保するため、開口面積は控えめに
特にプライバシー確保が難しい場所では慎重に
通風で採涼まで得ようとすると大開口が必要で影響が大きい
＜窓種＞
日が当たらない場所では断熱優先。トリプルガラスが有利
テラスサイズ・引違いは断熱・気密性能が低い
家具搬入のために、1つだけ引き違いテラス窓を設けておく
断熱・気密性能が高い片引き・すべり出しを選ぶ
たてすべり出しは外部風の取り込みに有利
＜付属物＞
眺望とプライバシー確保が重要

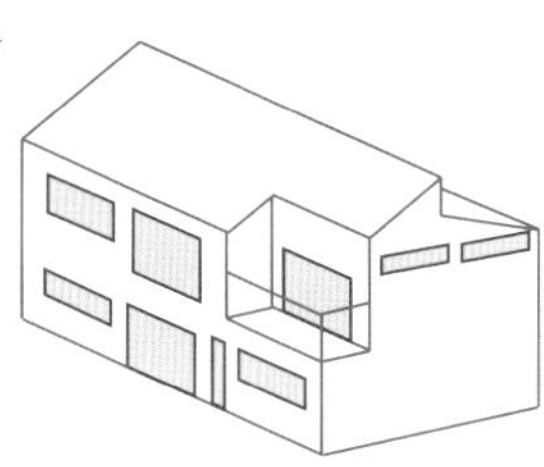

天窓
自然光利用には有利だが夏の日射遮蔽や雨仕舞が困難なので安易な利用は避ける
設ける場合は必要最小限に。日射遮蔽機能は必須

北面（採光・通風出口・眺望）
年間を通して直達日射が当たりにくい一方、安定した天空光が得られる
＜部位・大きさ＞
高い位置からは安定した天空光が得られで採光に有利
通風時の熱気抜きにも有効
ハイサイドなら均一な光環境が得られ通風にも有利
採光・通風に必要な窓面積はそれほど必要ない
＜窓種＞
冬の日射はごく限られるので断熱優先
眺望のために大開口を用いるトリプルガラスが有利
ハイサイドは温度差や外部風負圧が得やすいため、通風出口に適する
内倒し窓を上部に設置すると熱気抜きに有効

東・西面（隣棟がない方位・2階では採光・眺望）
直達日射が冬に当たらない一方、夏は朝日・夕日が低い角度で当たるので注意
＜部位・大きさ＞
冬に日が当たらず夏は朝日・夕日の直撃を受けるため、窓面積は最小限に
自然光利用のために必要な場合は、面積を最小限に
＜窓種＞
少ない窓面積で効果的な採光を行うには、高い位置に横長の形状が有利
＜付属物＞
太陽高度が低いので軒・庇は効果が低い
眺望などのために大開口とする場合は、外遮蔽が必須
採光用の小面積でも、グレア感を和らげるために内付けは必要

図11　住宅の部位に応じた窓設計の最適化

が見える方向に開ける「眺望」でしょう。そして、屋外への出入りや家具の搬入のため、大きな掃き出し窓も一つは必要でしょう。

― 日射・光は直達・天空を区別 ―

続いて、太陽の恵みを受けるため、「冬の日射熱取得」「採光」を考えます。まずは季節と時間帯における太陽位置を把握しておく必要があります。次で、太陽からの熱と光は、太陽の光球から直接届く「直達」と大気で拡散された「天空」に分けられます（図9）。目的に合せて、適切に選択して採り入れる必要があります。

― 大きな南窓で日射取得 ―

現在の窓は断熱性能が急速に高まっており、かつ日射取得型のガラスを選べば、室内からの貫流熱損失より日射熱取得を大きくすることが可能です。ただし暖房に必要な熱量は大きいので、直達日射がよく当たる部位に大開口を設ける必要があります。なお、冬は太陽高度が低いため、南に隣棟がある場合は、一階の日当たりが悪いので、上階の大開口から吹抜などを通して日射取得するなどの工夫が有効です。また、オーバーヒートや眩しさを防ぎプライバシーを確保するため、日射取得を邪魔しない付属物（暗色の内スクリーンなど）を併用することも有効です。

― 夏の日射遮蔽も効果的に ―

夏のパッシブ手法では、窓から侵入する日射熱の遮蔽が重要です。特に、朝日が当たる東面・夕日が当たる西面は、低い角度で強烈な直達日射が侵入するため、注意が必要です。眺望や採光の必要がない場合はそもそも窓を設けない、設ける場合も窓面積は最小限とし、ガラスは日射遮蔽型、外遮蔽の付属物を設けるべきです。

― 通風は開け方と入出口の確保 ―

通風も夏のパッシブ手法ですが、周辺環境の影響を受けやすいので、まずは利用の可否を慎重に検討します。室内にこもる熱を逃がす「熱気抜き」であれば、建物の上部・下部に窓を設ければ小さな面積でも十分に機能します。一方、通風で涼しさを感じる「採涼」は、風の出入口の面積を大きくとる必要があり、断熱性能などへの影響に注意が必要です。

― 目的にあった窓種を活用する ―

日本では伝統的に「引き違い」の開き方が一般的ですが、フレーム面積や隙間が大きく断熱・日射取得や気密の弱点となります。目的に合わせて、片引きやＦＩＸ・たてすべり出しなどの窓種を選択することで、断熱・日射取得・気密の性能を高めながらコストを下げることが可能です。

QR コードから、
倉渕教授への
インタビューを
ご覧いただけます。

大きな原則を踏まえた通風計画

倉渕 隆◎東京理科大学工学部教授

「通風」を好む居住者は多いです。住宅展示場の来場者に実施した調査結果によると、「理想とする涼の取り方は何か?」という質問に対して、半数が「通風」と回答されています。冷房は空気を対流させるため、居住者によってはドラフトによる不快感を嫌がります。また、中間期や夏期の夜間のような、心地よい気候条件下で通風を積極的に活用することは、省エネで快適な暮らしを実現する「パッシブな住まい方」にも結び付きます。

通風に対する志向は、住宅ばかりではありません。近年ではオフィスでも、中間期には空調だけに頼らず、外気を直接室内に取り入れ、階段室や吹抜を通して排出する、自然換気を活用する事例が増えています。

換気量で通風と換気を区別

ところで「通風」とは何でしょうか? また、「換気」との違いは何でしょうか?

換気とは、室内空気を入れ替えること、あるいは空気が入れ替わる現象を総称する用語です。つまり、通風も換気の一種であり、「広い意味での換気」に含まれます。

ただし、一般には通風と「狭い意味での換気」は違う意味で用いられます。具体的には、換気量によって通風と換気を区別し、目的に応じて両者を使い分けています。ここでは、狭義の換気を「換気」と表記することとします。

換気は通常、一時間当たりの換気回数が2回［毎時］程度以下の空気の入れ替えを指します。例えば、建築基準法では、住宅など居室のシックハウス対策として0・5回［毎時］（住宅などの居室以外では0・3回［毎秒］）の機械換気を義務付けています。これは、室内空気に含まれる揮発性有機化合物（VOC）などの汚染物質を希釈し、適切な空気質を確保するのが目的です。

このように2回［毎時］、以下の換気は空気質（IAQ：Indoor Air Quality）の改善、すなわち病気にならずに健康を維持できるような空気質を保つことを目的としています。換気の気流速度は、0・2〜0・25m［毎秒］程度のゆっくりしたものになるので、室内にいる人が空気の動きを感じることはありません。

一方、通風とは一般的に、換気量が5回［毎時］程度以上となる空気の入れ替えを指しています。そのため、通風を開始してから10分程度という短時間で室内の空気は外気と同じ状態になります。気流速度は5回［毎時］の場合に0・5m［毎秒］、10回［毎時］の場合には1m［毎秒］程度であり、1m［毎秒］以上の気流速度になると、人は空気の動きを「風」としてはっきり感じ取れます（図1）。

通風がもたらす快感とは

通風は、温熱環境に対して人が感じる快・不快にどのような影響を与えるのでしょうか?

温熱環境上の不快感がない状態とは、

①暑さや寒さを感じない

②心地よい、快感を覚える

の二種類が組み合わさって実現します。この内、特に②の快感をもたらすのが通風の特徴と言えます。以下では、別の視点から説明してみます。

温熱環境に関する体感に影響を与える要素は、「空気温度」「放射温度」「湿度」「気流速度」です。この内、通風は主に空気温度と気流によって体の冷却を促進する役割を果たします。

例えば、体が火照った状況で通風に接すると、暑くも寒くもないという意味での快適さとは違う、より積極的な気持ちよさを感じるものです。例えるなら、サウナに入った後で水風呂に入ったときに似た感覚です。汗ばんだ体を通風にさらした場合、さらに汗の蒸発に伴う気化熱によって体が冷却され、心地よい感覚を得られます。

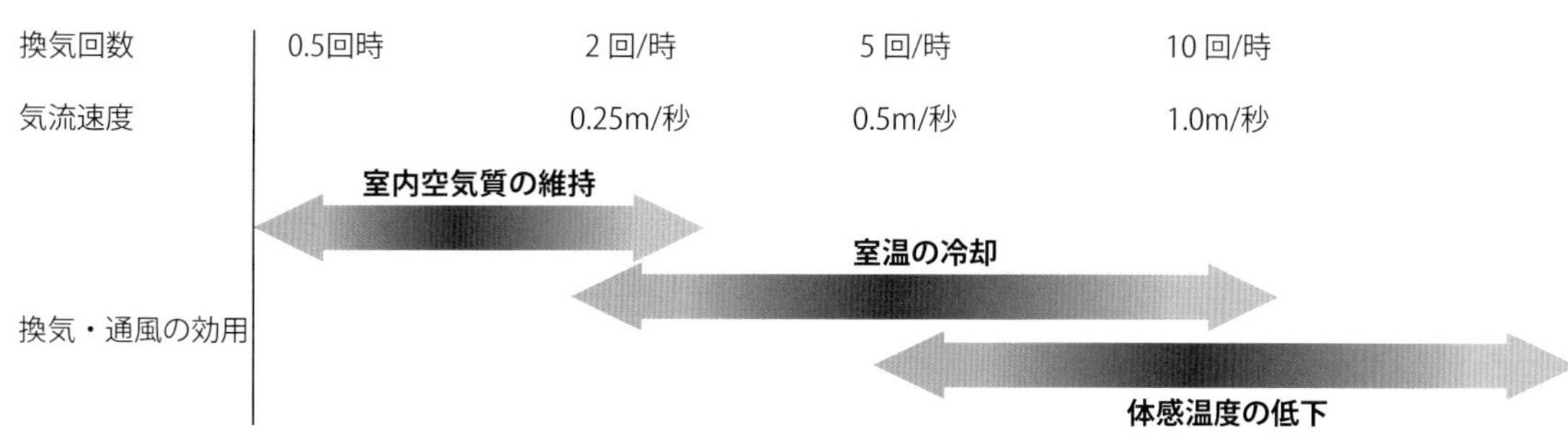

図1 換気回数と室内気流速、気流・通風の効用の関係

加えて通風の場合、空気が止まったり、動いたりすることによる体感の変化も気持ちよさにつながります。こうした快感が印象に刻まれて通風に対するポジティブな感覚を生み出し、多くの人々が「通風のよい家に住みたい」と思う状況につながると考えられます。

これらの心地よさを得ようとする場合には、空気の動きを感じ取れる10回［毎時］以上の換気量が必要になります。10回［毎時］の換気は、キッチンのレンジフードを「強」程度にした流量に相当します。

風の動きを感じるかどうかとは別に、通風には熱をもった壁を冷却する作用もあります。冷やされた壁の放射により、人体が涼しさを感じる効果につながるのです。5回［毎時］以上・10回［毎時］未満の通風は、こうした室の冷却が目的となります。設計時には、それぞれの目的に応じて開口の面積を設定することが大切です。

通風に必要な開口面積

必要な開口面積の求め方は、次のようになります。ここでは、換気回数が10回［毎時］の場合について説明します。

換気回数は、換気量を室容積で割って算出します。換気回数が10回［毎時］とは、室容積の10倍の外気を取り入れる状態を意味しています。

換気量の計算には、ASHRAE(米国暖房冷凍空調学会）が定める計算式「0.65×A(m^2)×外気風速(m/s)×3,600m^3/h」を用いることにします。計算式内のA(㎡)とは、換気経路内の最小開口面積です。つまり、空気が建物に流入してから流出するまでの全経路の中でボトルネックとなる、最も小さな開口部の面積が換気量を決めることになります。

外気風速1m［毎秒］、天井高さ2・5mという条件の場合、10回［毎時］の換気回数を確保するために必要な開口面積A(㎡)はどうなるでしょうか？ 前述の計算式から、開口面積Aの床面積S(㎡)に対する比率(A/S)は約0・01になります。12畳(約20㎡)の部屋であれば、0・2㎡程度の流入・流出開口部を設ければ10回［毎時］の換気を確保できることになります。例えば高さ1m、幅20cmの開口があればよいことになります。

風圧力と温度差が駆動力

適切な通風を確保するためには、必要な開口面積の窓を外壁に設けさえすればよいというわけではありません。設計時に開口部をどう配置するか、利用する際に窓を開けるタイミングをどうするか、が通風を効果的に活用できるかどうかを左右するからです。

ここで、通風が生じる仕組みを理解しておきましょう。通風の駆動力となる要素は大きく二つです。それは、「風圧力」と「空気の温度差」です。

風圧力は、建物に向かって吹く風の風速に応じた「動圧」に、建物形状などで定まる「風圧係数」を乗じたものです。風圧係数は、一般に風を受け止める風上側が大きく、風下側は小さい値になります。建物の両側に生じる圧力差が大きいほど、通風の駆動力は大きくなります。風の流入口と流出口を同じ壁面に設けても風が入り込みにくいので、出入口の方位を変えることが重要になります。また、風速は上空にいくほど大きくなるため、高層集合住宅の高層階は通風を得るのに有利な環境と言えます。逆に、地上付近の低層階は、風速が弱いうえ、周囲に建っている建物の影響などを受けやすいなど、通風利用が難しい場合もあります。

温度差換気は、温度の高い空気は、密度が低いため、上昇する煙突効果を利用するものです。流入口を低く、出口を高く設定することが原則です。

通風設計では、これら二つの駆動力

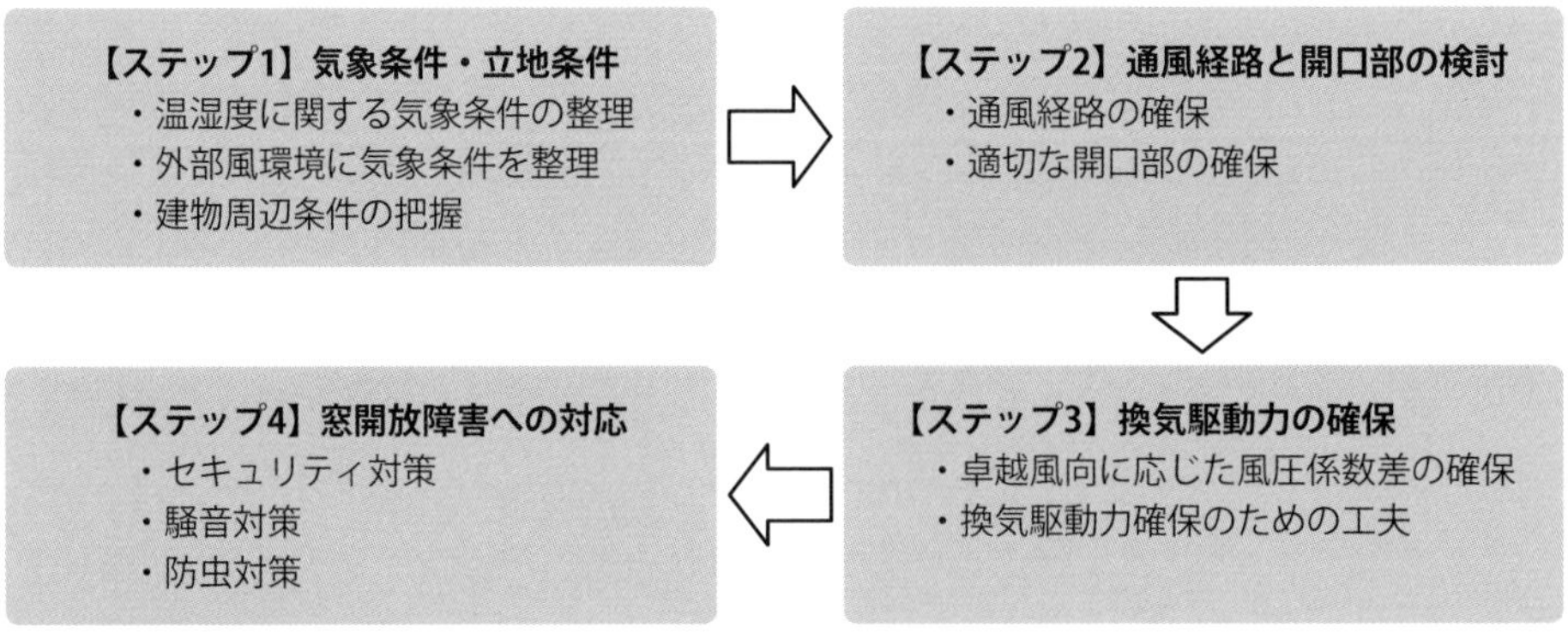

【ステップ1】気象条件・立地条件
- 温湿度に関する気象条件の整理
- 外部風環境に気象条件を整理
- 建物周辺条件の把握

【ステップ2】通風経路と開口部の検討
- 通風経路の確保
- 適切な開口部の確保

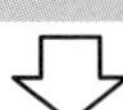

【ステップ3】換気駆動力の確保
- 卓越風向に応じた風圧係数差の確保
- 換気駆動力確保のための工夫

【ステップ4】窓開放障害への対応
- セキュリティ対策
- 騒音対策
- 防虫対策

図2　通風利用の検討手順

を効果的に利用できるように考えていきます。

具体的には、

①気象条件
②換気経路
③換気駆動力
④その他の留意点

を順番に検討します。

①気象条件は、まず通風を活用する季節や時間帯を想定し、その時期における外部の風速や風向きを調べます。計画地の最寄り地点におけるアメダスデータを利用すると便利です。ただし、測定地によってはアメダスデータのセンサーが、周囲に建つ建物の影響を受けている可能性もあります。測定地の立地環境も確認し、必要に応じて近くの測定地のデータも参考にして補正していきます。

風圧力を求める際の風速は通常、建物高さにおける風速値を使用します。高さにより風速が変わるため、利用するアメダスデータの測定高さを把握し、必要に応じて高さを補正します。日本は、冬期は地域による季節風が強く、夏期は海風や陸風の影響により、昼夜で風向きが変わる場合があるので、注意が必要です。平均風速は、一般には1〜2m［毎秒］程度になります（**図2**）。

風の出入口を確保する

換気経路を設定する際に重要なのは、前述した計算によって求めた開口面積を、風上側にも風下側にも設けることです。ただ、南面に大きな窓を設けているのに、北面には窓がないなどの住宅をしばしば見かけます。通風を確保するためには、風の出入口を同時に確保することが重要です。

通風の駆動力を高めるためには、一般に、流入開口を風上側に設け、流出開口はそれ以外の方向で確保します。流入開口と流出開口を室の反対側に設けることにこだわる必要はないですが、少なくとも流入・流出開口を設ける壁の方向を変えることが望ましいです。

設計条件によっては、流入開口と流出開口を別の部屋に設けざるを得ない場合も想定されます。この場合、風の流路全体を通して通風を確保します。流路途中に扉がある場合には、空気の通り道となる欄間を扉の上部に設けたり、開いた状態で固定できるドアを用意するなどの工夫が必要です。

速い気流を浴びたい場合は、流出開口部の面積を大きく、流入開口部の面積を小さくするとよいです。原理上、流入開口の面積を小さくすると風量は小さくなりますが、流入開口を通過する気流の速度は速くなります。

また、流入・流出開口を計画する際には、設置する高さにも注意が必要です。基本的には、流入開口は地窓などを低い位置に、流出開口は天窓などを高い位置に設定することが望ましいです。

理由の一つは、体感上の心地よさを得るためです。通風気流は、一般に考えられているように、流入開口から流出開口まで直線的に向かうケースは珍しく、流入した方向を維持しながら進む傾向があります。そのため、高い位置に流入開口を設けると、床面近くにいる居住者が、通風気流を浴びることが難しくなります。よって、風を感じられるようにするには、流入開口を低い位置に、流出開口を高い位置に設定するとよいです。南面に風の入口となる地窓を設け、北面の高所に頂側窓や天窓を設ける設計は、その一例です。

こうした設計では、煙突効果も期待できます。空調を施していない室内は、一般に外部より温度が高くなる傾向があり、その場合、風圧力とは別に、流入・流出開口の高さの差に応じた煙突効果による換気の駆動力が作用します。低所の開口から空気を取り入れ、高所の開口から排出させる計画にする

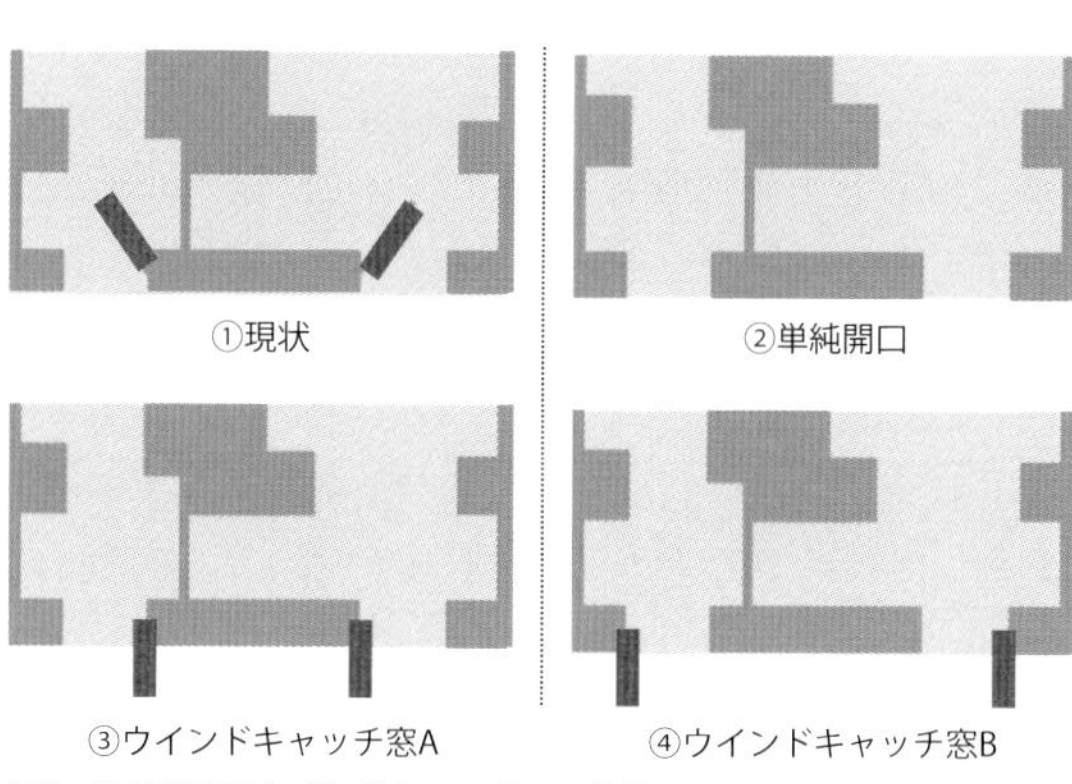

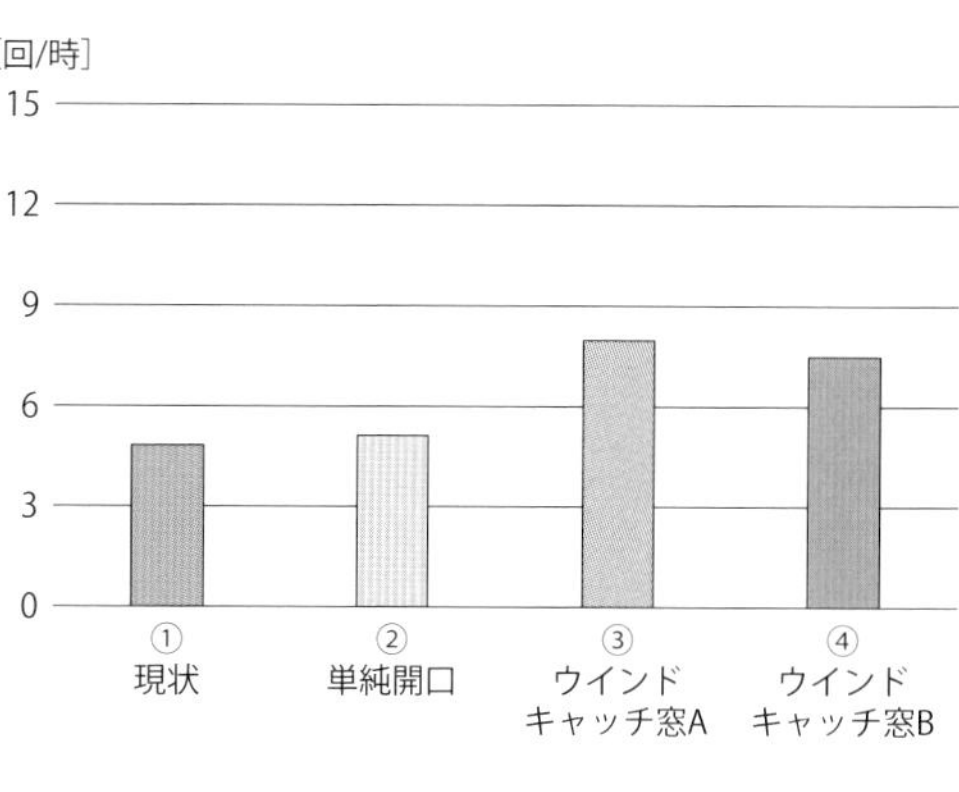

図3　集合住宅のウインドキャッチャー効果

と、温度差換気と風力換気の相乗効果で、より大きな通風量が確保できます。また、北側の高所窓は、安定した採光を得られるメリットもあります。

ウインドキャッチ窓

流入開口と流出開口は別の方向に設けるのが望ましいですが、条件によっては外壁の一面にしか窓が設けられないケースもあります。その場合には、たてすべり出し式のウインドキャッチ窓を採用すると効果的です。ウインドキャッチ窓は、一つの外壁面に開く向きの異なる一対の窓を設置するものです。外壁から突き出す形に窓を開けることで、正圧側では外壁に沿って流れる気流を効果的に取り込み、負圧となるもう一方の窓で吸い出す仕組みです。一面開口でも外気を効率的に流入・流出させられるため、周囲が建て込んだ都心部などでも通風を確保できます。

富山県の集合住宅開発で実施した、ウインドキャッチ窓のシミュレーション結果を例示します。

実際に完成した建物では、南面のみに窓があり、内開きのたてすべり出し窓を採用されています。これを、単純開口や、外開きたてすべり出し窓のウインドキャッチに置き換えた場合、換気回数はどの程度、変化するでしょうか。実際の内開きのたてすべり出し窓に対し、単純開口にした場合の換気回数はほとんど変わりませんでした（**図3**の①現状と②単純開口の比較）。一方、外開きの縦すべり出し窓にすると5割程度、換気回数が増加し、ウインドキャッチ窓の効果を示しました（**図3**の③④ウインドキャッチ窓）。

なお、ウインドキャッチ窓は、一面開口の場合の対策だと認識してください。異なる方向の壁に流入・流出開口を設けられるのなら、それに越したことはありません。別面に流出開口がある場合、ウインドキャッチ窓の効果は限定的なので、あえて設ける必要はないでしょう（**図3**）。

外気の環境がよい時間帯

通風を効果的に活用できるかどうかは、使い方にも大きく左右されます。つまり、どういう条件のときに窓を開けるか、が大きなポイントになります。

10回［毎時］以上の通風を行うと、短時間で室温や湿度が外気と同じになります。言い換えると、外気より快適な温熱環境にはならないということです。原則、外気温度が室温より低くて心地よい場合に、通風を活用するのがよいです。

例えば、昼間に35℃を超えるような過酷な夏期でも、夜間には温度が低下します。そこで、気温の高い昼間は窓を閉めて冷房を利用し、外気温が27℃程度以下に下がる夜間に窓を開け、通風を取り入れて室内の温度を下げます（いわゆる、ナイトパージ）。

通風は室温を下げるだけでなく、体感上の気持ちよさにも寄与します。ただし、温度が低くなっても湿度が高い環境では、必ずしも快適にはならないので注意してください。また、高湿度の空気を冷房する際には、除湿するためのエネルギーも必要になります。夏の湿度が高い地域で、夜間に湿度を含んだ外気を取り入れてしまうと、翌日の冷房に多くの電力を要することになってしまいます。立地環境によっては、むしろ室内を閉め切ってエアコンを用いたほうが過ごしやすく、エネルギー効率も高くなります。

ビルの場合、通風を取り入れるタイミングは、温度と湿度を合算した指標「エンタルピー」を基に判断するのが一般的です。エンタルピーは、次の式で簡易に求められます。

h=2,500X+t[kJ/kgDA]

X：絶対湿度[kg/kgDA]

t：乾球温度[℃]

室内外のエンタルピーを比較し、室外の数値のほうが低い状況であれば、通風を活用できる可能性が高いです。住宅の居住者が日常生活でこうした判断を感覚的に行うことは難しいため、できれば内外の温湿度を測定し、外気の温度と湿度がそれぞれ室内より低い場合を中心に外気を取り入れる、といった判断をするのが望ましいでしょう。

課題はセキュリティ対策

室内を締め切って、エアコンを一晩中利用するのではなく、夜間には窓を開けて寝たいと思う居住者は一定数いるでしょう。ただし、窓を開けることで生じるデメリットもあります。最大の課題は、セキュリティと虫の問題です。都市部では特に、通風時であってもプライバシーへの配慮は欠かせません。また、騒音対策も必要でしょう。これらに対する不安を解消するには、設計での工夫のみならず、窓部品側での対応も求められます。

例えば、防犯のためには侵入者が入れないような細長い形状の窓や、人が侵入できない幅で開口部を固定できる開閉ストッパーなど欠かせません。開けにくいと感じさせる仕組みを装備しておけば、侵入者に対する一定の抑止効果が見込めると言われています。現状でも対応した製品はありますが、日本の気候を考慮しつつ、より安心して窓を開けられる窓部品の提供を期待しています。

騒音対策に関しては、ウインドキャッチ窓では相応の遮音効果があるという研究結果もあります（２０２３年度 日本建築学会大会、日本音響学会研究時発表会にてＹＫＫ ＡＰより報告予定）。開いている窓の遮音効果がどうであるか、さらに検証していくことが大切です。窓を開けるタイミングを図るという点では、エアコンと連動して窓を自動開閉するシステムも興味深いです。

通風と上手に付き合う

「窓を開けて通風を生かす暮らし方」と相反する考え方に、「窓を閉めて冷房をつけ放しで過ごす暮らし方」があります。住宅における一次エネルギー消費量の内、冷房が占める割合は約5%で、それほど大きくありません。近年は、ヒートアイランド化や地球温暖化の影響を受けて外気温が上昇し、また高断熱・高気密住宅の普及もあって、「窓を締め切って24時間エアコンを付けながら薄着で過ごす」といったライフスタイルも珍しくなってきました。ただし、エアコンに依存し過ぎる暮らし方には、落とし穴があることも知っておいた方がよいでしょう。

例えば、過度なエアコン依存により健康を崩す場合があります。理由の一つは、エアコンは室内空気を循環させながら、温度と湿度を調整することが役割のため、空気質そのものを改善する機能をもっていないためです。適切な換気をしていないと、空気質の悪い室内で過ごすことになってしまいます。

もう一つの理由は、人体の体温調整能力の問題です。人は、暑い環境下にいる場合に汗をかいて体を冷やす機能を備えています。エアコンだけに依存して、温熱環境に変化のない室内で過ごし続けていると、その機能が衰えてしまいます。現在、公立の小中学校のほぼ１００%にエアコンが装備されているのに、熱中症が発生する比率は減っていません。人体が暑さ・寒さに順応するプロセスがエアコンの導入により遮断され、暑い温熱環境に置かれたときに対応できない体になってしまうからだと考えられます。エアコンを入れた状態に慣れると、エアコンを使い続けなければいられなくなる傾向があり、体調不良の原因につながります。

それに対し、自宅で寛いでいるときのように、窓の開閉や着衣状態を自由に変えられる条件下では、多少暑くても暑いとは感じなくなることが知られています。密閉した状態で空調に頼っている場合に比べ、快適と感じる温度の範囲が広がるからです。ASHRAEが定める基準「ASHRAE Standard55―2017」でも、通風のような高速気流が室内に生じた場合、快適と感じる気温が高くなることを前提にしています。例えば、一定の条件下で、気流速度が０・２ｍ［毎秒］から１・２ｍ［毎秒］に増加すると、許容できる気温が34℃と高くなります。しかも、自分で気流速度をコントロールできる場合には、気流速度はある程度大きくなっても問題ありません。

長い目での健康を考えれば、酷暑の時間帯にはエアコンを使いつつ、外気温が下がる中間期や夏の夜間などは通風を活用して環境を調整することがより重要になるでしょう。

その際に大切なのは、自然のリズムを生かしつつ、適度にコントロールすることです。精緻な制御を目指してガチガチな通風設計をするというより、「大きな原則を踏まえて計画し、あとは住み手の好きなように開け閉めしてもらう」くらいの姿勢が適切ではないでしょうか。夏は夏なり、冬は冬なりに住み手が適応していきます。そんな、おおらかな考え方で通風設計を考えていただきたいです。

窓の整理術

YKK AP ㈱書籍制作委員会

「窓の整理術」は、内側だけでなく外観デザインの視点も合わせて上手に「窓」を選び、“整理整頓”することで外観デザインを「シンプルで美しく」仕立てる住宅デザイン手法です。

ここでは、「へらす」「そろえる」「まとめる」「変化をくわえる」の四つのポイントから窓の整理術を解説します。

図1 「へらす」の代表事例

ポイント1―へらす（図1）

三つの要素をへらし、シンプルにしていきます。

①カタチの要素：複雑な壁面や屋根の形状は避け、カタチの要素をへらすことで、シンプルにしていきます。

②色・素材の要素：仕上材や建材の「色・素材の要素」をへらします。外壁色は1、2色までがシンプルにまとまります。

③開口部の要素：開口部は数が少ないほど、外観はシンプルにまとまりやすくなります。

図2 「そろえる」の代表事例

ポイント2―そろえる（図2）

「同じ形」「同じ大きさ」「同じ色」の要素でそろえることで、外観をよりシンプルにしていくことができます。

①外観を四角や三角といった、「同じアイコン（かたち）」でそろえ、シンプルにします。

②窓は、「同じ種類」「同じ大きさ」「同じ位置」「同じ色」にそろえます。これらの要素がそろえば、全体がシンプルになり、デザインがまとまっていきます。

図3 「まとめる」の代表事例

ポイント3―まとめる（図3）

壁面を確保するようにまとめて、シンプルにします。

①カタチ：極力凹凸した「カタチ」をなくすようにします。凹面を埋めるようにスクリーンやハンドレールを設置し、シンプルな形で「まとめます」。

②組合せ・リズムよく・スクリーン：窓は1か所に「組合せ」たり、複数の窓を「リズムよく連続して」まとめます。まとめることが難しい場合は「スクリーンなどで隠してまとめる」ことで、シンプルで美しい外観にすることができます。

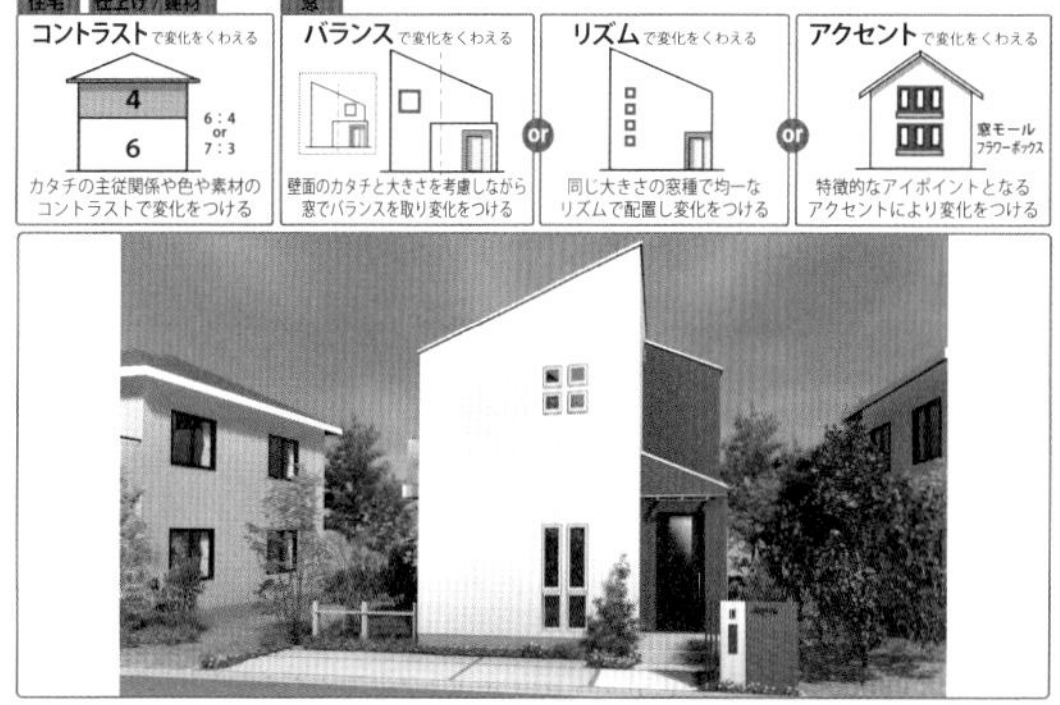

図4 「変化くわえる」の代表事例

ポイント4―変化をくわえる（図4）

変化を加えることで、シンプルに仕立てた外観を基に街並み調和も考慮しながら個性を出していきます。

①コントラストで変化を：外壁色のコントラストで「変化をくわえ」ます。その際には、6：4や7：4の比率が美しくなると言われています。

②窓の配置で変化をくわえる：窓の配置で「バランスを取りながら変化をくわえ」たり、同じ大きさの窓を「均一なリズムで並べて変化をくわえ」たり、窓モールなどの「アクセントで変化をくわえる」ことで個性を演出しています。

QRコードから、
吉澤教授への
インタビューを
ご覧いただけます。

光／視環境評価の変遷

吉澤 望◎東京理科大学理工学部教授

採光

窓がもたらす室内の光環境・視環境にかかわる基準・ガイドラインは、従来は建築基準法の採光規定や、北米の環境性能評価システムＬＥＥＤ（Leadership in Energy and Environmental Design）のｓＤＡ（Spatial Daylight Autonomy）などに見られるように、基本的にはある程度の採光が得られることを根拠に据えて、その推奨値などが決められてきたものが多くあります。ただし、実際には昼光照明による採光がどの程度必要なのか、という点を学術的に追求しようとすると、光環境・視環境の点からは判断が難しいことが多くあります。それは、一つには室内において一般に必要とされる空間の明るさ・視作業面の明るさに関しては、ほぼ人工照明のみで十分に得られてしまうためであり、ＬＥＤ照明の効率化が進んできた現状においては、あえてその部分を昼光照明で補う必然性は薄らいできているということがあります。しかも、昼光照明は時間や天候に左右され、また窓の位置によって空間内のバラツキも大きいことから、時間的・空間的に安定した照明環境を得るためには、人工照明を用いた方が、大抵は簡単ということもあります。健康の点からは、**図1**に示すように、午前中に色温度の高い光を浴びることが、サーカディアンリズムの調整に寄与することは明らかになってきていますが、これについても人工照明で十分に賄える光量で問題ないとされています。ただし、近年では近視防止のために強い昼光を浴びることが有効であるという、新しい知見も出てきており、今後の新たな研究が待たれます。安全性の点では、災害が発生して電力供給が一時的に絶たれた際にも、日中屋内で十分に活動ができる程度の窓を設けておいた方がよいことは確かですが、歩行・移動のために必要なレベルであれば、それほどの光量は必要ではなく、上記の採光規定やｓＤＡなどで規定してきたようなレベルとは乖離してしまいます。

以上の議論をまとめると、採光性能の観点のみから昼光照明の利点を打ち出すことは難しいということになりますが、だからといって室内の光環境・視環境を構築するうえで窓が不必要になるわけではありません。窓があるという事実そのものによる心理的効果、さらに眺望がもたらす開放性・快適性は、心地よい空間をつくるうえで欠かせないものです。それらを考慮すると、採光性能に基づく室内環境の評価指標・基準は、窓がもたらすさまざまな効果を総合的に担保するものとして捉えていく必要があるでしょう。そのような観点で、『ＨＥＡＴ20設計ガイドブック２０２１』（２０２１年、建築技術）では、採光性に基づく光環境の新たな評価方法を示しているので、ここでその概要を紹介しておきます。

基本的な考え方は、住宅における光環境・視環境設計には今のところ設計者が十分な時間を割くことができず、昼光照明シミュレーションを個別に行うこともない、という現状を踏まえて、できるだけ簡易に採光性能を評価できるようにしようというものです。そのために、窓からの採光量を簡単に計算できるようにし、そこから部屋中央における窓向きの眼前鉛直面照度を求めることができるグラフ（**図2**：ただし参考文献に合わせて値を一部修正）を示しています。窓からの採光量は発光効率［lm/W（ルーメン／ワット）］を介せば、入射日射量［W］ともつながり、熱環境との連動も図りやすくなります。また、眼前鉛直面照度は部屋の明るさを大雑把に検討するうえでは有効な物理量であると考えられます。そのうえでＨＥＡＴ20設計ガイドブック２０２１では、鉛直面照度の基準値を50［ルクス］として、年間を通して日中（太陽高度10度以上）の90％以上がこの値をクリアして

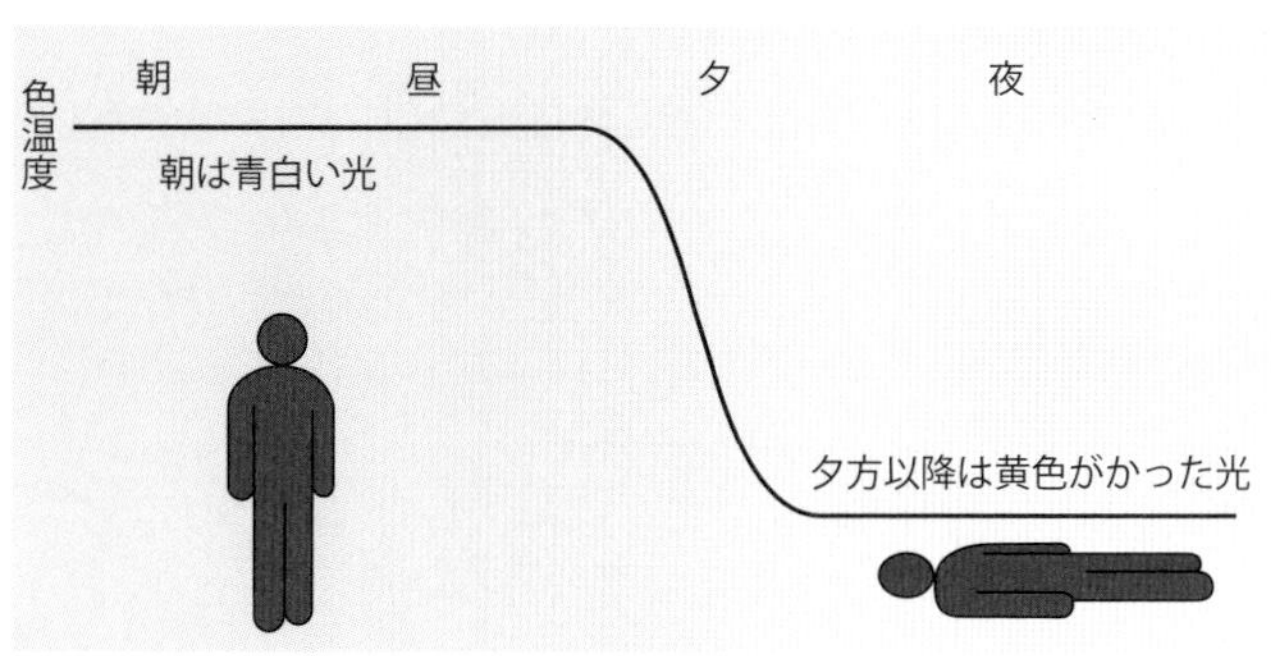

図1　サーカディアンリズムの点から好ましいとされる光の色

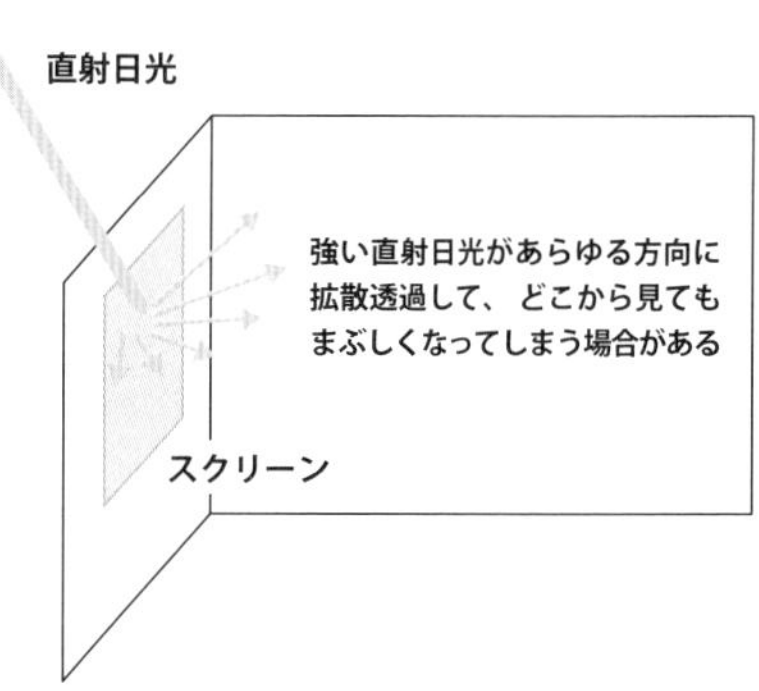

図3　スクリーンにおけるグレア発生

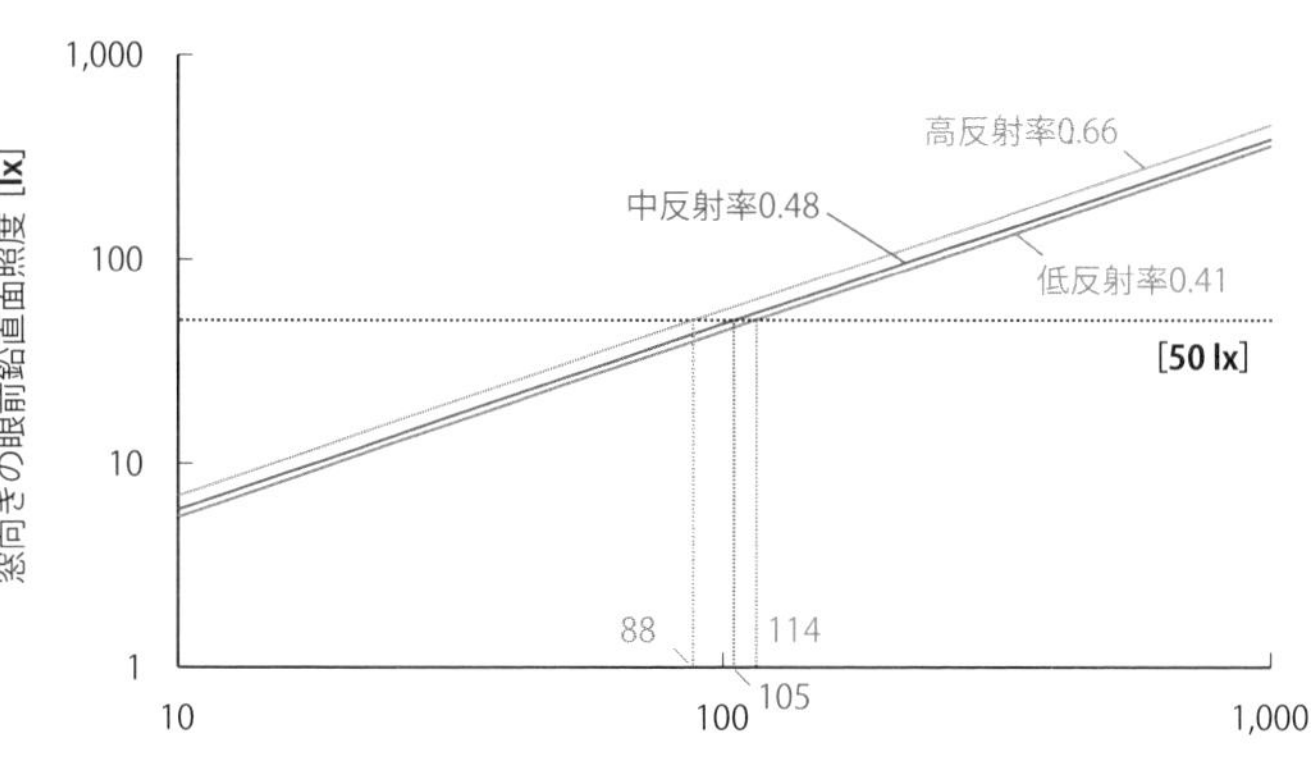

図2　床面積当たりの採光量と窓向きの眼前鉛直面照度の関係
（グラフ内の反射率は内装反射率の面積加重平均）

いれば、光環境・視環境の点からは住宅の窓として十分な大きさが確保されているとしています。採光量から眼前鉛直面照度を求める式の予測精度や、鉛直面照度の基準値などについては、今後まだ検討の余地があると考えられます。個別のシミュレーションには頼らないで、簡易な作業で住宅の採光性能を検討する方法としては、ある一定の有効性は認められるでしょう。

グレア（まぶしさ）

これまで住宅では表立って窓面グレアの問題は扱われてきておらず、住宅用のグレア評価指標は確立していません。これは従来、住宅においてはオフィスと異なり、①単なる作業以外のさまざまな行為が同じ空間で行われること、②原則として個人の意向に合わせて環境を調整できるため、窓面グレアが問題になればそのときだけカーテンなどの窓装備を閉めればよいこと、③窓面からの強い採光が住宅の光環境・視環境としてはむしろ好ましいと捉えられる場合もあること、などが考えられます。現在、窓面のグレア評価指標としてよく使われるＤＧＰ(Daylight Glare Probability)や、ＰＧＳＶ(Predicted Glare Sensation Vote)も原則として執務空間用の指標です。

ただし、今後テレワークが一般化して住宅においても作業の比率が高まってくると、窓面グレア防止に配慮した窓設計がより重視されるようになるでしょう。そのためにも、前述の窓面グレア指標が住宅の作業場にも適用可能かどうか検討が求められます。また、そもそも前述の窓面グレア評価指標もまだＣＩＥ(国際照明委員会)でも正式に認定されておらず、窓装備などの条件によっては、実際に人が感じるグレアと外れることがあります。人工照明と窓面のグレアの評価式が異なる点も以前より改良すべき点として挙げられており、ＣＩＥにおいては視覚特性を考慮したグレア評価指標の確立に向けた検討が進められています。

現状ではベネシャンブラインドなどの窓装備を取り付けておき、グレアが問題になる時間帯だけブラインドを下すことができるようにしておくことが、最も簡単な対応策と言えます。ロールスクリーンでは、その仕様によっては直射日光が当たった場合によりグレアがひどくなることもある反面（**図3**）、ベネシャンブラインドは、時々生じるグレアを防ぎつつ、通常は眺望も確保することができるという点で、適宜制御することを厭わなければ、未だに非常に優れた窓装備です。なお、高齢者の場合は窓面グレアにより弱くなるため、カーテンを日中でも閉め切りになる例などもあるため、窓設計においてより注意する必要があります。

眺望性とプライバシー

光環境・視環境的な側面から窓の価値を評価する際に重要となる項目は、

さまざまな実験やアンケート調査などの結果から、①採光、②眺望、③プライバシーが、特に重要であることが分かります。

このうち、①採光と②眺望については一般的な側窓であれば両者に強い相関が成立します。前述したように、従来は採光性能の確保を目標として窓の設計指針が作成されてきたのですが、これは眺望を定量的に評価する方法が確立していない中では、省エネ性能を同時に検討可能という点からも妥当な方法であったと言えます。ただし、室内にいる人は物理的な採光量を正確には把握しておらず、むしろ眺望がよければ十分な採光が得られていると判断しやすいという調査結果が得られています。採光性能を確保するためには、むしろ**図4**に示すように、眺望をまず確保しておけば自ずから採光の評価も上がるため、窓の視環境面からの満足度を上げるには、眺望に関する評価指標を用いて検討すればよいでしょう。

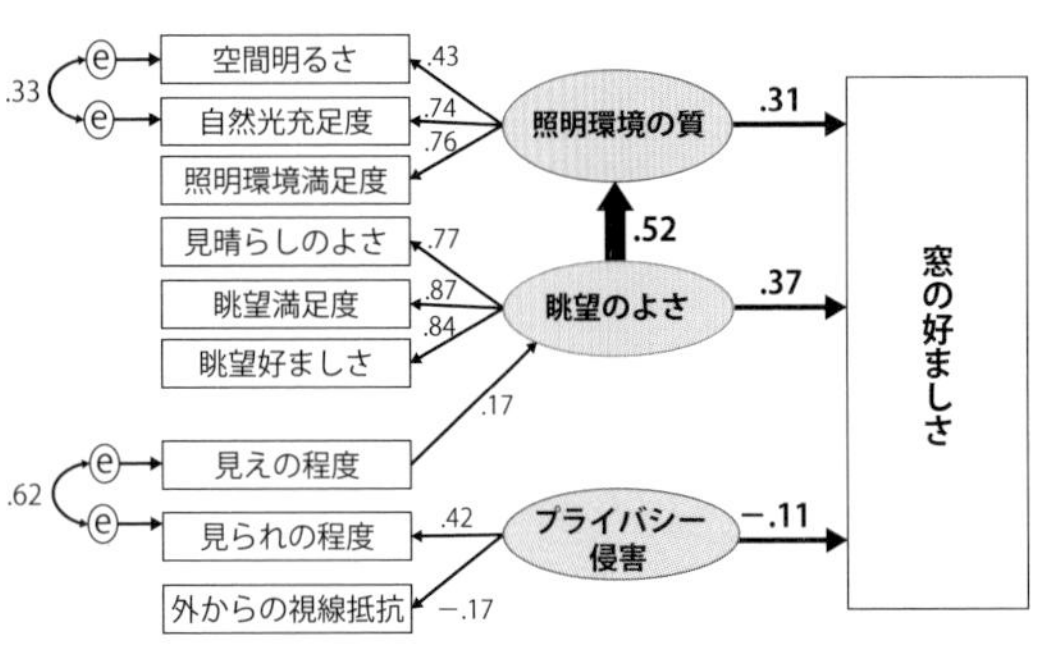

図4　窓の視環境満足度の評価構造（出典：YKK AP社内調査結果）

ただし、この眺望を定量的に評価する手法は、日本建築学会などにおいてもまだ完全に定められてはいません。昼光照明に関する欧州規格EN17037では眺望を評価する方法が示されていますが、日本では適応が難しい点があり、現在、日本建築学会光環境運営委員会窓・開口部規準改訂WGにて、2024年の発行を目指して、眺望を含む窓・開口部に関する環境規準の作成を進めています。これとは別の観点から眺望を評価する手法としては、筆者とYKK APが開発を進めている視覚特性を組み込んだエッジ検出プログラムを用いる方法があります。これは眺望性能は、①景観そのものの好ましさ（敷地の選定）、②窓の幅広さ（窓形状の設定）、③窓から外部の見えの明快さ（窓装備の設定）の三つに分解でき、そのうちブラインドやレースカーテン・ロールスクリーンを通して見た場合の外部の見えの明快さは、外部の景観のエッジがどの程度見えているか（視認性）を予測できれば定量的に評価できるという考えに基づいています。上記の日本建築学会の環境規準や、EN17037における定量的指標は、②窓の幅広さ（窓形状の設定）に関する規定となるので、それと合わせて、より詳細な眺望評価が今後の設計段階において可能になっていくでしょう。

窓の影響を考慮するうえでは、もう一つプライバシー確保といった観点も欠かせません。プライバシーと眺望は基本的には相反する関係性を示すことになります。視覚的なプライバシーが保たれていないと、結局のところ日中からカーテン・レースカーテンなどを閉め切ることになり、眺望のみならず採光・日射熱取得・通風なども阻害されがちになることからも、住宅においてはプライバシーの確保が最も重要な要件となっているとも言えます。ただし、従来はどのような窓条件においてプライバシーへの配慮が特に問題となるのかを明確に評価できる、定量的指標は存在していませんでした。

プライバシーは、「他人から見られているように感じるかどうか」という部分（プライバシーの感受意識）と、「そのことに抵抗を感じるかどうか」という部分（プライバシーの被害意識）に分けることができます。この内、前者の「他人に見られているように感じるかどうか」は、結局のところ室内にいる人が「外部がよく見えるかどうか」という点から決まってくるとする知見が得られています（**図5**）。つまり、眺望性能の内、前述の「③窓から外部の見えの明快さ」が高いほど、逆に他人に見られているように感じやすくなることになり、プライバシー問題が生じるかどうかの基本的部分については、眺望の視認性の定量的評価手法（エッジ検出プログラム）を用いて評価できることになります。実際には、窓から見えているものが何か（特に対向建物の窓が見えているかどうか）や、プライバシーの被害意識の影響なども考慮していく必要がありますが、プライバシーに関する定量的な評価指標の確立も今後進んでいくでしょう。

窓の視覚的プライバシーについては、日中はレースカーテンを用いていれば、ほぼ外部からは室内を見られることはない点を理解することも必要です。先に示した通り、室内にいる人は室内から外部がよく見えると、その分外部からも室内が見られてしまうだろうと感じますが、外部が明るい日中の場合には、外部から室内がよく見えることはありません。プライバシー問題は心理的な問題のため、実際に外部から見えるかどうかよりも、室内にいる人が「どのように感じるか」が重要になるため、日中はそれほど見えないということを告知しつつ、居住者の懸念を払拭することも、今後、眺望・採光・日射熱取得・通風などを十分に確保していくうえで有効かつ重要な方策となります。

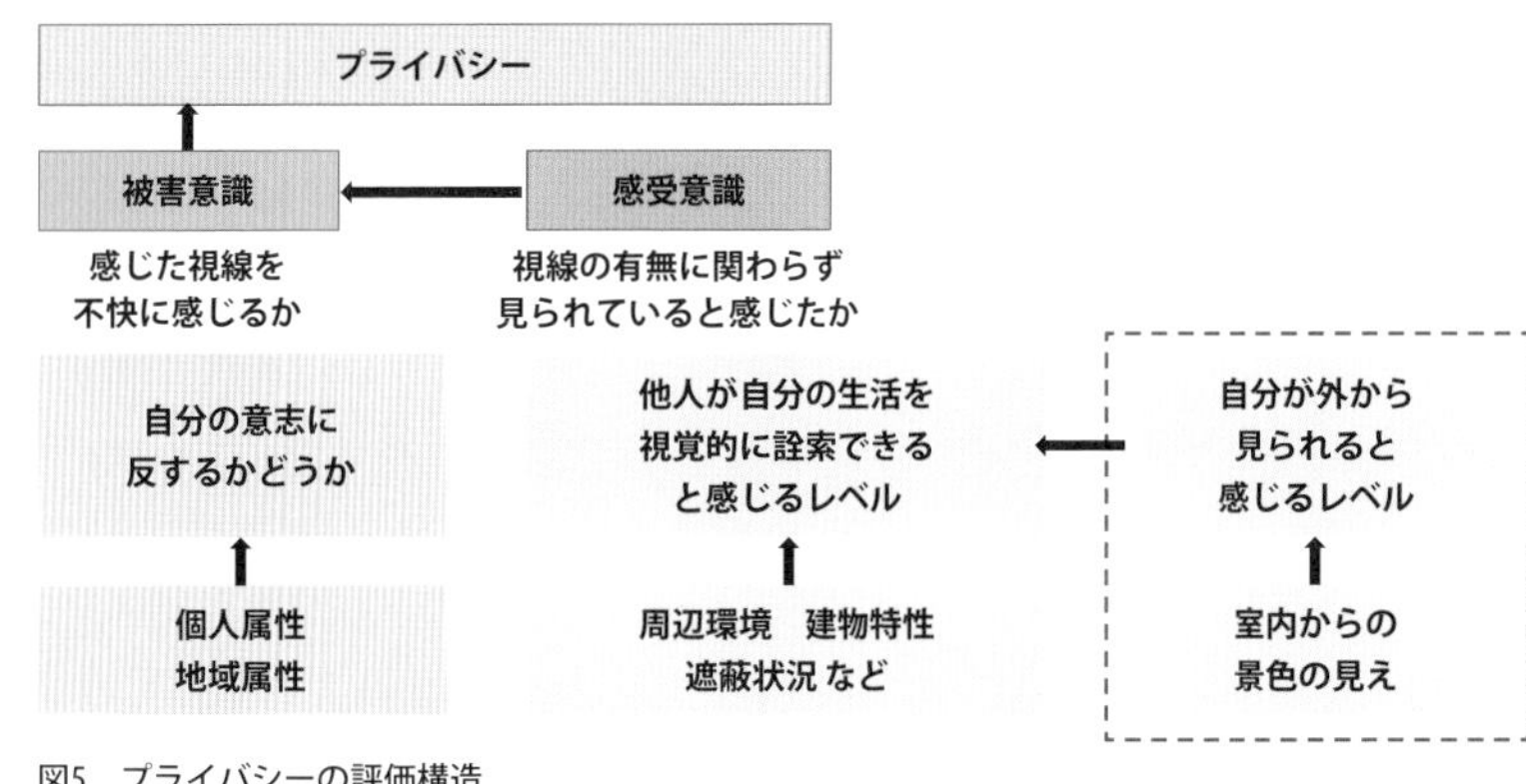

図5　プライバシーの評価構造

採光性確保のコツ

— 眺望性の確保 —

まず、側窓により眺望を確保することが必要です。それにより、十分な採光性能は自ずから確保されることになります。なお、眺望の観点からは側窓が最も有利であり、頂側窓や天窓は不利です。従来、頂側窓や天窓が採光に有利とされてきた理由は、室奥の水平面照度を確保することを考えると、同面積の窓でも高い位置や真上にあった方がよい（床面から上方向を見た際の立体角投射率が大きくなる）ためですが、採光は、まずは空間の明るさを確保するために必要な要素であると考えると、この場合も、眼前鉛直面照度を高める視点高さにある側窓の方が有利に働くことになります。

どの程度の大きさの側窓であればよいのかという点は、今後、日本建築学会において環境規準がまとめられる予定ですが、窓の開口率や面積と眺望満足度との関係が示される可能性は高いでしょう。

(a) 窓装備なし　(b) 窓装備全閉　(c) 窓装備の上部を開放　(d) 窓装備の下部を開放

(c)(d) のように窓装備を一部開放することで、(a) で得られる開放感や眺望性、(b) で得られるプライバシー性の両方の機能を併せ持つことができる

図6　眺望とプライバシーを両立させるための窓装備事例

— 眺望とプライバシーの両立 —

眺望とプライバシーは相反する要素のため、完全に両立させることは難しいです。とはいえ、窓形状の設計・窓装備の設定次第で、プライバシーを確保しつつ、極力眺望・採光性能も確保する方法は検討可能です。最新の実験結果からは、例えば一階にある居室の場合は、居住者の視点高さとなる部分はスクリーンなどで塞いで、一方で**図6**に示すような窓の上部や下部のみ完全にオープンとするような窓装備を設ける方法が、有効なことが示されています。

テレワーク環境での採光

多人数が同じ場所で仕事をするオフィスに比べれば、住宅は個人の意向をその場の環境調整に反映させやすいと考えられます。ということは、眺望を確保しつつ、時々生じるグレアが作業性にマイナスになる場合は、ベネシャンブラインドなどを用いて直射日光をカットすればよいことになります。なお、仮にグレア指標を用いて事前にグレアの発生程度を予測しようとする場合は、前述のＤＧＰ（Daylight Glare Probability）は元々窓面から１・５ｍ程度離れたところで作業をするような、個人スペースにおける検証からスタートしていることから、大空間での評価に向くＰＧＳＶよりも、テレワーク環境下での評価には適している可能性があります。また、最近はＰＣモニタを用いた作業が一般化しており、特にテレワークにおいては欠かせないと思われるので、窓に対するモニタの方向性については注意が必要です。モニタの真後ろに窓があると、反射グレアなどで見づらくなることが多いからです。また、オンライン会議をする場合は、可能であれば顔を明るく照らすような照明があるとよいでしょう。

音環境からみた窓

富川義弘◎YKK AP㈱

音圧レベルと遮音性能

外と内をつなぐ窓は、室内の音環境を考えるうえでも重要な機能を持っています。また、壁と比較すると弱点でもあります。快適な音環境を実現するには窓の特性を理解し、適切な窓選びとさまざまな配慮が必要です。音の単位として、音圧レベルと遮音性能には、dB（デシベル）という単位が使用されます。B（ベル）は、エネルギー減衰比を表す値で、十進法の桁数を意味します。dBは、Bを10倍した値です（10倍で10dB、100倍で20dBになります）。

同じdBでも、音圧レベルと遮音性能では意味合いが異なります。音圧レベルは、最小可聴音の音響パワーレベル（2.0×10^{-5} W/m^2）の何倍かを示す値で、エネルギーの大きさを表します。一方、遮音性能のdBは、屋内と屋内のエネルギー比率を表します。屋内外音の関係は比率になりますが、遮音性能をdB値で表すことで、屋外音圧レベル（騒音レベル）から、遮音性能を引き算することで屋内音圧レベルを計算できます。屋外の騒音の目安を**図1**に示します。

窓の遮音性能は、測定された音響透過損失値（外から窓へ入射する音に対する透過する音のエネルギーの比率）が、周波数ごとにJIS A 4706に規定されるT-1からT-4までの遮音等級線（**図2**）を下まわらないときに、その等級と評価されます。T-1等級を満たす窓は、500Hz以上では25dB以上の遮音性能（**図2ⓐ**）をもち、性能が低下する100Hzでも7・5dBを超える音の遮断性能（**図2ⓑ**）があります。一方、最も優れたT-4等級の窓では、500Hz以上では40dB以上（エネルギー的には1万分の1以下）の遮音性能（**図2ⓒ**）をもっていることになります。

窓の遮音性の特徴

音に関して快適な環境は、静かなことは一番ですが、ただ静かなだけではなく、夏の花火や秋の虫の音、お祭りの太鼓の音など、必要に応じて音を取り入れることも大切です。音を選択するために、窓が利用できます。このような窓の特徴を活かすために、建物や窓には音の配慮が必要です。

静かな屋内にするために大切なのは、建物自体の遮音性です。一般的には、壁重量の大きいコンクリートを利用したRC造の方が、木造・S造より遮音性が高くなります。木造・S造でも、壁間の間柱を千鳥配置にして、壁間にグラスウールを設置することで、壁の遮音性を高めることができます。

また、建物内で壁と窓を比較した場合、窓の方が遮音性が低くなります。そのため、建物の近隣に道路や工場などの騒音源がある場合や、騒音を発生する機器が屋外にある場合は、設計時に騒音源の方向へ窓を向けないことをおすすめします。

窓の選び方

窓の遮音性能は、ガラスと窓枠の隙間によって決まります。

― ガラスの選択 ―

建物の断熱性能を高めるため、複層ガラスが使用されることが増えています。窓に使用されるガラスには、単板と複層・トリプルなどがあります。ガラスの遮音性能を同じ重さのガラスで比較した場合、**図3**に示すように、複層ガラスの遮音性能は、500Hz以下の低周波帯では単板ガラスより低くなる傾向があります。逆に1,000～2,500Hzの高周波数帯では高い遮音性能をもちます。この周波数帯は人の感度が高い領域で、道路騒音や工場騒音などの通常の騒音源には遮音効果が高いガラスです。ただ、エアコンの屋外器や給湯器など、低周波の騒音を発生する機器を屋外に設置する場合は、複層ガラスを用

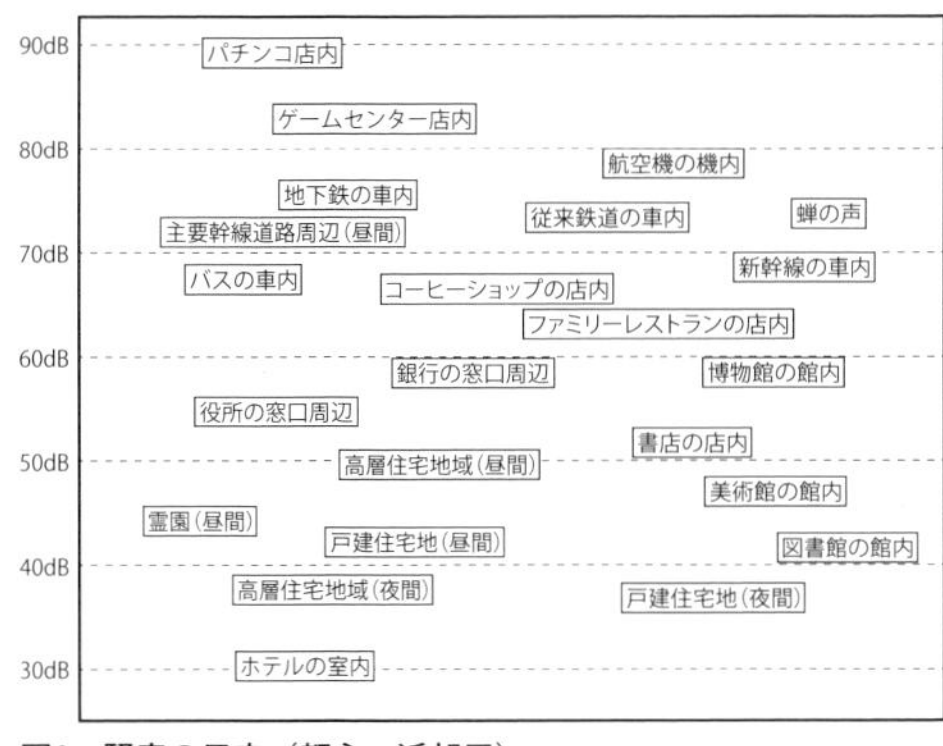

図1　騒音の目安（都心・近郊用）

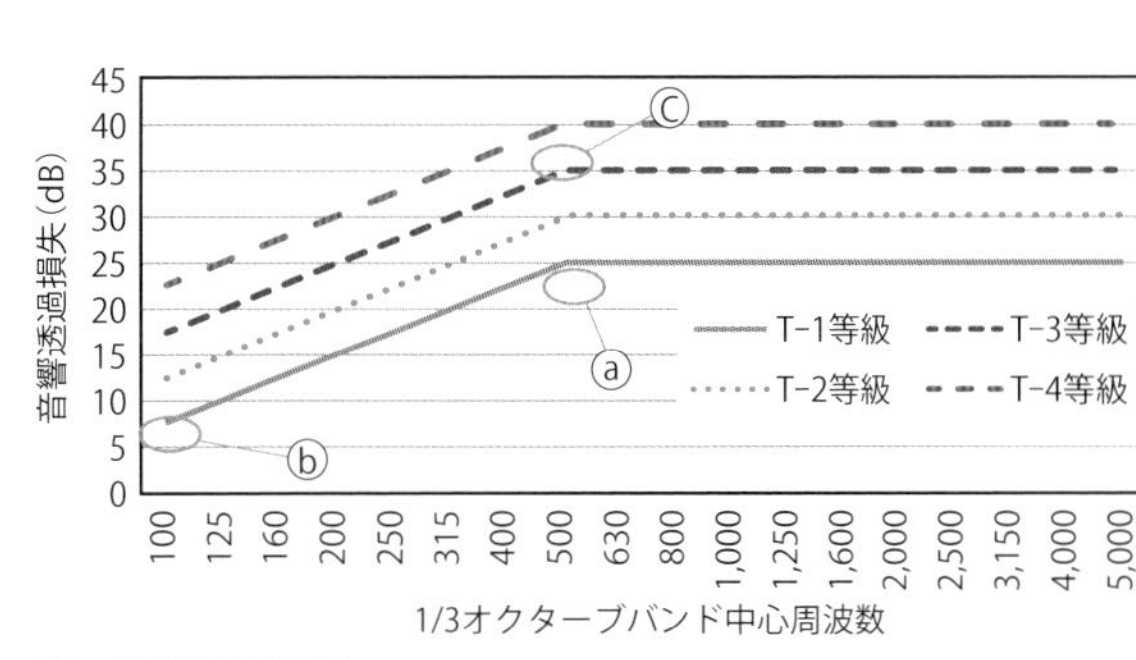

図2　窓の遮音等級線

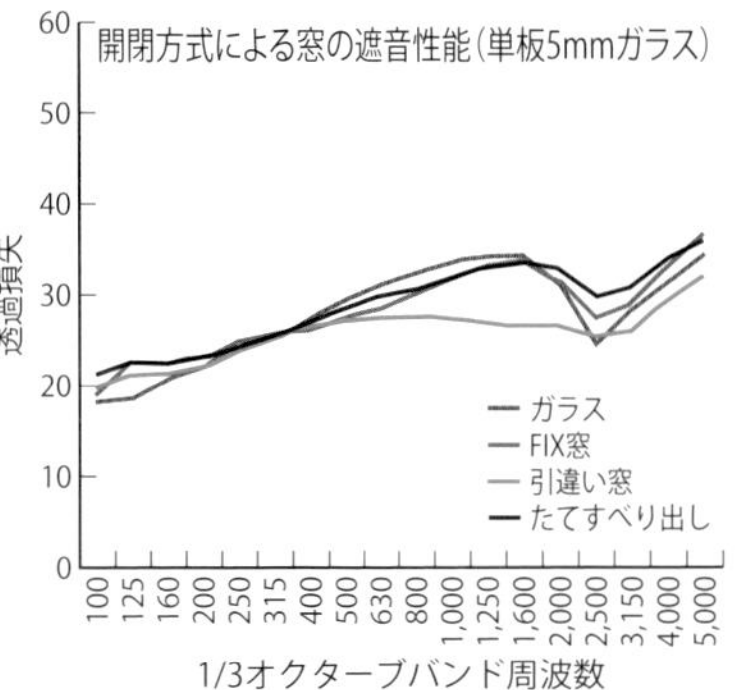

図3　複層と単板の遮音性能の比較

図4　窓の開閉方式による遮音性能の比較

いた窓の近くに置かないなどの配慮が必要です。

— 窓の開閉方式 —

窓の遮音性を決める大きな要因として、隙間を通る音漏れがあります。開閉機能を有する窓は、戸を開閉することによって換気したり、光を取り入れたりできますが、戸を動かすために隙間ができます。

図4は、5㎜ガラス窓の開閉方式による遮音性能の違いを示します。日本の住居では、戸を壁面に平行にスライドする引違い窓が慣習的によく利用されます。しかし、開閉のための隙間の影響で、500~2,000Hzの広い帯域で遮音性能が低下します。この遮音性能の低下は5dB以上にもなります。

これに対し、遮音性能が高いのは開閉機能のないＦＩＸ窓ですが、たてすべり出し窓は、閉める際に戸を気密材に押さえつける構造を取ることで開閉時の隙間をなくし、ＦＩＸ窓と同等の遮音性能を実現することができます。

— 窓を開けたときの音環境 —

たてすべり出し窓のような開き系の窓は、換気や通風にも有用な窓ですが、窓を開いたときの遮音性能は開き方でも変わりますが、15~25dBくらいの効果はあります。屋外の騒音が、50dBくらいであっても、音の侵入を40dB以下に抑えることができます。

静かな住宅街や、田園地域などの環境では夜間に窓を開放し、通気や通風を行いながら、虫の音や川のせせらぎなど自然の音を楽しむこともできるようになります。

音環境のための窓周りの配慮

高断熱住宅では、建物の断熱性を高めるために、気密性も自ずと高くなります。高気密住宅は遮音性能も高く、静かな環境をつくるためにも有効です。しかし、音が外部に漏れないために音が響いたり、外からの音が遮断されるために逆に建物内の些細な音が気になったりすることがあります。

建物内の発生音を小さくするには、壁材の吸音力を高くすることが有効ですが、施工後に壁材や天井材を変更することは困難です。しかし、窓まわりのカーテンを吸音性の高い物にしたり、ソファやカーペットを設置するなど、簡単な方法で吸音性を高めることで、屋内の音を小さくすることができます。

音の響きに関しては、部屋の吸音力を高めることが有効ですが、壁や窓の反射音が原因にもなります。窓近くに観葉樹木をおいて、音の反射をコントロールすることも有効な方法です。

温熱環境、部屋の明るさ、通風や換気など、住む人にとって求める快適さは異なるものです。音環境に対しても、窓の開閉やカーテンなど、住む人が時と場合に応じて自由に選択できるようにすることが大切です。

南面大開口と西面の日射遮蔽

パッシブタウン
第2街区

ランドケープと建築が融合する自然の中の住まい

南面外観

外断熱システム「Sto Therm Classic」
より断熱性の高いカーボン入り断熱材の採用で、外気温が建物に伝わるのを防ぐと同時に建物内部から熱が逃げるのを防ぎます。

構造熱橋防止システム「Isokorb」
バルコニー等と室内スラブとの間に生じる熱の移動（熱橋・ヒートブリッジ）を防ぎながら、バルコニー等の荷重により生じる応力を建物本体に伝達します。

イソコルブ（結露対策）

リビングテラス・サンルーム

写真提供：YKK不動産㈱

II

健康・快適で省エネな住宅を実現するパッシブ設計

採光・日射熱取得のポイント❷

眩しさ・プライバシーを配慮した採光

QRコードから、前 教授への
インタビューをご覧いただけます。

健康・快適な温熱環境の目安

前 真之◎東京大学大学院工学系研究科建築学専攻准教授

［人間側の2要素］

①代謝量
単位：met（メット）
活動量が増えると
代謝熱が増加

②着衣量
単位：clo（クロ）
薄着をすると
体表面と着衣表面間の
熱抵抗が小さくなり放
熱量が増加する

代謝熱

［放熱ルート］
着衣
表面温度
放射放熱
遠赤外線による
対流放熱
周辺空気
湿性放熱
運動時は発汗による
湿性放熱が増加

［環境側の4要素］

①放射温度
壁・床・天井の
表面温度
表面が低温だと
対流放熱が増加

②空気温度
低温では対流放熱
が増加

③風速
風があると
対流・湿性放熱
が増加

④空気湿度
乾燥すると
湿性放熱
が増加

空気・放射温度
の平均
作用温度
（体感温度）
作用温度が低いと
対流・放射放熱
が増加

快適な温熱環境
を判断する際の
重要な指標

図1　温熱快適性を決める6要素

温熱感は人体熱収支で決まる

室内の温熱環境を快適に整えることは、パッシブ設計において最初の重要な目標です。暑い寒いの不快を感じない、快適な温熱環境条件を一言でまとめると、人体の発熱と放熱のバランスがとれた状態であるといえます（**図1**）。私たちの身体の中からは、摂取した食物のエネルギーの多くが「代謝熱」として生成される一方、人体表面からはさまざまなルートで放熱が行われています。中でも、周辺空気への「対流放熱」と、壁・床・天井といった周辺物への遠赤外線による「放射放熱」は室内安静時における放熱全体の中で大きな割合を占めています。対流放熱は空気温度、放射放熱は周辺物の表面温度（放射温度）に大きく影響されます。

― 温熱快適性を決める6要素 ―

温熱の快適性、つまり人体の熱バランスは、人間側の2要素と、環境側の4要素、合計6要素で決まります。室内の場合、人間側の代謝量は安静時の1met、着衣量は冬に1clo、夏に0・5cloを前提に、温熱環境を整えるのが一般的です。このうち空気温度と放射温度は特に人体放熱量への影響が大きいため、空気・放射温度の

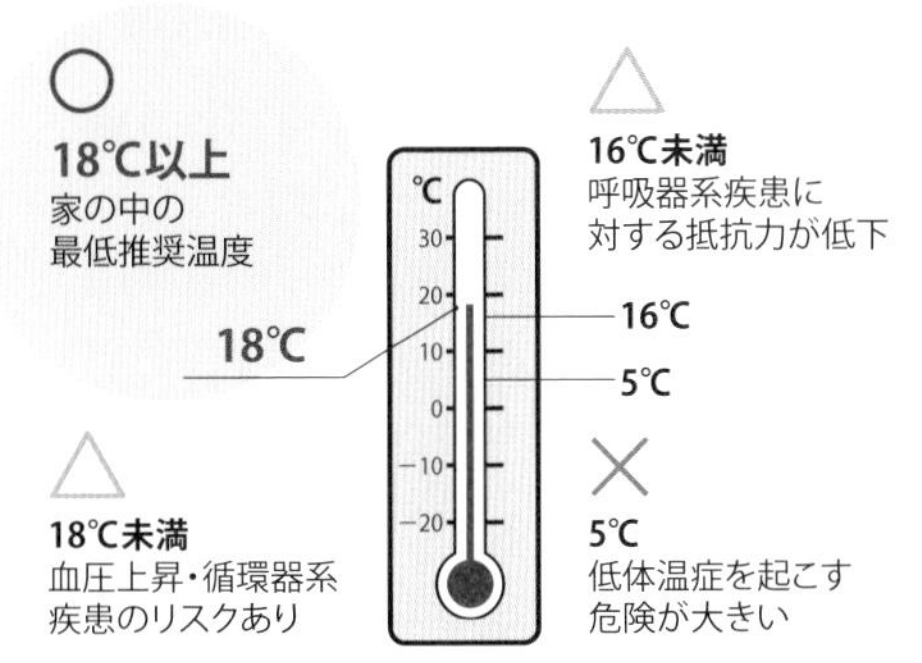

図3　冬の健康温度の目安は18℃

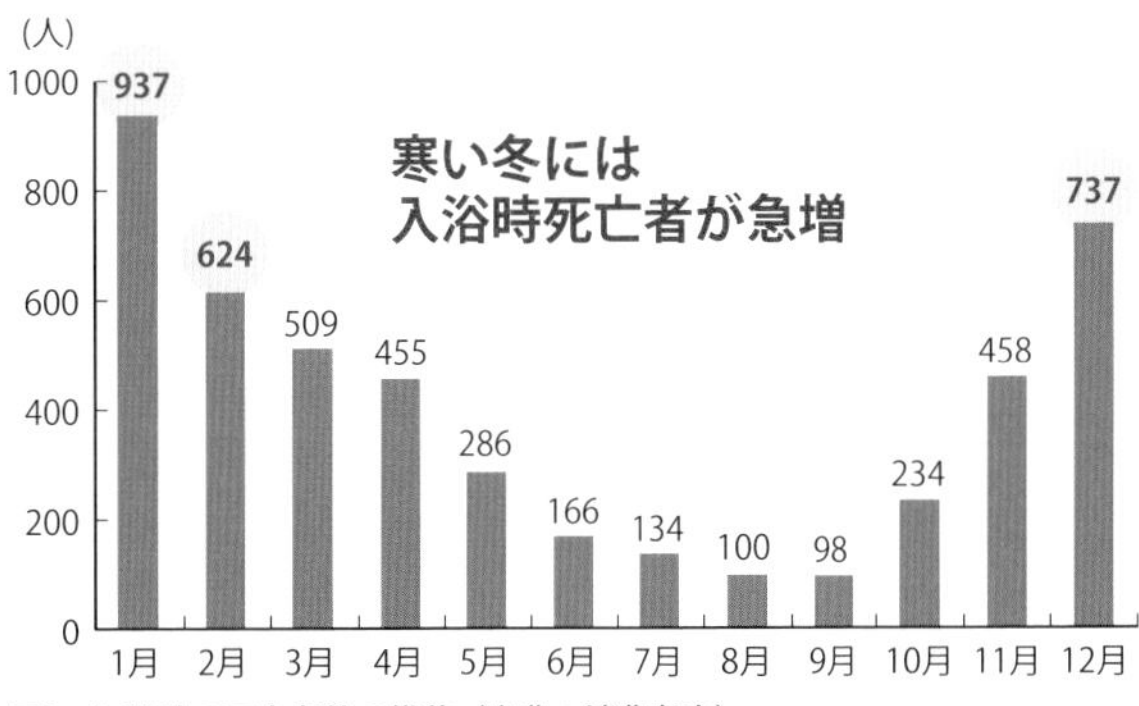

図2　入浴時の死亡者数の推移（出典：消費者庁）

湿度が高いほど低い気温でWBGTが危険域に達する

	暑さ指数（WBGT）	気温換算 湿度50%時	湿度60%時	湿度70%時	湿度80%時	熱中症のリスク	注意事項
危険	31℃以上	37.5℃	35.0℃	34.4℃	33.2℃	すべての生活活動	高齢者は安静でも熱中症のリスク 大外出を避け涼しい室内に移動
厳重警戒	28℃以上	34.1℃	32.6℃	31.2℃	30.0℃	すべての生活活動	外出時をなるべく避け 室内では室温上昇に注意
警戒	25℃以上	30.7℃	29.3℃	28.0℃	26.9℃	中程度以上の生活活動	運動や激しい作業時には 定期的に十分な休息を
注意	25℃未満					強い生活活動	一般に危険性は少ないが 激しい運動や重労働時には注意

暑さ指数（WBGT）
＝湿球温度×0.7
＋グローブ温度×0.3

※室内の場合の式
※湿球温度：空気温度と空気湿度を反映した温度
※グローブ温度：空気温度と放射温度を反映した温度

図4　暑さ指数WBGTの定義と目安

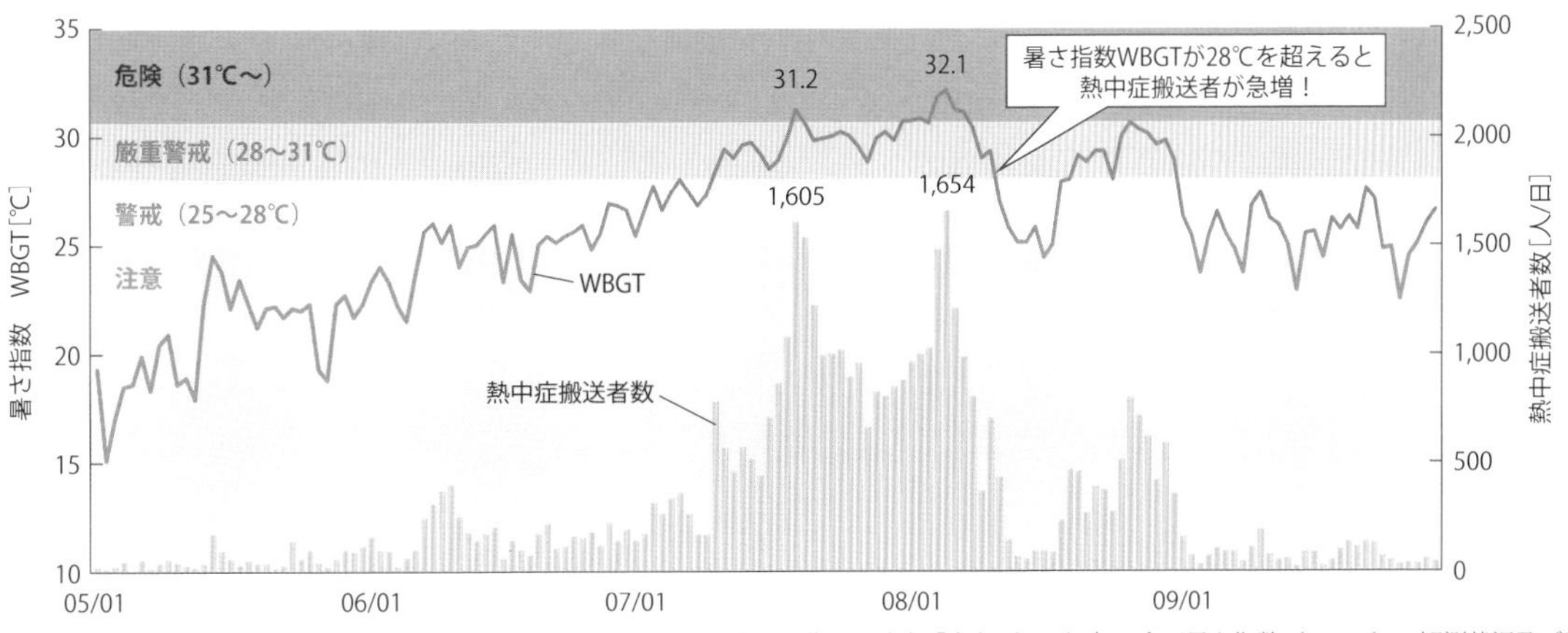

図5　2021年夏における6大都市の平均WBGTと熱中症搬送者数の推移（出典：環境省「令和3(2021）年の全国暑さ指数（WBGT）の観測状況及び熱中症による搬送人員数と暑さ指数（WBGT）との関係について」、総務省消防庁「令和3年（5月〜9月）の熱中症による救急搬送状況）

平均を特に「作用温度」または「体感温度」と呼びます。

冬の健康温度は18℃以上が目安

最近になって、図2のように冬期に入浴時の死亡者数が顕著に増加することから、冬の室内の低温や部屋間の温度差により生じる健康リスクである「ヒートショック」が広く知られるようになりました。ヒートショックの予防のためには、家全体を「いつでも、どこでも」適温に保つ必要があります。イギリスやWHOは、健康な室温の目安として、室温18℃以上を推奨しています（図3）。日本においても健康な温度の目安が18℃以上と認識が広がっています。

─夏の健康はWBGT28℃以下─

夏期の高温による熱中症も、大きな健康リスクです。環境省は暑さ指数としてWBGT（湿球黒球温度）を採用し、活動の目安を示しています（図4）。空気温度・放射温度が高い夏期には、対流・放射による放熱が減少する一方、湿度や風速の影響が大きくなります。WBGTは算出に「湿球温度」と「グローブ温度」を用いることで、湿度・風速の影響を考慮しています。WBGTが高い環境は高温・高湿となり、熱中症搬送者数の増加と高い相関があるこ

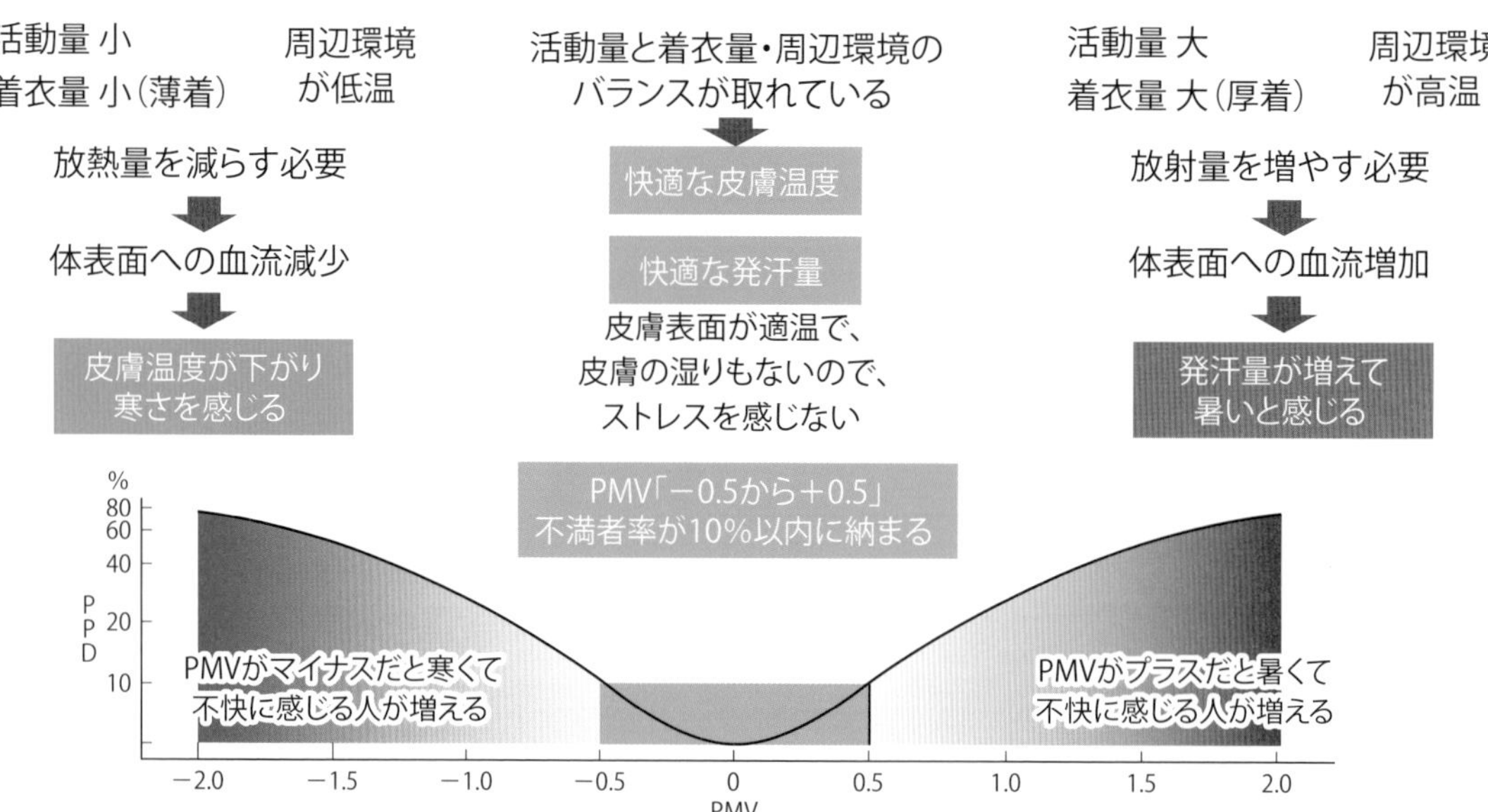

図6　総合的な温熱快適感指標（予測平均温冷感申告PMVと不満者率PPD）

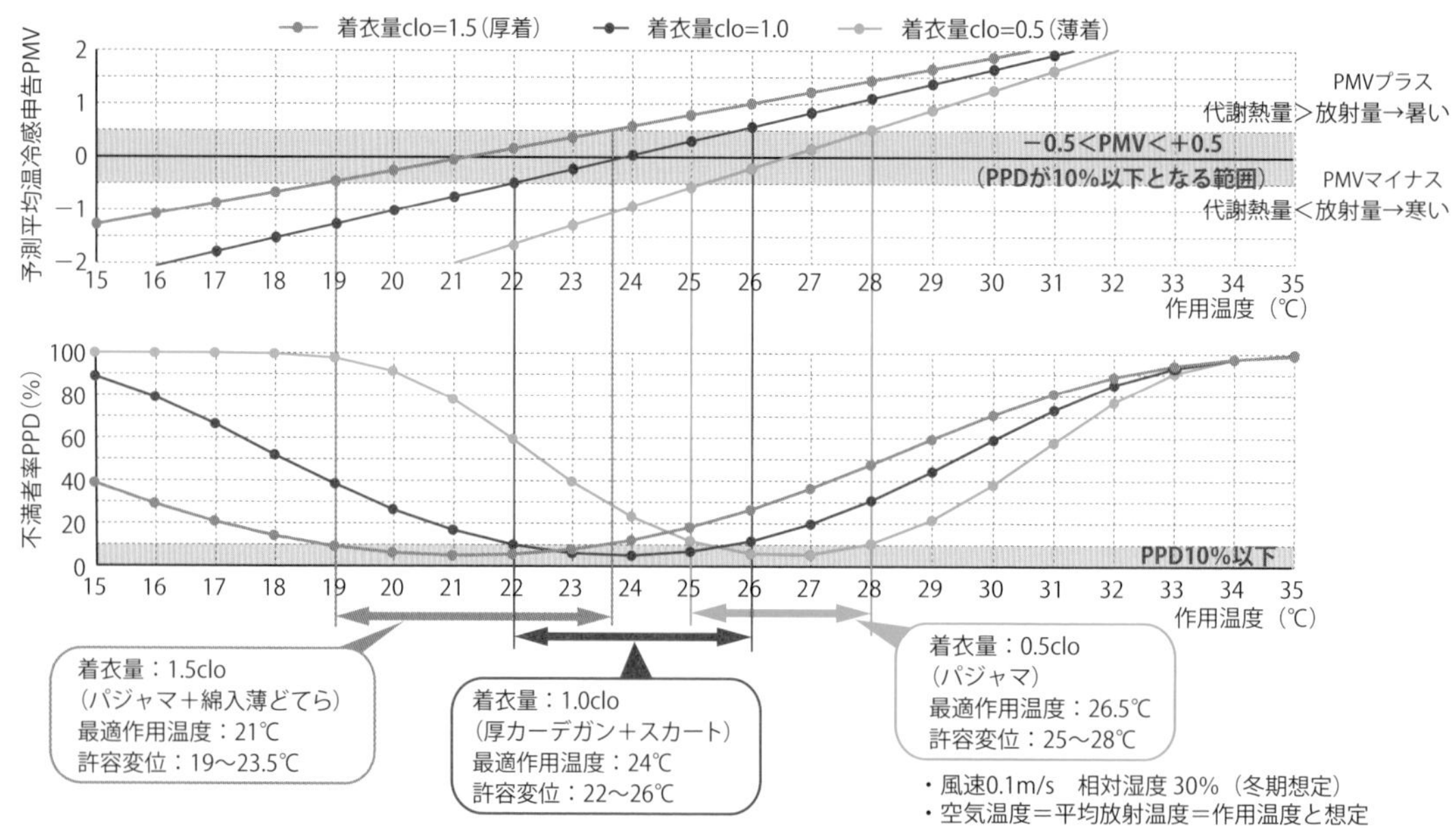

図7　冬期における着衣量と作用温度ごとのPMVとPPDの推移（活動量1.0 met）

とが分かっています（**図5**）。夏に熱中症を防ぐにはWBGTが28℃以下が目安です。湿度が70%の場合、気温は31・2℃以下に抑える必要があります。

温熱の総合的な快適性指標PMV

ここまでは、冬のヒートショック防止、夏の熱中症予防のための健康を維持するための温熱環境の目安を示しました。次に、寒さ・暑さを感じない快適な環境目安を見ていきましょう。世界的に広く用いられている温熱快適性の指標「予測平均温熱感申告」PMVは、先の6要素を元に人体の熱バランスを推定し、皮膚の表面温度や濡れ具合から快適性を評価します（**図6**）。PMVの値がマイナスなら寒い、プラスなら暑いという判断がされます。PMVが±0・5の範囲であれば、不満に感じる人の割合（予測不満足率PPD）は10%以下に納まり、十分快適と判断されます。

冬の快適範囲は作用温度22〜26℃

冬の室内安静時には、対流と放射が主な放熱ルートとなるため、空気温度と放射温度の平均である作用温度でPMVの変化は概ね説明できます。着衣量の多少によってPMVは変化しま

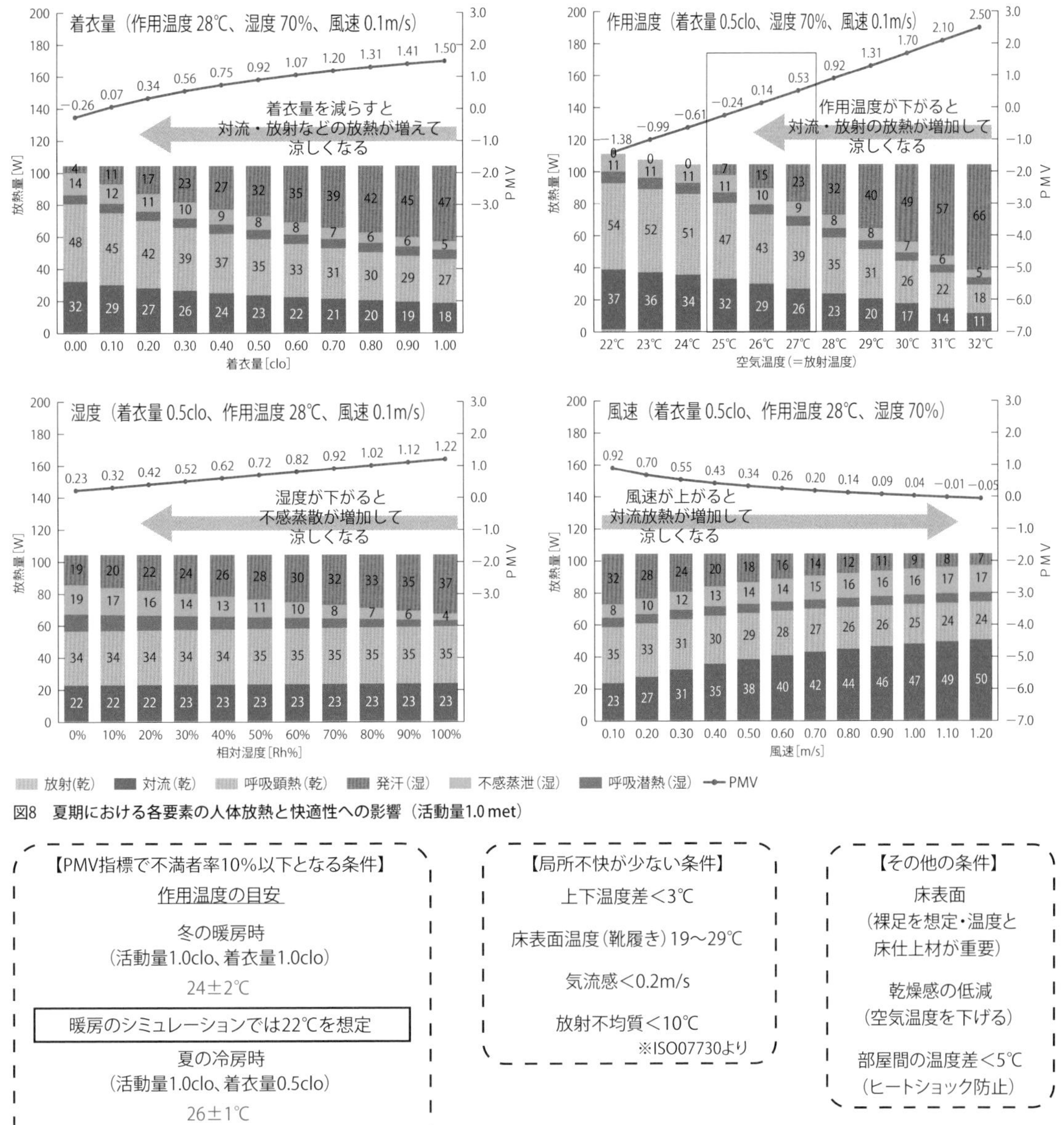

図8　夏期における各要素の人体放熱と快適性への影響（活動量1.0 met）

図9　健康快適な温熱環境の目安

すが、一般的なclo値1の場合であれば、PMVがゼロ（PPDが最小の5％）となる最適な放射温度は24℃。PMVが±0・5（PPDが10％以内）に納まる作用温度の範囲は22～26℃となります。

夏の快適範囲は作用温度25～27℃

夏は空気と放射の温度が高くなり、対流・放射による放熱が減少するため、湿度・風速の影響が大きくなります。ただし**図8**に示すように、PMVに最も影響が大きいのはやはり放射温度です。PMVが±0・5となる作用温度の範囲は25～27℃です。夏においても、空気・放射温度をまず整えたうえで、通風や除湿を考えるのが基本となりそうです。

シミュレーション時の作用温度

図9に、快適な温熱環境の目安を示しました。冬も夏も、一番影響が大きいのは空気と放射の平均温度である作用温度です。最も不満者率が低い最適な作用温度は、冬は24℃、夏は26℃ですが、日本ではやや贅沢に感じられるかもしれません。本章のシミュレーションでは、快適な作用温度として、冬は22℃、夏は27℃を想定しています。

外皮・省エネ性能の評価指針

前 真之◎東京大学大学院工学系研究科建築学専攻准教授

住宅の外皮や省エネ性能を高めることは、健康快適な室内温熱環境を確保しつつ、光熱費の負担を抑えるために不可欠です。本節では、建築物省エネ法の外皮・省エネ性能評価の実状と課題を整理するとともに、パッシブ設計におけるより有効な評価指針を考えます。

建築物省エネ法の外皮性能評価

建築物省エネ法では、外皮の性能について、外皮平均熱貫流率（U_A値）と平均日射熱取得率（冷房期η_{AC}値・暖房期η_{AH}値）の三つの指標により評価しています（**図1、2**）。このうち、U_A値は主に暖房熱負荷削減のための断熱性能、η_{AC}値は冷房熱負荷削減のための日射遮蔽性能として、それぞれ地域区分ごとに基準値が設けられています（**表1、2**）。寒冷な1・2・3・4地域ではU_A値の基準値は小さめで高断熱であることが求められる一方で、η_{AC}値の基準値は設けられていません。温暖な5・6・7地域ではU_A値の基準値は大きめですが、日射遮蔽のためにη_{AC}の基準値が設けられています。

断熱性能を表すU_A値の基準値については、1999年に設定された断熱等級4が長らく最上位とされてきましたが、2022年になってより高断熱な（U_A値が小さい）断熱等級5・6・7が追加されました。このうち断熱等級4は2025年から適合義務化、断熱等級5（いわゆるZEH水準）は建築物省エネ法における誘導基準として、遅くとも2030年までに適合義務化が予定されています。断熱等級6・7は、HEAT20のG2・G3を基に定められたもので、特に断熱等級7については欧米の基準と比べても遜色のない高いレベルとなっています。ただし、断熱等級6・7は性能表示制度上の等級であり、現状では具体的な普及目標は設定されていません。

建築物省エネ法の省エネ性能評価

建築物省エネ法における主な指標は、一次エネルギー消費量です（**図3**）。設計する建物の地域・面積と外皮・設備性能を建築研究所が作成した計算プログラムに入力すると、設計建物の「設計一次エネルギー消費量」と、基準値の外皮性能と2012年頃の標準設備を導入した場合の「基準一次エネルギー消費量」が算出されます。

家電などのその他を除いた一次エネルギー消費量について、基準値に対する設計値の比率をBEIと呼び、BEIに応じて一次エネルギー消費量等級が定められています（**表3**）。2025年からBEI＝1・0の一次エネ等級4が適合義務化され、BEI＝0・8（いわゆるZEH水準）の一次エネ等級6は建築物省エネ法における誘導基準として、遅くとも2030年までに適合義務化が予定されています。

断熱による暖冷房の省エネ効果

新たに追加された断熱等級5・6・7による暖冷房の省エネ効果は、どの程度とされているのでしょうか。国交省が示している断熱等級ごとの暖房・冷房・暖冷房合計の設計一次エネルギー消費量の値を、**表4〜6**に示します。

暖房のエネルギー消費量には断熱等級の影響がある程度見られるものの、温暖地では等級5・6の差はわずかで、等級7でようやく半減といったところです。また、冷房における断熱等級の影響はさらに小さいものに留まっています。国交省は「断熱等級6は等級4から暖冷房30％減」「断熱等級7は暖冷房40％減」を目安としていますが、建物全体のエネルギー消費量（**表7**）においては給湯など他用途の割合が大きいため、暖冷房の削減効果はさらに限られます。等級6・7のU_A値は等級4・5よりはるかに小さく、相当に高断熱化な

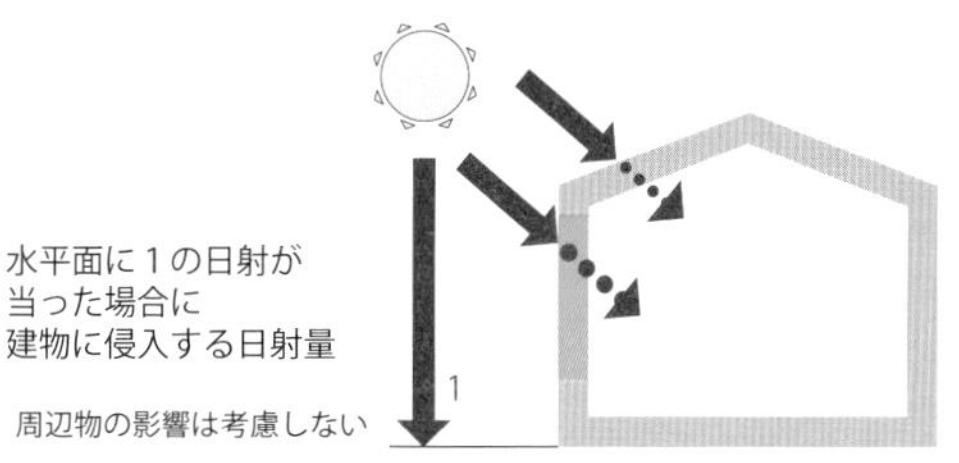

窓の日射熱取得

窓の面積 A_w × 窓の日射熱取得率 η_w × 窓の方位係数 ν_c/ν_H × 窓の取得日射熱補正係数 f_C/f_H　　壁等の日射熱取得

全ての窓や壁等で合計

$$\frac{\text{冷房期の日射熱取得量}\,m_C}{\text{外皮面積の合計}} = \text{冷房期平均日射熱取得率}\ \eta_{AC}$$

$$\frac{\text{暖房期の日射熱取得量}\,m_H}{\text{外皮面積の合計}} = \text{暖房期平均日射熱取得率}\ \eta_{AH}$$

図2　夏の日射遮蔽・冬の日射取得の指標

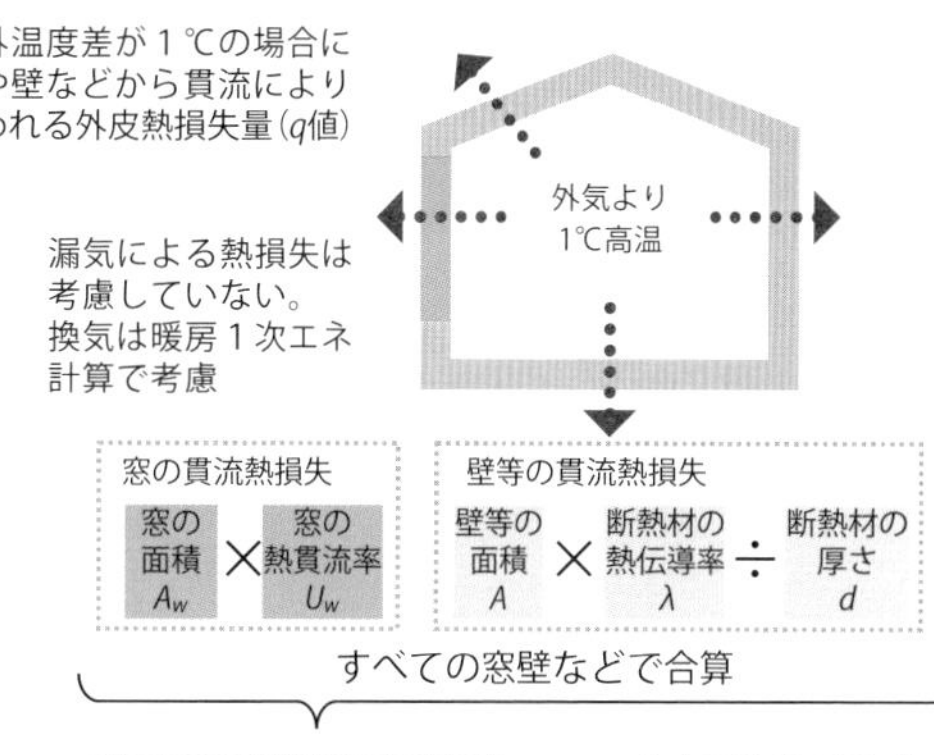

窓の貫流熱損失：窓の面積 A_w × 窓の熱貫流率 U_w

壁等の貫流熱損失：壁等の面積 A × 断熱材の熱伝導率 λ ÷ 断熱材の厚さ d

すべての窓壁などで合算

$$\frac{\text{外皮熱損失量}\,q}{\text{外皮面積の合計}} = \text{外皮平均熱貫流率}\ U_A$$

※壁などの詳細や温度差係数は省略して図示

図1　断熱性能の指標

	1地域	2地域	3地域	4地域	5地域	6地域	7地域	8地域
断熱等級7	0.20	0.20	0.20	0.23	0.26	0.26	0.26	—
断熱等級6	0.28	0.28	0.28	0.34	0.46	0.46	0.46	—
断熱等級5	0.40	0.40	0.50	0.60	0.60	0.60	0.60	—
断熱等級4	0.46	0.46	0.56	0.75	0.87	0.87	0.87	—
断熱等級3	0.54	0.54	1.04	1.25	1.54	1.54	1.81	—
断熱等級2	0.72	0.72	1.21	1.47	1.67	1.67	2.35	—

表1　建築物省エネ法・性能表示制度におけるU_A値の基準値

	1地域	2地域	3地域	4地域	5地域	6地域	7地域	8地域
断熱等級7	—	—	—	—	3.0	2.8	2.7	—
断熱等級6	—	—	—	—	3.0	2.8	2.7	5.1
断熱等級5	—	—	—	—	3.0	2.8	2.7	6.7
断熱等級4	—	—	—	—	3.0	2.8	2.7	6.7
断熱等級3	—	—	—	—	4.0	3.8	4.0	—
断熱等級2	—	—	—	—	—	—	—	—

断熱等級4は2025年から適合義務化 断熱等級6は遅くとも2030年までに適合義務化予定

表2　建築物省エネ法・性能表示制度におけるη_{AC}の基準値

設計建物の地域・面積

地域区分（外気温 1～8地域）　日射地域区分（年間A1～A5 暖房期H1～H5）　床面積（主たる居室 その他の居室 合計）　外皮面積の合計

基準の外皮・設備

暖房期平均日射熱取得率 デフォルトのη_{AH}、暖房設備の標準仕様、換気設備の標準仕様、外皮平均熱貫流率 断熱等級4のU_A値 → 暖房設備の基準一次エネ ＋ 換気設備の基準一次エネ

外皮平均熱貫流率 断熱等級4のU_A値、冷房期平均日射熱取得率 断熱等級4のη_{AC}、冷房設備の標準仕様 → ＋ 冷房設備の基準一次エネ ＋

給湯設備の標準仕様 → 給湯設備の基準一次エネ ＋

照明設備の標準仕様 → 照明設備の基準一次エネ ＋

その他の設備（家電等）の基準一次エネ

基準一次エネ消費量

設計建物の外皮・設備

暖房期平均日射熱取得率 設計η_{AH}値、暖房設備の設計仕様、換気設備の設計仕様、外皮平均熱貫流率 設計U_A値 → 暖房設備の設計一次エネ ＋ 換気設備の設計一次エネ

冷房期平均日射熱取得率 設計η_{AC}、冷房設備の設計仕様 → ＋ 冷房設備の設計一次エネ ＋

給湯設備の設計仕様 → **給湯設備の設計一次エネ** ＋

照明設備の設計仕様 → 照明設備の設計一次エネ ＋

その他の設備（家電等）は仕様固定で変更負荷

設計一次エネ消費量

図3　建築物省エネ法における省エネ性能評価

	BEI（基準値から）	
一次エネ等級6	0.8（20% 削減）	ZEH水準 建築物省エネ法の誘導基準
一次エネ等級5	0.9（10% 削減）	
一次エネ等級4	1.0	建築物省エネ法の義務基準（2025年から）
一次エネ等級3	1.1（10% 増）	既存建物

表3　建築物省エネ法における一次エネルギー消費量等級

$$\text{BEI} = \frac{\text{設計一次エネ消費量} - \text{その他一次エネ}}{\text{基準一次エネ消費量} - \text{その他一次エネ}}$$

	1地域	2地域	3地域	4地域	5地域	6地域	7地域
断熱等級7	47.4GJ (40%減)	41.8GJ (40%減)	17.2GJ (43%減)	16.6GJ (50%減)	9.5GJ (52%減)	6.4GJ (52%減)	3.0GJ (56%減)
断熱等級6	57.0GJ (27%減)	50.6GJ (28%減)	20.5GJ (32%減)	20.2GJ (31%減)	12.5GJ (34%減)	8.7GJ (35%減)	4.3GJ (37%減)
断熱等級5	67.6GJ (14%減)	60.1GJ (14%減)	26.9GJ (10%減)	23.9GJ (18%減)	12.7GJ (33%減)	8.9GJ (33%減)	4.2GJ (39%減)
断熱等級4	78.4GJ	69.8GJ	30.0GJ	29.2GJ	18.9GJ	13.4GJ	6.9GJ

表4　断熱等級ごとの暖房設備の設計一次エネルギー消費量（国交省資料より）

	1地域	2地域	3地域	4地域	5地域	6地域	7地域
断熱等級7	0.6GJ (24%減)	0.6GJ (19%減)	1.0GJ (17%減)	1.6GJ (24%減)	1.6GJ (22%減)	4.3GJ (23%減)	4.9GJ (27%減)
断熱等級6	0.5GJ (25%減)	0.6GJ (20%減)	1.0GJ (18%減)	1.5GJ (25%減)	1.7GJ (20%減)	4.5GJ (20%減)	5.3GJ (20%減)
断熱等級5	0.6GJ (23%減)	0.6GJ (20%減)	1.0GJ (17%減)	1.6GJ (20%減)	1.8GJ (15%減)	4.8GJ (15%減)	5.5GJ (17%減)
断熱等級4	0.7GJ	0.7GJ	1.2GJ	2.1GJ	2.1GJ	5.6GJ	6.7GJ

表5　断熱等級ごとの冷房設備の設計一次エネルギー消費量（国交省資料より）

	1地域	2地域	3地域	4地域	5地域	6地域	7地域
断熱等級7	48.0GJ (39%減)	42.4GJ (40%減)	18.2GJ (42%減)	18.2GJ (42%減)	11.1GJ (47%減)	10.8GJ (43%減)	7.9GJ (42%減)
断熱等級6	57.6GJ (27%減)	51.2GJ (27%減)	21.4GJ (31%減)	21.8GJ (30%減)	14.2GJ (32%減)	13.2GJ (31%減)	9.6GJ (29%減)
断熱等級5	68.2GJ (14%減)	60.7GJ (14%減)	27.9GJ (11%減)	25.5GJ (18%減)	14.5GJ (31%減)	13.7GJ (28%減)	9.7GJ (28%減)
断熱等級4	79.2GJ	70.5GJ	31.2GJ	31.3GJ	21.0GJ	19.0GJ	13.5GJ

表6　断熱等級ごとの暖冷房設備の設計一次エネルギー消費量（国交省資料より）

	1地域	2地域	3地域	4地域	5地域	6地域	7地域
暖房設備	42.2GJ	36.7GJ	30.0GJ	29.2GJ	18.9GJ	13.4GJ	6.9GJ
冷房設備	0.7GJ	0.7GJ	1.2GJ	2.1GJ	2.1GJ	5.6GJ	6.7GJ
換気設備	4.5GJ	4.5GJ	4.5GJ	4.5GJ	4.5GJ	4.5GJ	4.5GJ
給湯設備	31.4GJ	30.7GJ	28.7GJ	27.8GJ	27.8GJ	25.1GJ	22.8GJ
照明設備	10.8GJ	10.8GJ	10.8GJ	10.8GJ	10.8GJ	10.8GJ	10.8GJ
その他の設備	21.2GJ	21.2GJ	21.2GJ	21.2GJ	21.2GJ	21.2GJ	21.2GJ
合計	110.9GJ	104.7GJ	96.4GJ	95.6GJ	85.3GJ	80.7GJ	72.9GJ

表7　各設備の基準一次エネルギー消費量（床面積120 m^2を想定）

はずですが、なぜ省エネ効果が小さいとされているのでしょうか。

暖房にはη_{AH}値の影響が大きい

暖冷房のエネルギー消費量には、断熱性能（U_A値）だけでなく、日射取得（η_{AH}/η_{AC}）も大きく影響します（**図4**）。冷房期のη_{AC}が減少すると冷房の省エネになるのは当然ですが、暖房期η_{AH}が減少すると暖房のエネルギー消費が大きく増加することが分かります。先の国交省の試算は、断熱等級6・7についてη_{AH}を小さく想定した結果、断熱の効果が小さく評価されていると推測されます。夏の日射遮蔽ばかりが注目されますが、冬の日射取得も忘れてはいけないのです。断熱性能の向上とともに冬の日射取得を確保することが、暖房の省エネにおいて重要です。

η_{AH}値・η_{AC}値は詳細法が有利

η_{AH}値・η_{AC}の計算では、窓の面積に「窓の日射熱取得率η_W値」と「窓の方位係数ν_H/ν_C」と「窓の取得日射熱補正係数f_H/f_C」を掛けることになります。日射取得率η_WはLow-Eガラスが日射取得型か日射遮蔽型かで大きく違ってきますが、窓種や大きさにも影響されます。次に、方位係数ν_H/ν_Cは**図5**に示すように、暖房期では南で大きく、冷房期は東・西で大きくなっています。冬は南窓が日射取得に有利で、夏は東・西の日射遮蔽が重要であることが分かります。

次いで、窓の取得日射熱補正係数f_H/f_Cは、定数・簡略法・日よけ効果係数算定ツール（算定ツール）の三つの方法があります（**図6**）。この三つの方法ごとに、同じ仕様であっても算出されるf_H/f_Cの値は大きく異なります（**図7、8**）。定数を用いる場合が一般的ですが、その場合は実際よりもf_Hを過少・f_Cを過大に評価することになります。特にη_{AC}は基準値以下とする必要があるため、定数でf_Cを過大評価しているとη_{AC}の値も大きくなってしまいます。その過大評価されたη_{AC}を手っ取り早く小さくしようとすると、η_Wの小さい日射遮蔽型の窓を安易に選択することになり、暖房期の日射取得の障害になりかねません。f_H/f_Cにはなるべく算定ツールの精算値を用いて、暖房期・冷房期をバランスよく設計することが求められます。

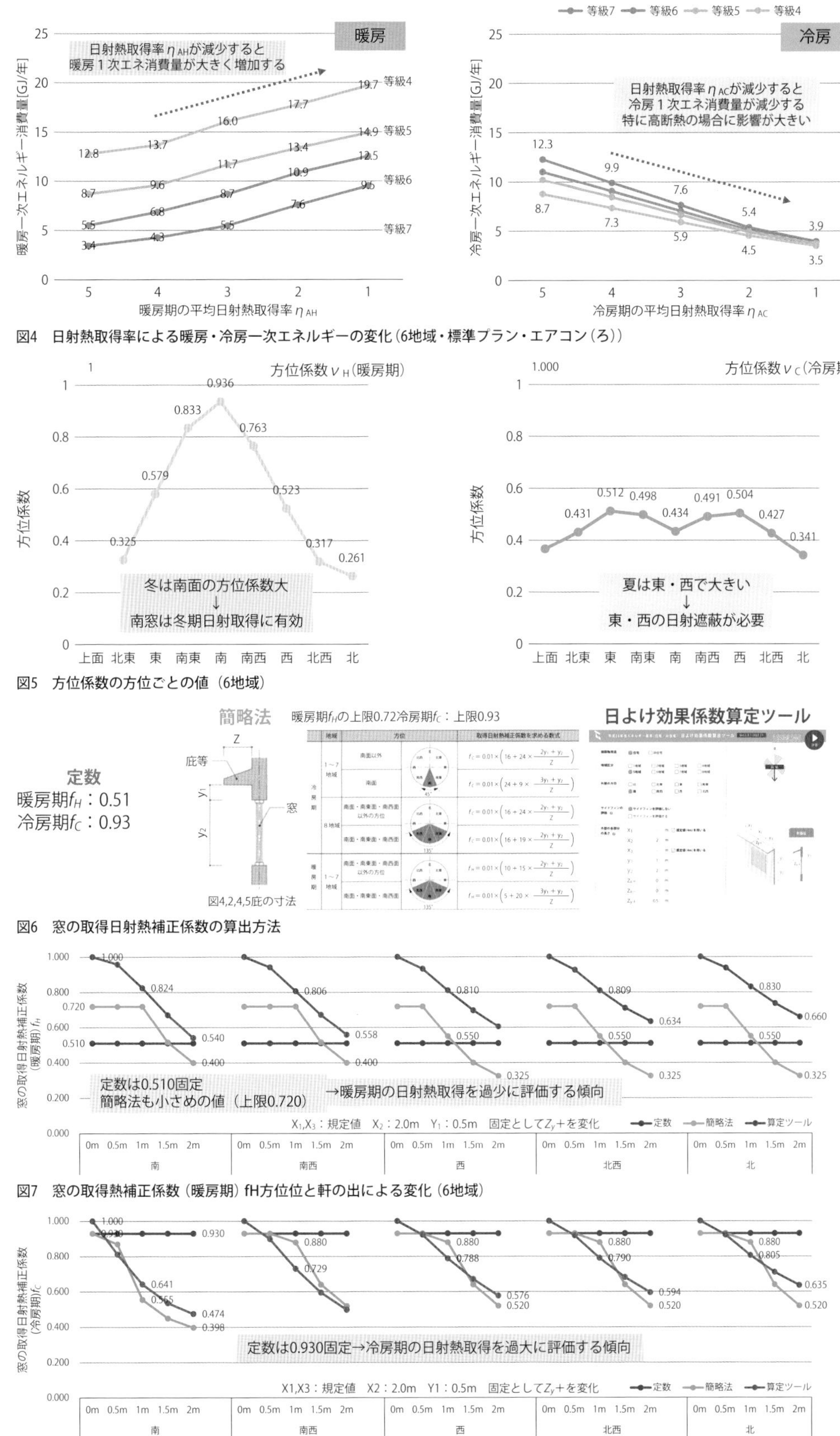

図4 日射熱取得率による暖房・冷房一次エネルギーの変化(6地域・標準プラン・エアコン(ろ))

図5 方位係数の方位ごとの値 (6地域)

図6 窓の取得日射熱補正係数の算出方法

図7 窓の取得熱補正係数 (暖房期) fH方位位と軒の出による変化 (6地域)

図8 窓の取得日射熱補正係数 (冷房期) f_C方位と軒の出による変化 (6地域)

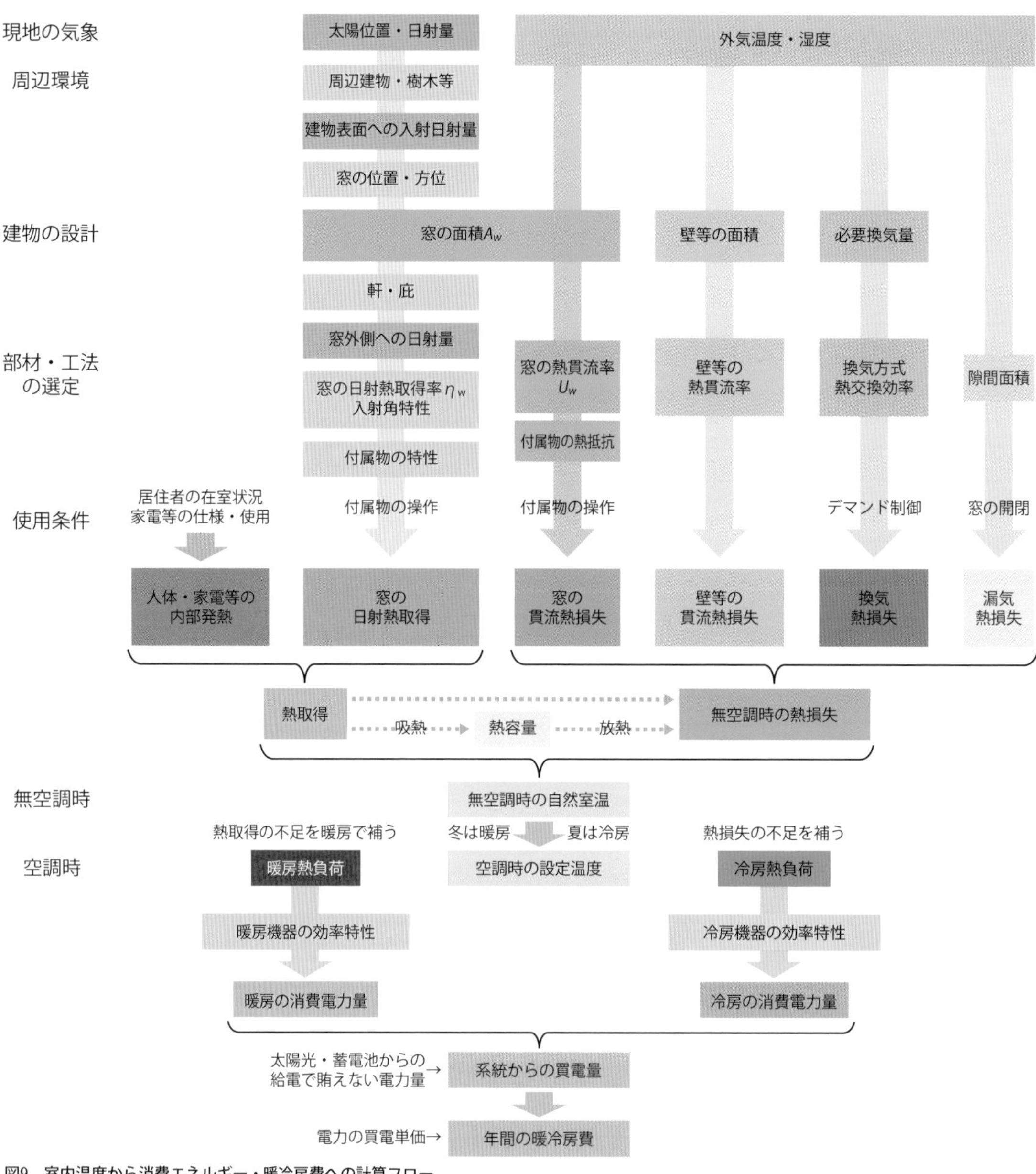

図9　室内温度から消費エネルギー・暖冷房費への計算フロー

室温から暖冷房費への計算フロー

　家で生活する人にとって、実際に知覚できるのは「室内の温度」と「光熱費」の二つです。パッシブ住宅の設計においては、「温度と電気代のバランス」を最適化することが求められます。しかし、両者の間には非常にさまざまな要素が関係しており、全体を把握することは容易ではありません。建築物省エネ法における外皮（U_A値・η_{AC}値・η_{AH}値）と省エネ性能評価（BEI）は、あくまで省エネ施策のために準備されたもので、カバーできる範囲や制度には限界があります。真のパッシブ住宅の設計では、建築物省エネ法の制約を超えた検討が必要なのです。

　建物の熱損失と熱取得がどのように決定されるかを、**図9**に示しました。熱取得は、人体や家電などからの内部発熱と、窓の日射熱取得が主となります。窓の外側にあたる日射量は、気象や時々刻々の太陽位置に応じて周辺建物や軒・庇などの影響を強く受け、さらに窓から室内に入る日射熱は窓や付属物の条件により大きく変化します。冬の日射取得、夏の日射遮蔽は非常に重要ですが、計算が非常に複雑で、後述する非定常計算が必要になります。熱

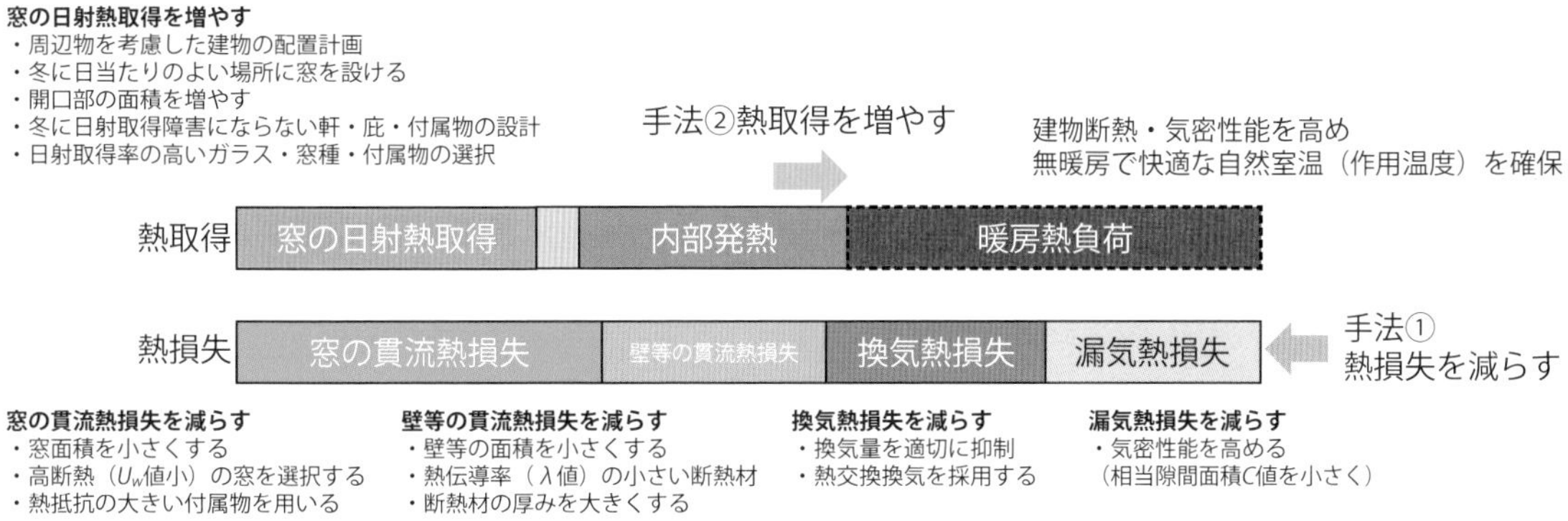

窓の日射熱取得を増やす
・周辺物を考慮した建物の配置計画
・冬に日当たりのよい場所に窓を設ける
・開口部の面積を増やす
・冬に日射取得障害にならない軒・庇・付属物の設計
・日射取得率の高いガラス・窓種・付属物の選択

手法②熱取得を増やす

建物断熱・気密性能を高め
無暖房で快適な自然室温（作用温度）を確保

熱取得　窓の日射熱取得　内部発熱　暖房熱負荷

熱損失　窓の貫流熱損失　壁等の貫流熱損失　換気熱損失　漏気熱損失

手法①
熱損失を減らす

窓の貫流熱損失を減らす
・窓面積を小さくする
・高断熱（U_w値小）の窓を選択する
・熱抵抗の大きい付属物を用いる

壁等の貫流熱損失を減らす
・壁等の面積を小さくする
・熱伝導率（λ値）の小さい断熱材
・断熱材の厚みを大きくする

換気熱損失を減らす
・換気量を適切に抑制
・熱交換換気を採用する

漏気熱損失を減らす
・気密性能を高める
（相当隙間面積C値を小さく）

図10　冬の暖房熱負荷の削減手法

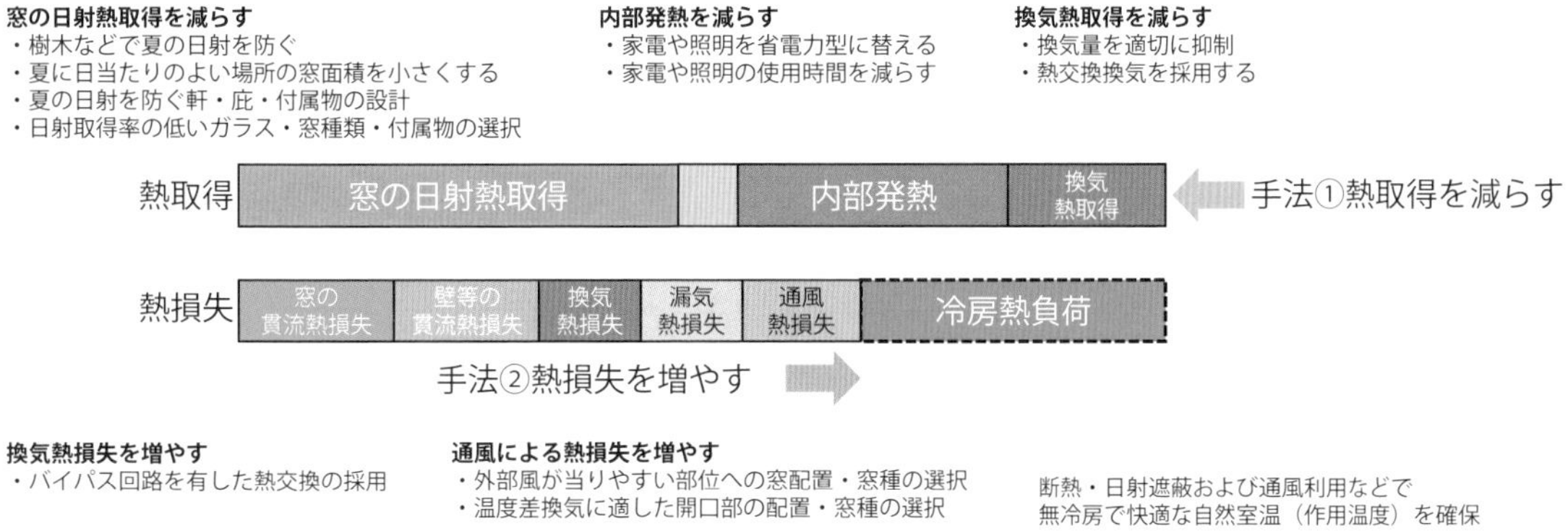

窓の日射熱取得を減らす
・樹木などで夏の日射を防ぐ
・夏に日当たりのよい場所の窓面積を小さくする
・夏の日射を防ぐ軒・庇・付属物の設計
・日射取得率の低いガラス・窓種類・付属物の選択

内部発熱を減らす
・家電や照明を省電力型に替える
・家電や照明の使用時間を減らす

換気熱取得を減らす
・換気量を適切に抑制
・熱交換換気を採用する

熱取得　窓の日射熱取得　内部発熱　換気熱取得

手法①熱取得を減らす

熱損失　窓の貫流熱損失　壁等の貫流熱損失　換気熱損失　漏気熱損失　通風熱損失　冷房熱負荷

手法②熱損失を増やす

換気熱損失を増やす
・バイパス回路を有した熱交換の採用

通風による熱損失を増やす
・外部風が当りやすい部位への窓配置・窓種の選択
・温度差換気に適した開口部の配置・窓種の選択

断熱・日射遮蔽および通風利用などで
無冷房で快適な自然室温（作用温度）を確保

図11　夏の冷房熱負荷の削減手法

取得にともない室温は外気温度より高くなり、その内外温度差に応じて窓や壁、換気・漏気による熱損失が生じるようになります。熱容量の影響がないものとすれば、室温は常に熱取得と熱損失がバランスするように定まります。

無空調で快適なら暖冷房費ゼロ

図9において特に重要なのは、建物全体の熱取得と熱損失のバランスです。無空調時に、熱取得と熱損失がバランスしたときの室温を「自然室温」と呼びます。この自然室温が快適範囲に納まっていれば、暖冷房のエネルギー消費量、しいては暖冷房費はまったくのゼロになります。

自然室温が快適範囲に納まっていない場合、暖房による熱供給・冷房による熱除去が必要になり、暖冷房のエネルギー消費量・暖冷房費がかかることになります。建物の熱バランスを確保し、無空調で快適となる期間を増やすことがパッシブ設計においては重要です。

冬は熱損失を減らし日射熱を増やす

冬は外気温度が低いために、窓や壁などの貫流・換気・漏気により、熱損失が大きくなります。熱取得だけでは自然室温が快適範囲を下まわる場合は、暖房で補う「暖房熱負荷」が必要になります。暖房熱負荷を減らすためには、断熱の弱点になりやすい窓の高断熱化が最優先で、壁などの断熱強化も有効です。併せて、気密性能の向上による漏気の削減、熱交換換気や換気量制御による換気熱負荷の低減も重要です。また、日射熱取得を増やすため、窓を日当たりのよい場所に大面積で設置し、日射取得率の高いガラス・窓種を選びましょう。

夏は日射遮蔽と通風利用

夏は、外気温度が高く、日射熱も多くなるため、熱取得が過大となり、自然室温が快適範囲を上まわる場合は、冷房で熱を除去する「冷房熱負荷」が発生します。冷房熱負荷を減らすためには、窓の日射遮蔽や省エネ家電による内部発熱の削減と、窓開放による通風・換気による熱損失の増加が有効となります。

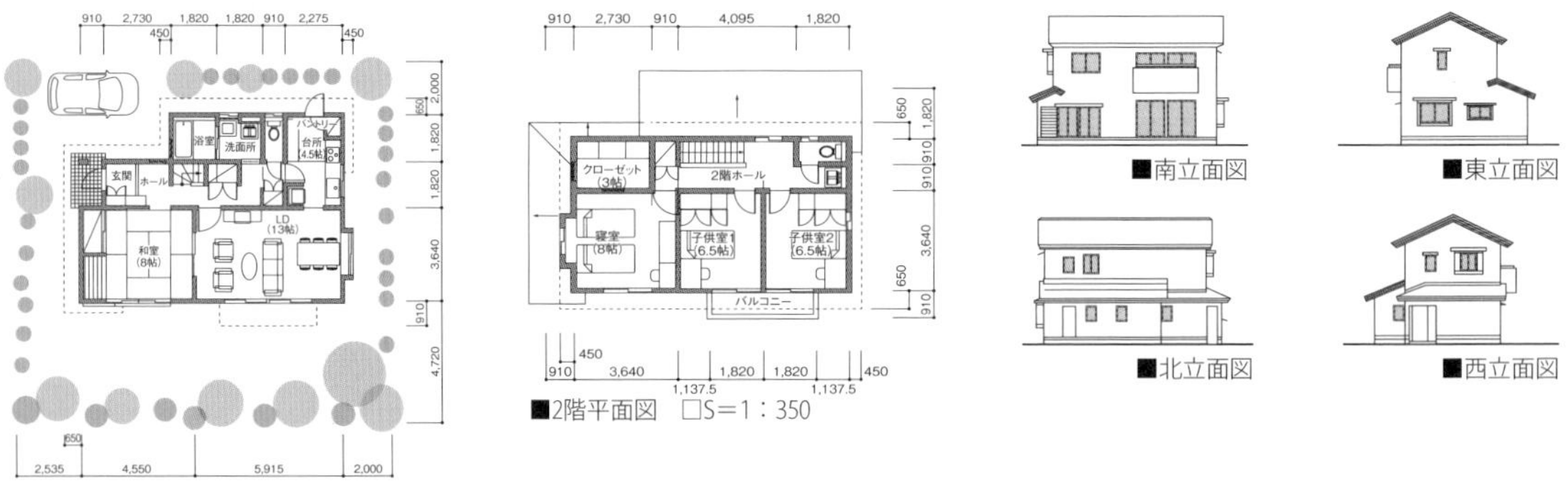

図10　建築物省エネ法で想定されている標準住宅プラン

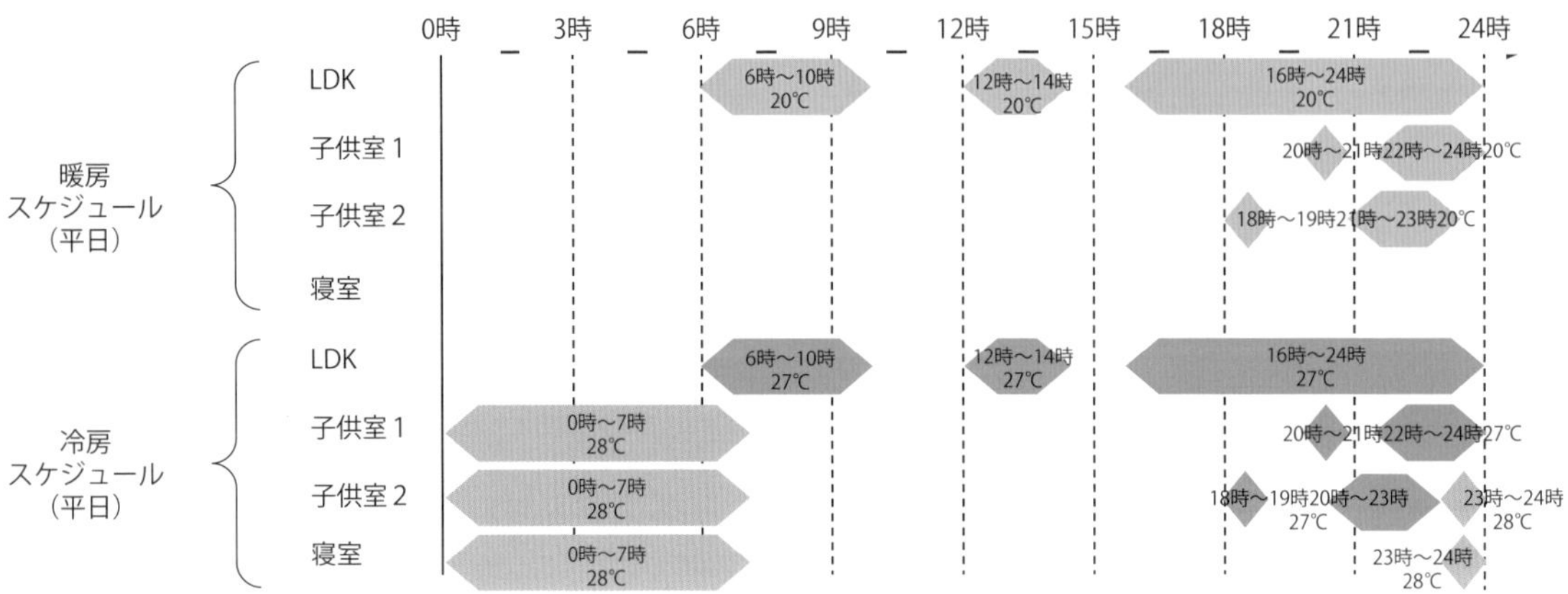

図11　部分間欠の空調設備を選択した場合に想定されている暖冷房スケジュール

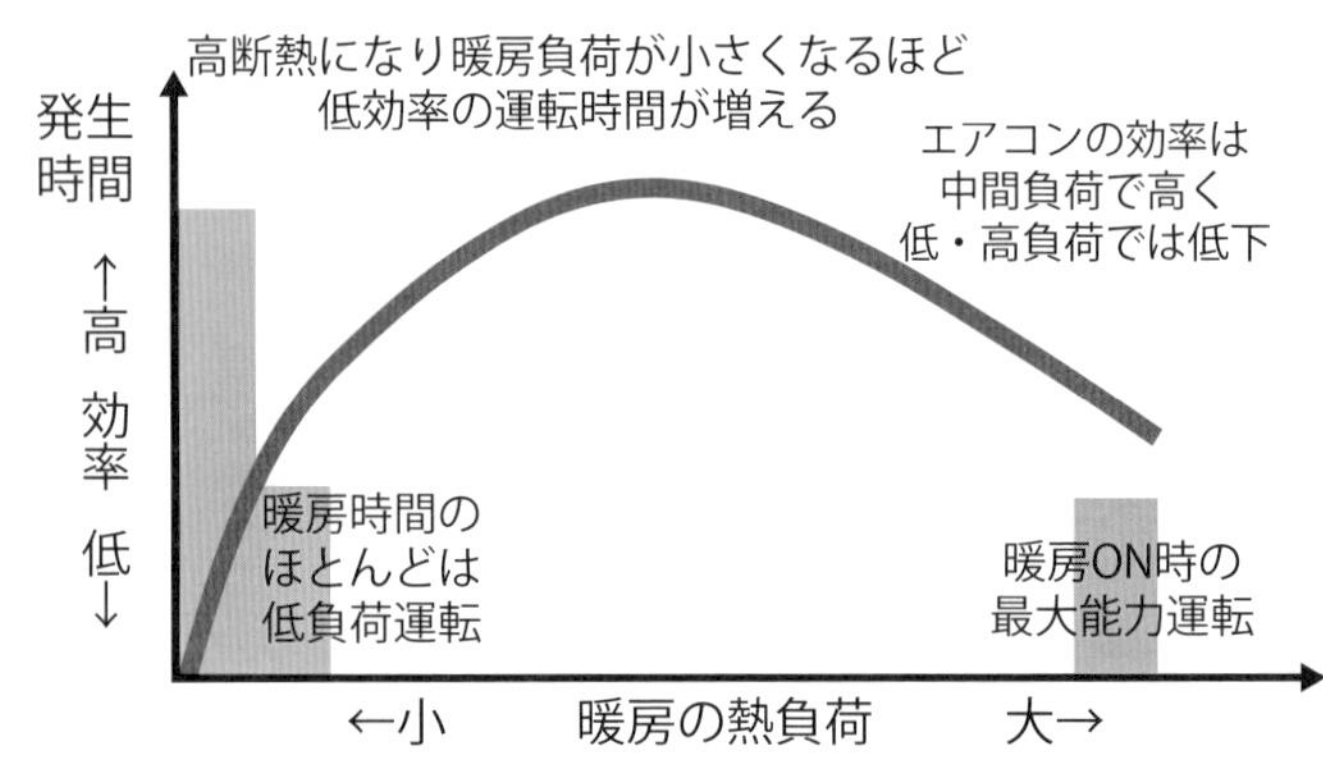

図12　省エネ基準で想定されている暖房時のエアコンの効率と運転

建築物省エネ法の建物・空調条件

先に**表7**で示したように、外皮性能の基準値と標準設備での基準一次エネルギー評価においては、温暖地の暖冷房エネルギー消費量は元々少ないとされており、断熱性能の向上による対策はコストパフォーマンスが悪いように感じられます。

建築物省エネ法における暖冷房熱負荷は、標準住宅プラン（**図10**）であらかじめ算出された熱負荷の計算値を補正したもので、精度に限界があります。また想定されているエアコンの使用条件（**図11**）は、特に暖房では運転時間が短く設定温度も20℃と低めで、健康・快適な室内環境を想定したものになっておらず、暖房熱負荷を過少に評価していると推測されます。

また、エアコンのエネルギー効率は中負荷領域で高い一方で、高負荷・低負荷では低くなる傾向があります（**図12**）。高断熱になると暖房熱負荷が減少しますが、エアコンがもっぱら低負荷の低効率な領域で運転することになり、消費エネルギーがあまり減らないことになってしまいます。本来は暖房設備の設計や発停制御により低効率での運転を減らすことが重要ですが、現状の建

	建築物省エネ法 外皮性能	建築物省エネ法 （WEBプロ）	定常計算	非定常計算	
				暖冷房時	無空調時
用いる指標	U_A値・η_{AC}値	1次エネルギー消費量	熱負荷・消費 エネ暖冷房費	熱負荷・消費 エネ暖冷房費	℃/自然室温
窓・壁の性能の考慮	○	○	○	◎	◎
窓の面積比率の考慮	○	○	○	○	○
外皮面積の考慮	×	○	○	○	○
設計建物詳細の考慮	○	× 標準住宅プラン固定	○	◎	◎
周辺物の考慮	×	×	△	○	○
窓付属物の考慮	△ 対象小・季節変更不可	△ 対象小・季節変更不可	○	◎ 季節や時間で切替可	◎ 季節や時間で切替可
地域の気象考慮	△ 地域ごとに基準値	△ 地域区分に代表地点	○ 月平均値が一般的	◎ 1時間値が一般的	◎ 1時間値が一般的
空調条件	× U_A値 内外温度差1℃想定	× 想定スケジュール固定	○ 設定温度一定が一般的	◎ 時刻ごとに設定可	—
手計算が可能	○	×	△	×	×
計算時間が短い	○	○	○	△	△
理解の容易さ	△	△	熱負荷・省費エネ△ 暖冷房費○	熱負荷・省費エネ△ 暖冷房費○	◎
パッシブ手法の効果	△	△	△	○	◎

表8　各評価指標で評価される要素の範囲と特徴

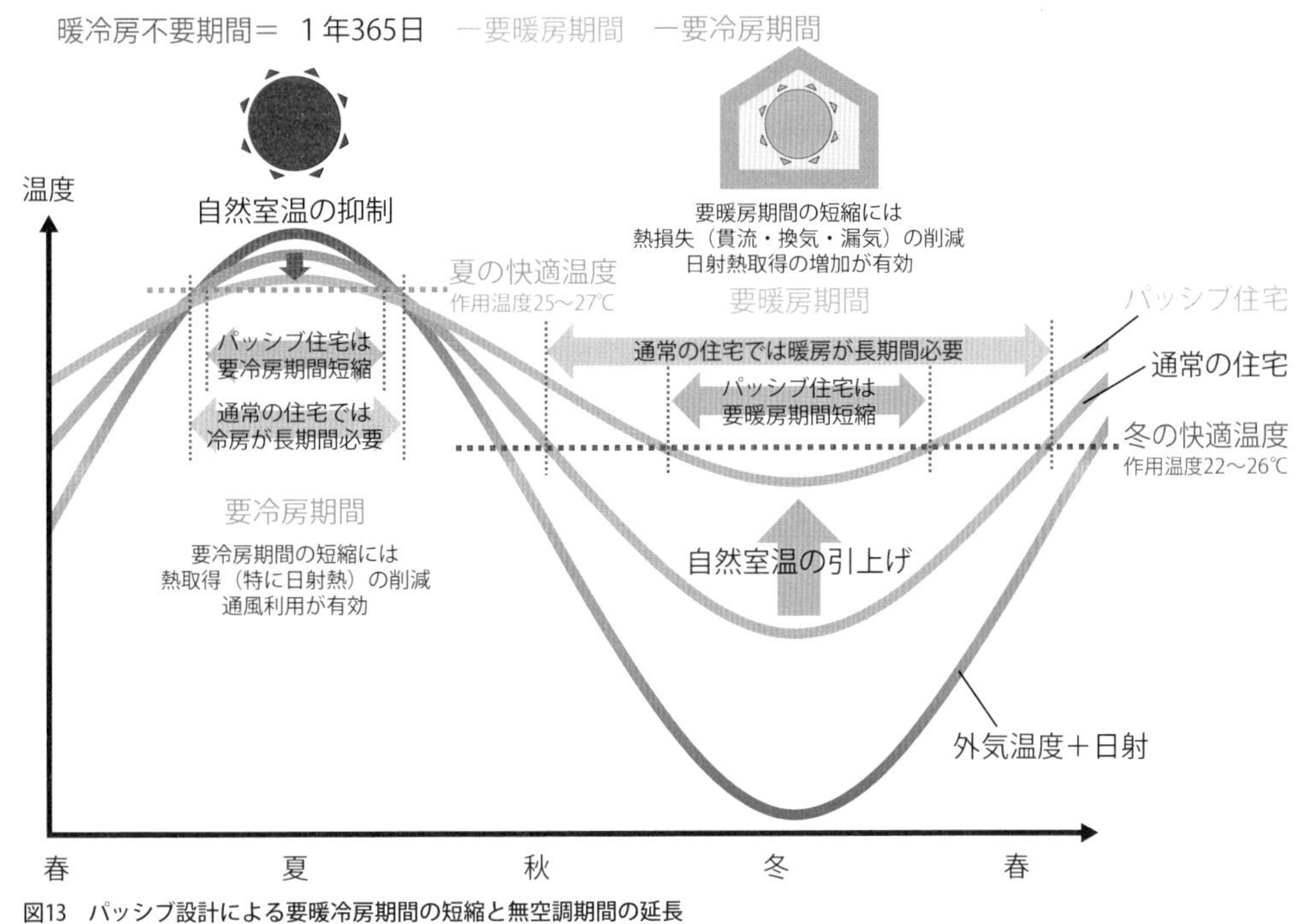

図13　パッシブ設計による要暖冷房期間の短縮と無空調期間の延長

築物省エネ法ではこうした対策は考慮されておらず、高断熱住宅の暖房エネルギー消費量を過大に見積もっていると考えられます。

温度と暖冷房を設計する

表8に、各評価指標で評価される要素と特徴を示しました。建築物省エネ法における暖冷房評価の限界は明らかで、パッシブ住宅の設計ではより多くの要素を考慮できる評価手法（ツール）が必要です。時々刻々の変化を考慮しない「定常計算」による手法も設計の初期検討では有効ですが、温度やエネルギー消費量・暖冷房費の評価には限界があります。住む人にとって重要な「温度と電気代」をクリアに示すには、気温や日射・使用条件の時々刻々の変化を想定した「非定常計算」による設計ツールが必要です。

住む人にとって分かりやすいのは、暖冷房をつけずに温度が快適範囲に納まり、暖冷房費がゼロとなる「暖冷房不要期間」が長くなることです。そのためには、「要暖房期間」「要冷房期間」を短くする熱バランスの丁寧な設計が有効です（**図13**）。次節では、非定常ツールを活用した設計事例を説明します。

QRコードから、
前教授への
インタビューを
ご覧いただけます。

地域の気象データの活用

前 真之◎東京大学大学院工学系研究科建築学専攻准教授

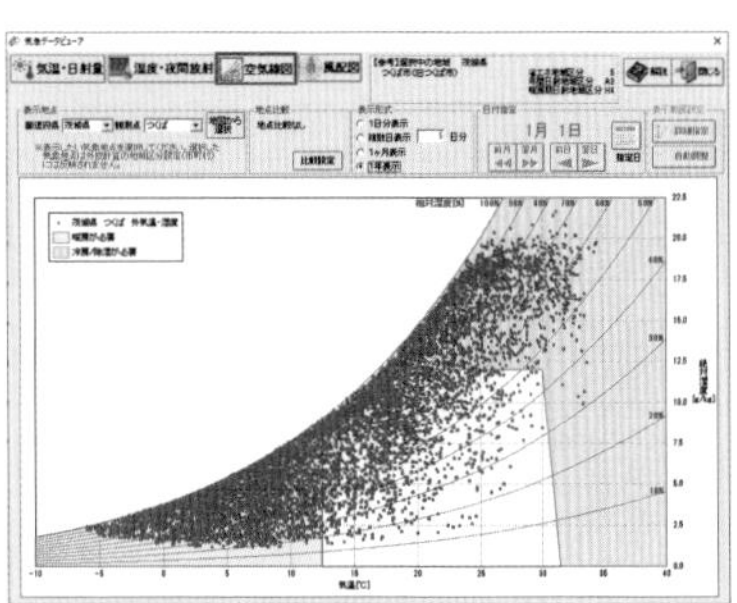
毎時の外気温と湿度

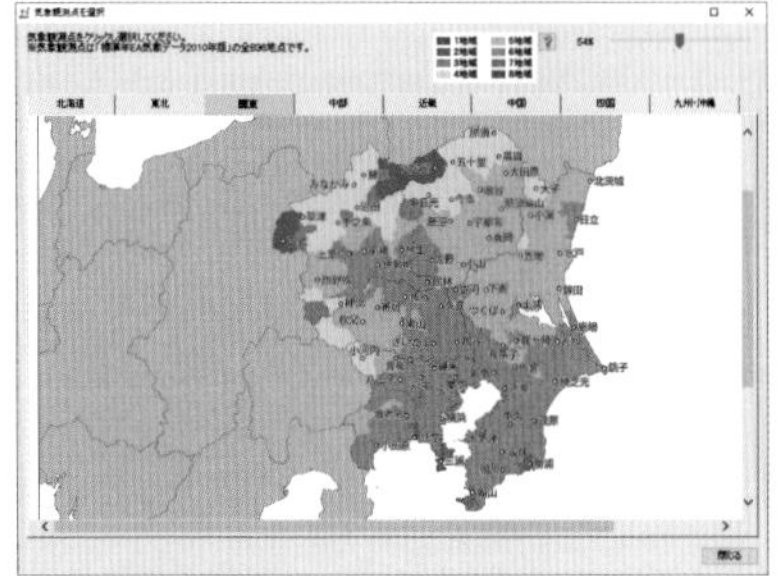

地点の選択

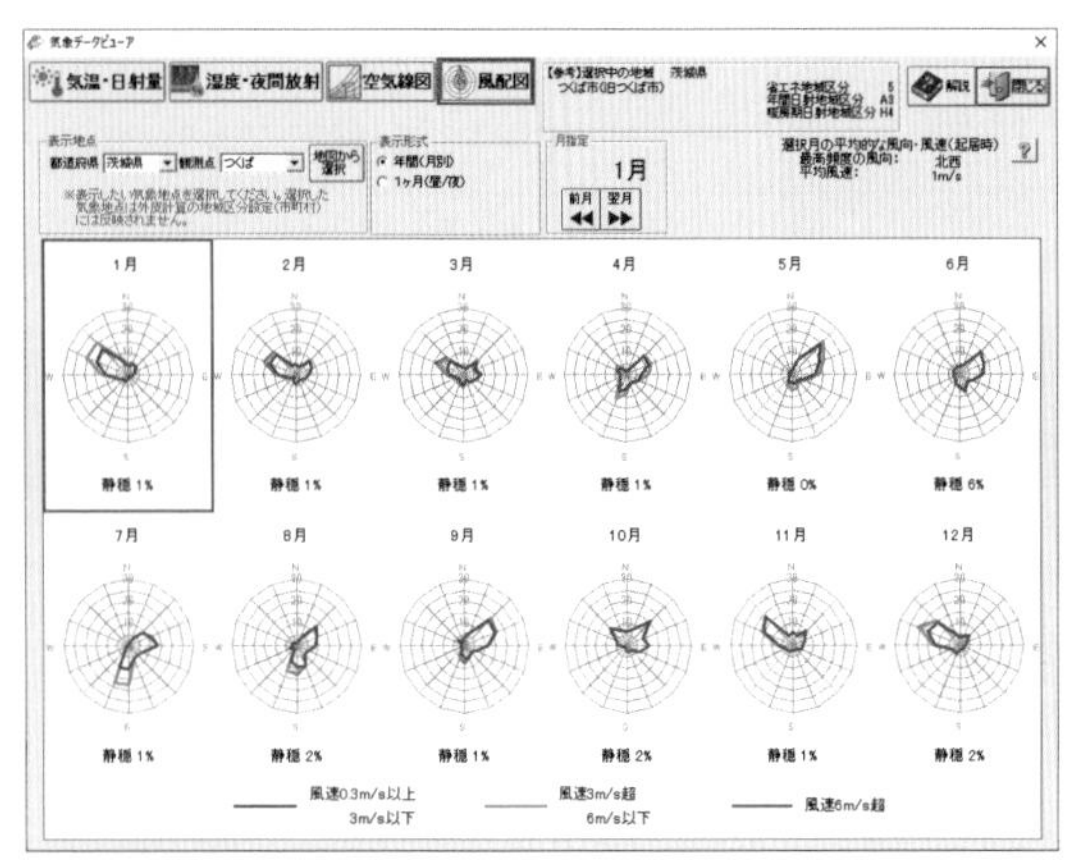

各月の風向風速

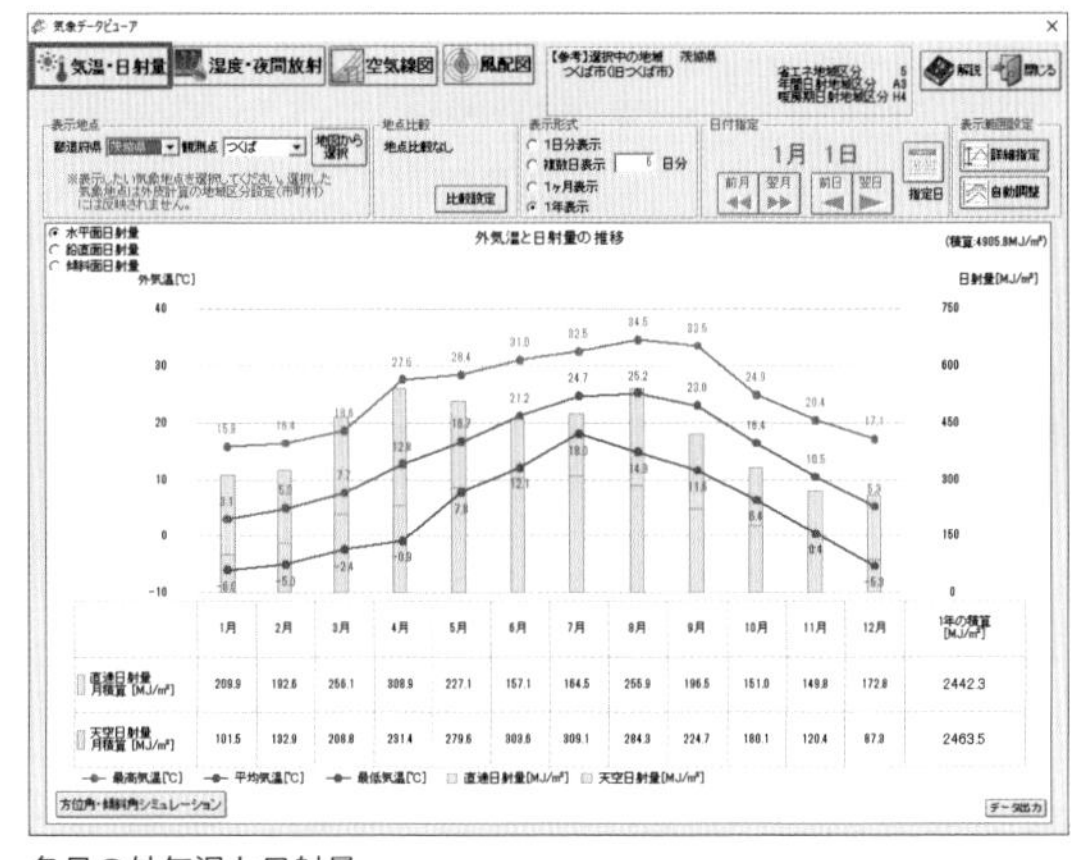

各月の外気温と日射量

図1　標準年EA気象データ2010年版を用いた設計ツールの例

地域の気象データ活用の重要性

地域の気候に即したパッシブ設計においては、敷地における気象の実態把握が重要です。日本では、気象庁が地域気象観測システム（アメダス）により全国約840地点で計測された気象データを公開しており、その未計測の項目や欠測を補完したものが拡張アメダス（EA）気象データで、さらに平均な月をつなぎ合わせた「標準年EA気象データ」が、建築の設計にはよく使われます（**図1**）。

建築物省エネ法においては、冬期の外気温（暖房デグリーデー）に応じて、8の地域区分を定めています。また、一次エネルギー消費量には、地域区分ごとの代表地点における、1981〜1995年のデータに基づいた1995年版の標準年EA気象データが用いられています（**図2**）。

なお、2019年11月には、2001〜2010年に基づいた2010年版の標準年EA気象データに基づき、地域区分が変更されました（**図3**）。北見市が1地域→2地域、仙台市が4地域→5地域、さいたま市が5→6地域に変更されるなど、温暖化の影響が顕著にみられます。

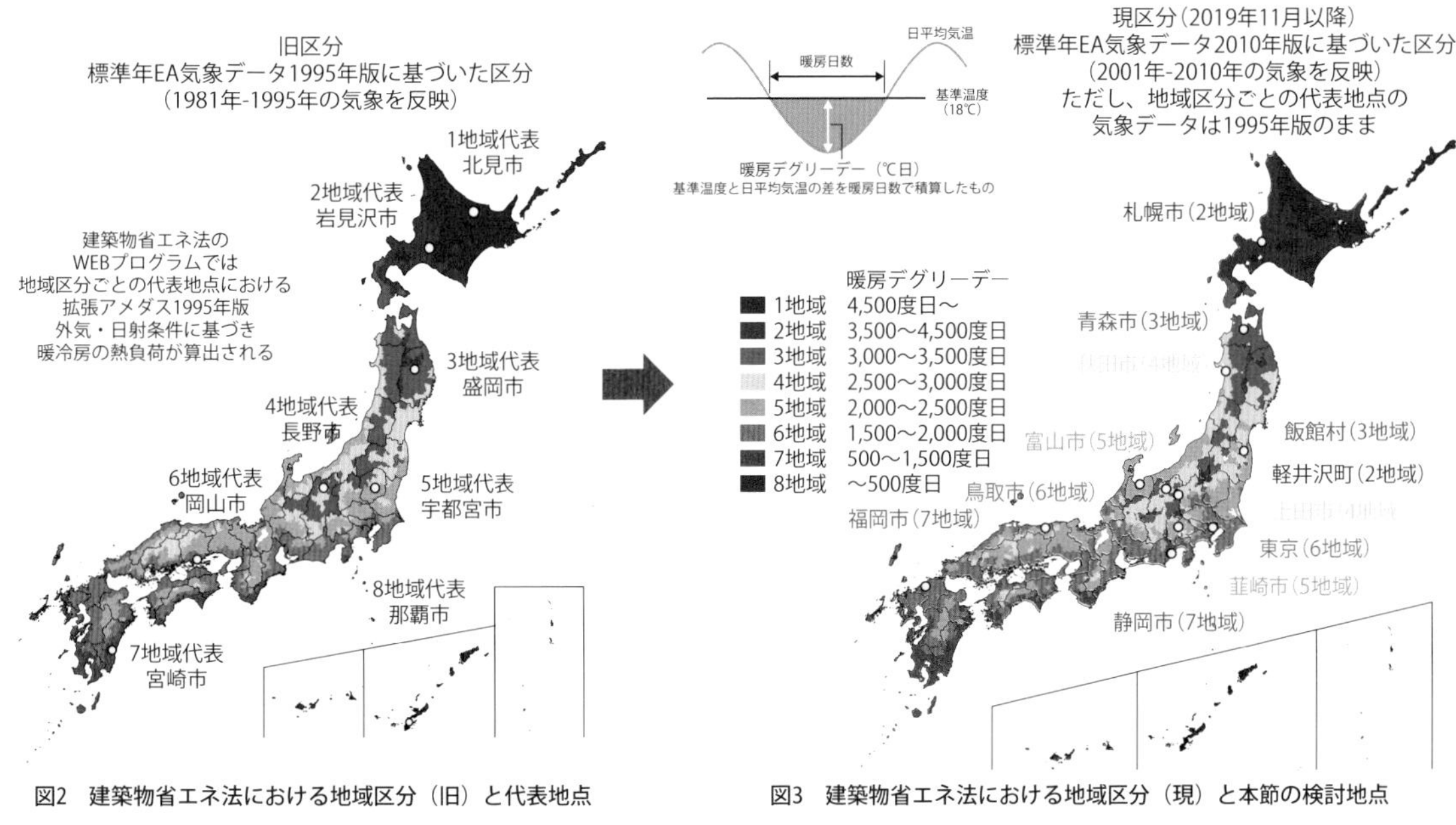

図2　建築物省エネ法における地域区分（旧）と代表地点

図3　建築物省エネ法における地域区分（現）と本節の検討地点

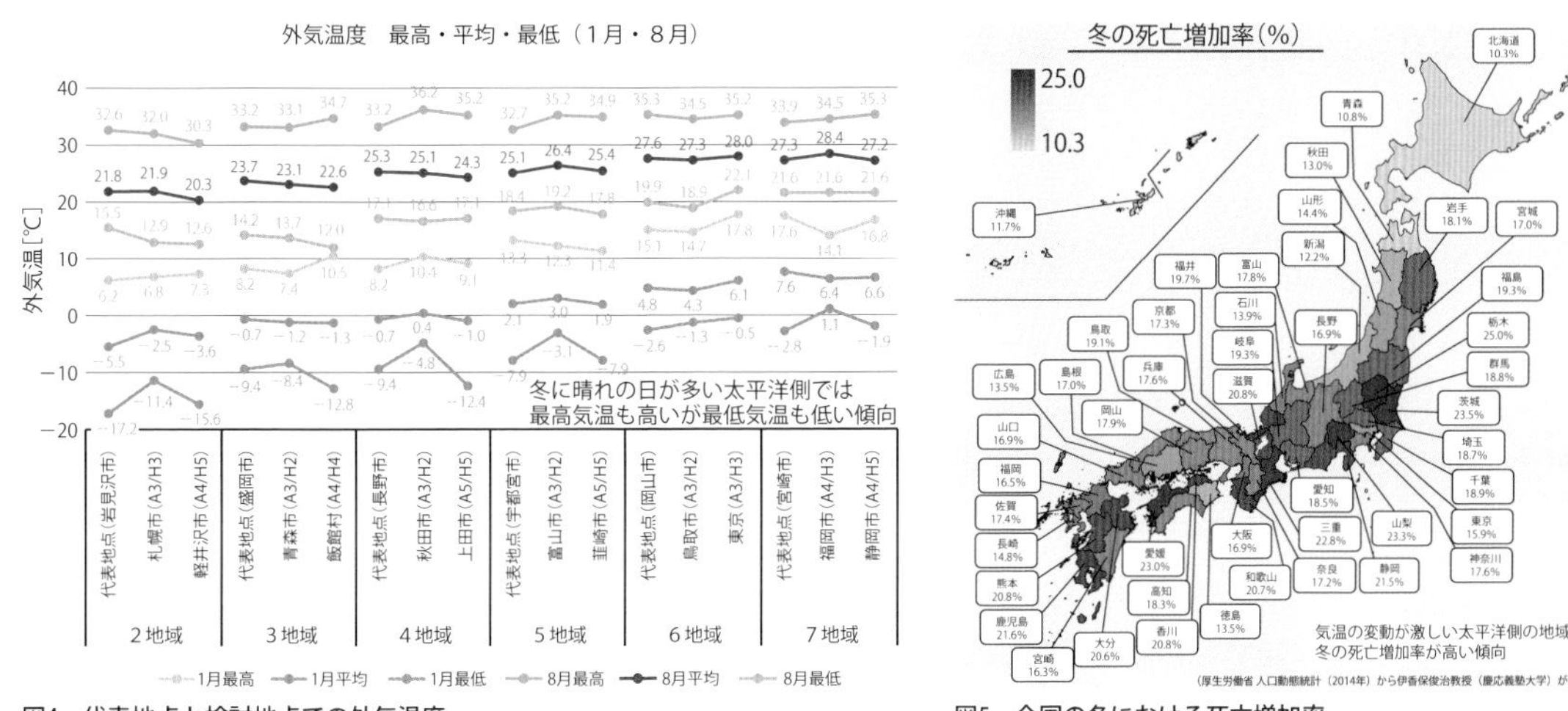

図4　代表地点と検討地点での外気温度

図5　全国の冬における死亡増加率
（人口動態統計に基づき、慶應義塾大学 伊香賀俊治が分析）

パッシブ設計では、敷地に近い地点のなるべく新しい気象データを利用できる設計ツールの活用が望まれてます。最近ではピンポイント補正された建築設計用気象データ（https://climate.archlab.jp/）も整備されています。

夏冬の外気温の地域差を理解する

2〜7地域における外気温の差を、図2の代表地点と図3の検討地点で比較します。図4に、夏（8月）と冬（1月）における外気温の月最高・月平均・月最低の値を示しました。8月の外気温は、いずれの地域も顕著な差が見られず、夏の暑さは全国的に厳しいことが分かります。一方の1月の外気温は、地域区分ごとの差が大きく、さらに同じ地域区分でも日本海側では月最高と月最低の差が小さい一方で、太平洋側では差が大きく気温の変化が大きい傾向が見られます。

太平洋側は、冬に晴天の日が多く、昼の気温は上がりやすい一方で、夜から明け方の冷え込みは厳しくなります。冬における死亡増加率（図5）は太平洋側で顕著に高く、昼間の暖かさに油断せず、最低気温に注目した室内温度の確保が重要です。

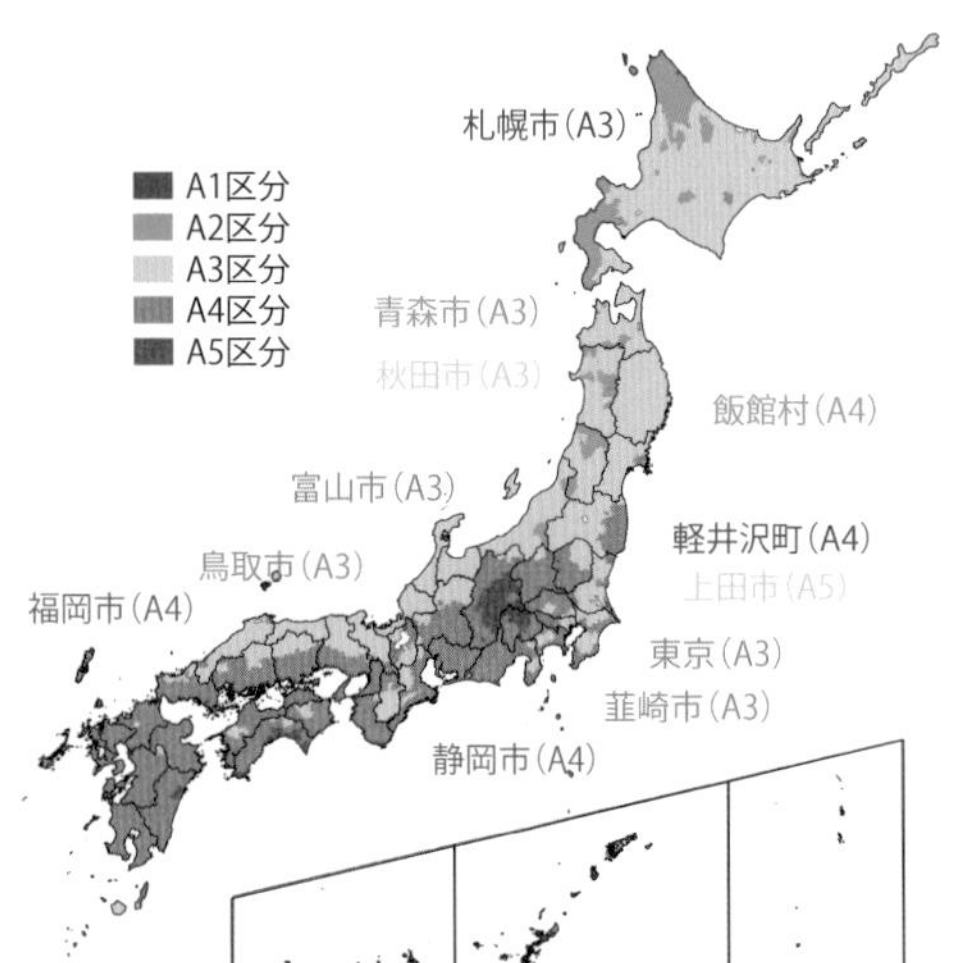

図6　建築物省エネ法における年間の日射地域区分

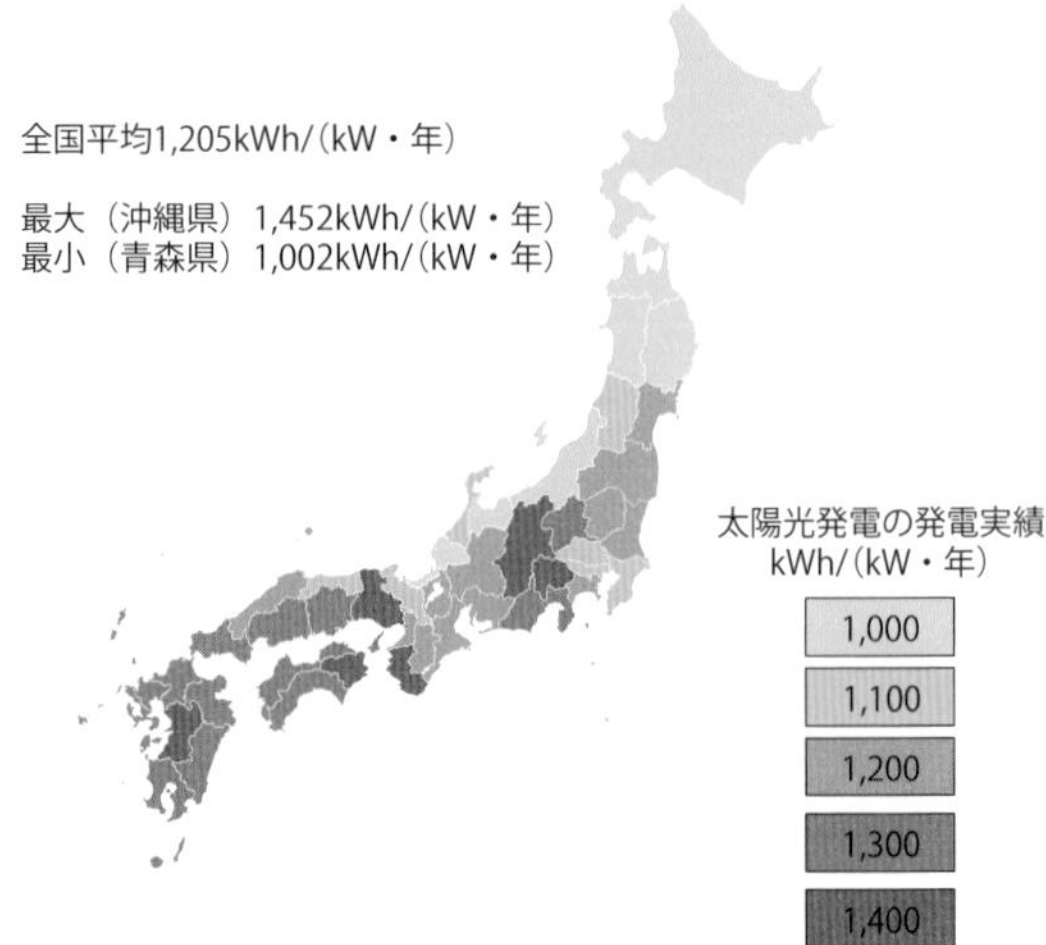

図7　太陽光発電容量1kW当たりの発電実績

出展：ネット・ゼロ・エネルギー・ハウス実証事業調査発表会2022
都道府県ごとのエネルギー消費量及び創エネルギー量

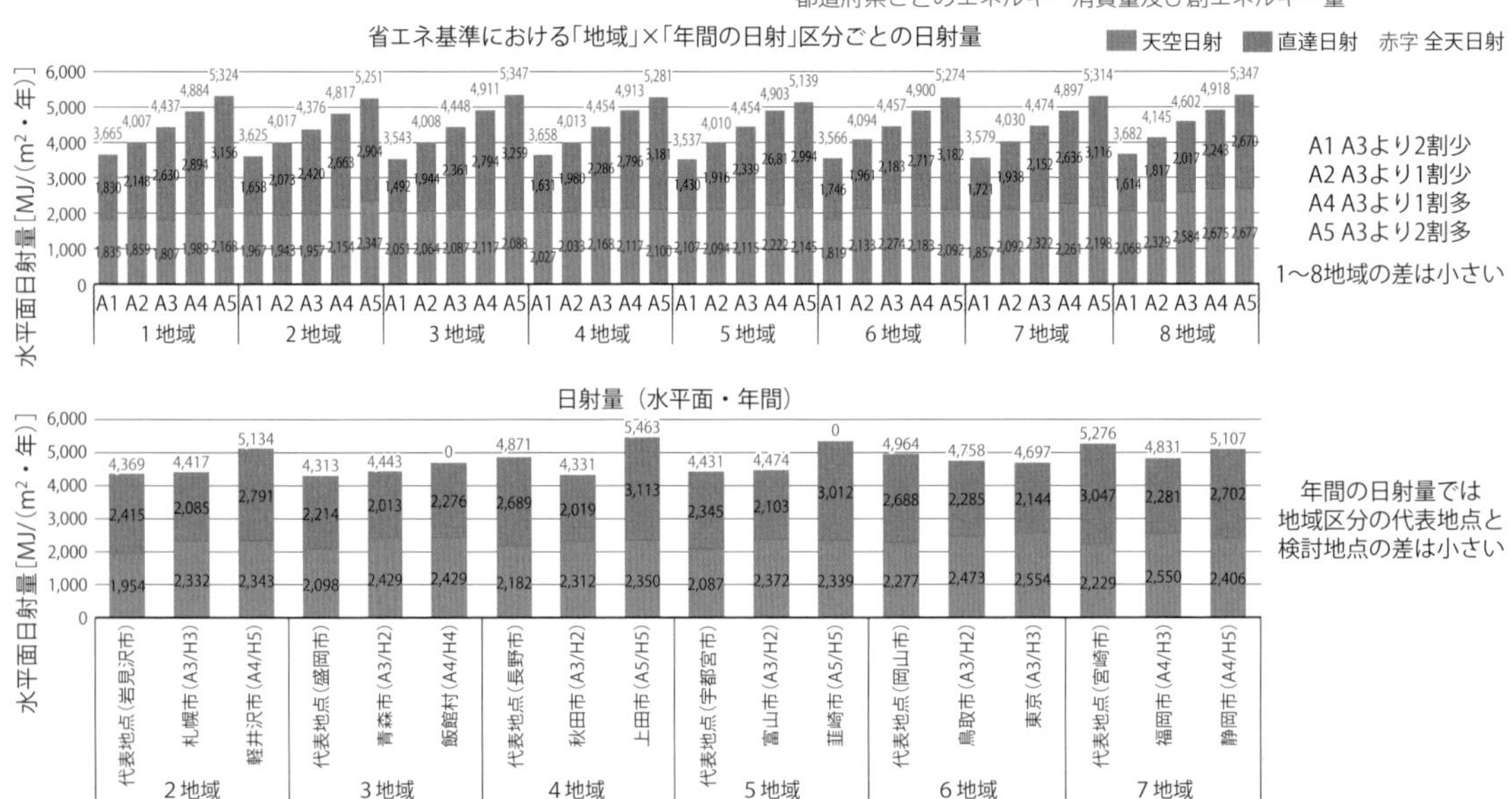

図8　建築物省エネ法の代表地点と検討地点における年間の水平面日射量

日射量と太陽位置を理解する

― 年間の日射量 ―

気温について、日射量は太陽光発電や太陽熱利用はもちろん、住宅の冷房・暖房の熱負荷にも大きな影響を与えます。建築物省エネ法では、**図6**に示す「年間の日射地域区分」をA1（小）〜A5（大）として定めており、太陽光発電や太陽熱給湯の評価に用いています。区分ごとに代表地点が定められており、年間の水平面全天日射量はA3に比べて、A1は二割少・A2は一割少・A4は一割多・A5は二割多となっています（**図8**上）。一方で、地域区分の中での差は小さくなっており、代表地点と検討地点の差も大きくありません（**図8**下）。

図6より、北海道・東北・日本海側はA3が主（一部A2）、太平洋側や瀬戸内はA4が主（一部A3・A5）となっており、太陽光発電の発電実績（**図7**）の大小とほぼ整合しています。ただし、最大（沖縄県1,452kWh）と最小（青森県1,002kWh）が全国平均（1,205kWh）の増減二割に収まっていることから、年間を通した日射量は全国で大差なく、多くの地域で太陽光発電や太陽熱の積極的な利用が望ましいといえます。

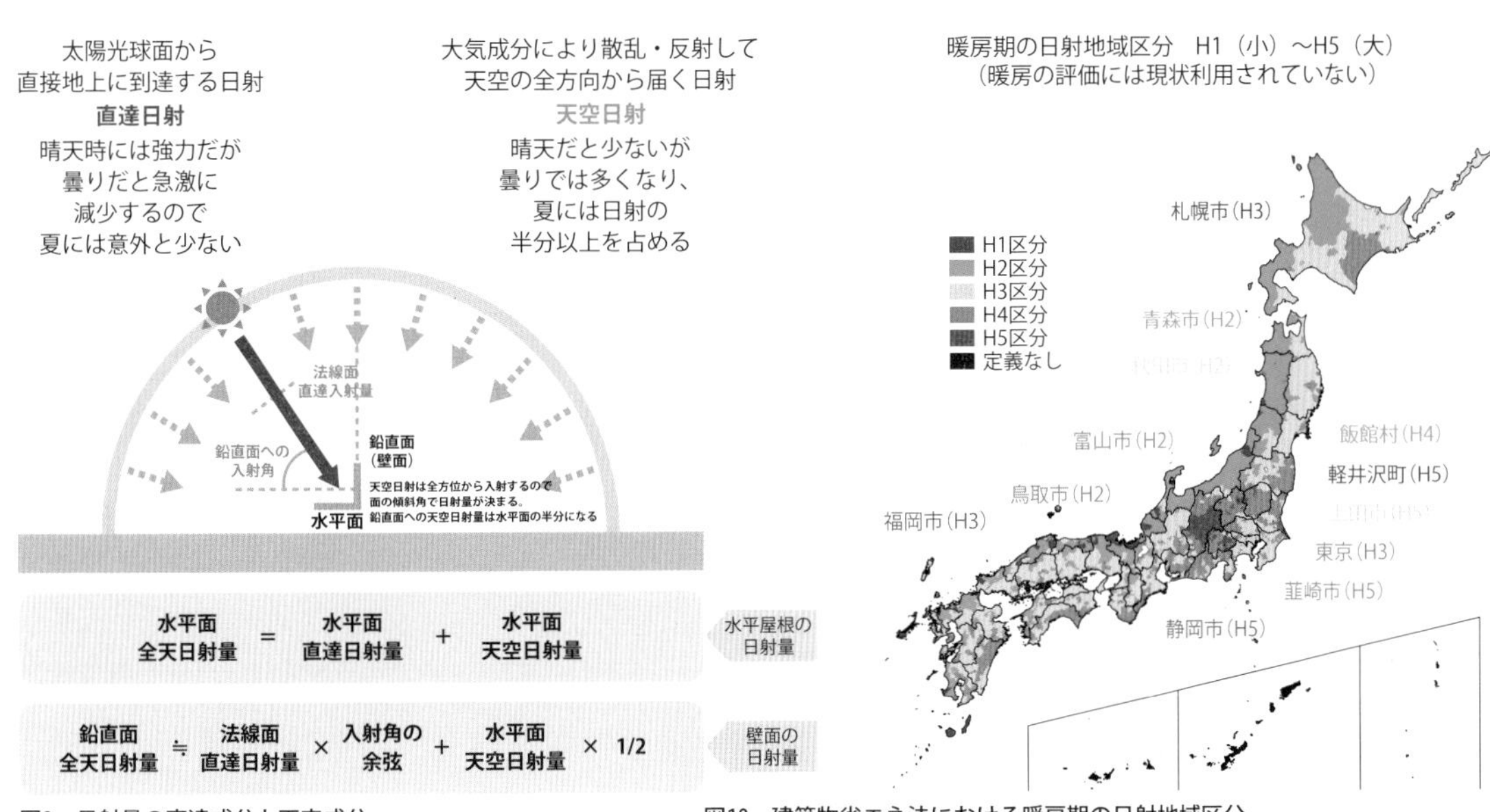

図9　日射量の直達成分と天空成分

図10　建築物省エネ法における暖房期の日射地域区分

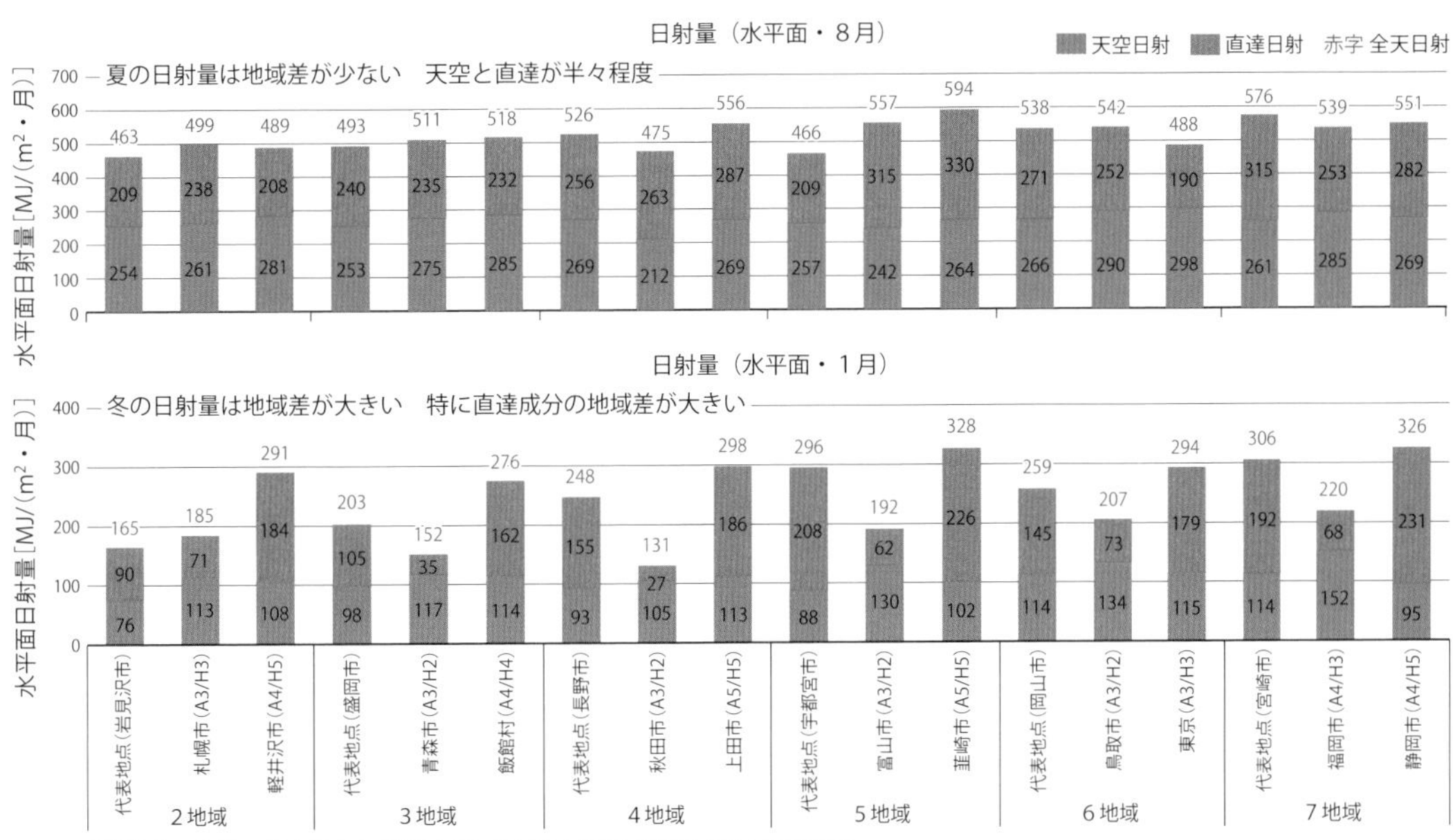

図11　建築物省エネ法の代表地点と検討地点における日射量の直達成分と天空成分

日射の成分と夏冬の日射量

冷房・暖房の熱負荷には、夏と冬の日射量が大きな影響を与えます。夏は日射遮蔽、冬は日射取得を効果的に行う必要があり、日射成分を考慮した丁寧な検討が必要です。

日射には、直達成分と天空成分があり（**図9**）、地域や季節によってその内訳が大きく異なります（**図11**）。直達成分は太陽の光球から直接届く成分で、雲量が少なく空気が乾燥していると増加します。入射角の影響が大きく、屋根や壁の方位と傾斜角により入射する直達日射量は大きく変化します。また、軒や庇・周辺障害物などの影響も強く受けます。

一方の天空成分は空全体に拡散されて全方位から降り注ぐ日射で、雲量が多く空気が湿潤の場合に増加します。方位角の影響が小さく、屋根の場合だけ傾斜角の影響を考慮し、壁では全方位で同一の値（水平面の半分）とする場合が一般的です。

夏（8月）の日射量を見ると、地点の差は小さく、天空成分が約半分と大きいことが分かります（**図11上**）。天空日射は普段あまり意識されませんが、軒や庇で防ぐことが難しいので、注意が必要です。

冬（1月）の日射を見ると、地点の

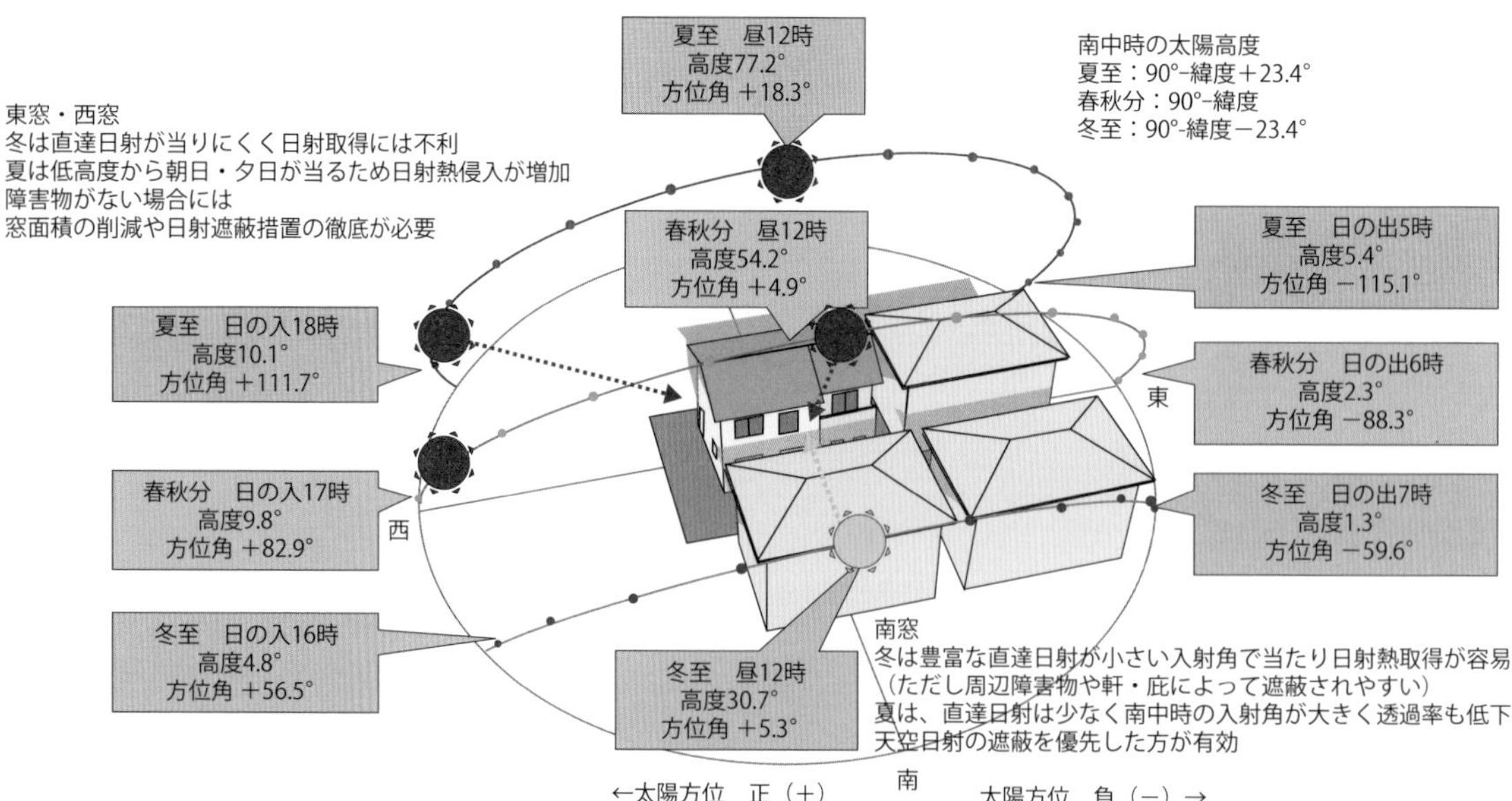

図12　東京（北緯35.7°、東緯139.8°）における夏至・春秋分・冬至の太陽軌跡「サンパス」

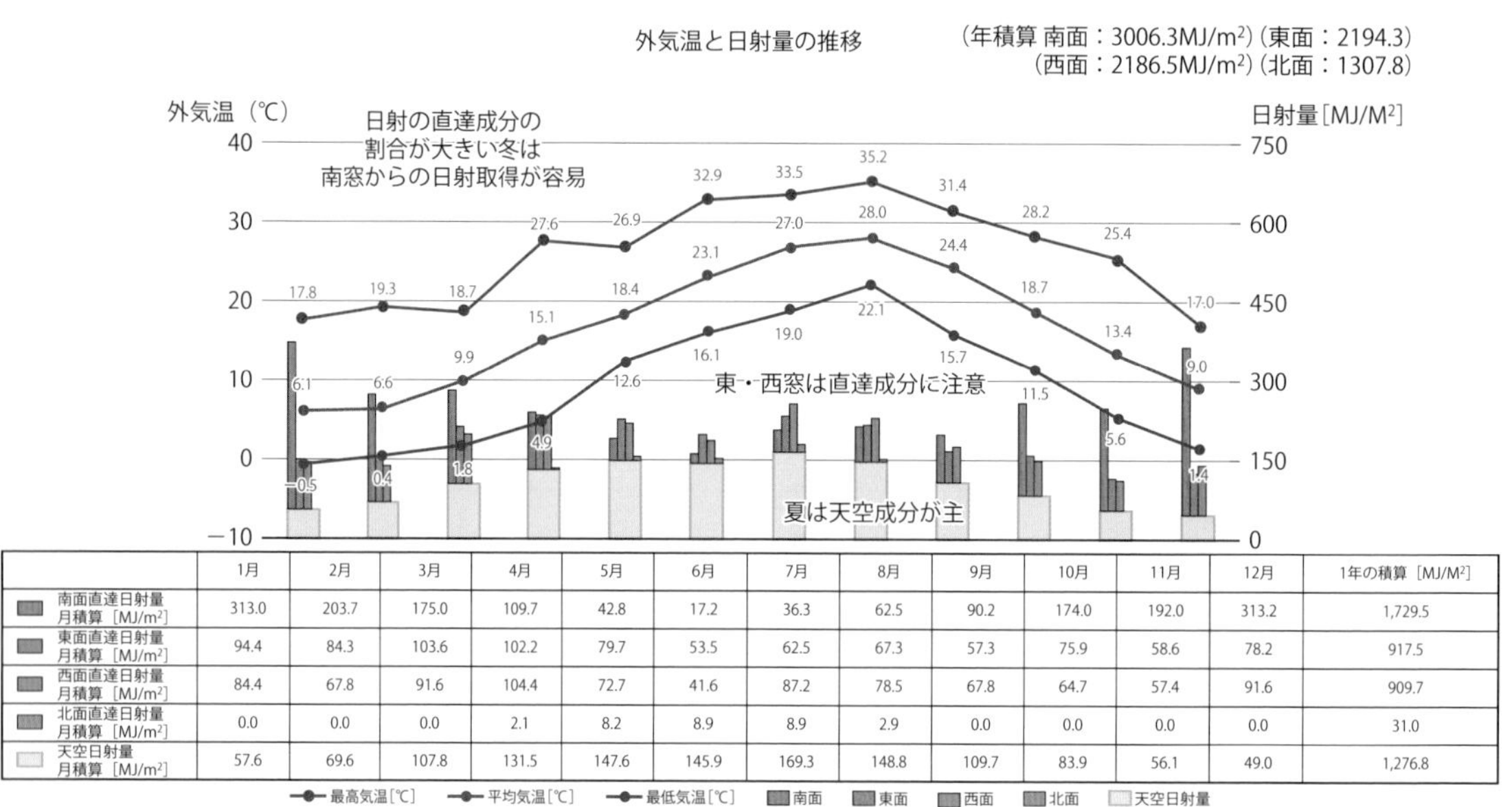

	1月	2月	3月	4月	5月	6月	7月	8月	9月	10月	11月	12月	1年の積算［MJ/M²］
南面直達日射量 月積算［MJ/m²］	313.0	203.7	175.0	109.7	42.8	17.2	36.3	62.5	90.2	174.0	192.0	313.2	1,729.5
東面直達日射量 月積算［MJ/m²］	94.4	84.3	103.6	102.2	79.7	53.5	62.5	67.3	57.3	75.9	58.6	78.2	917.5
西面直達日射量 月積算［MJ/m²］	84.4	67.8	91.6	104.4	72.7	41.6	87.2	78.5	67.8	64.7	57.4	91.6	909.7
北面直達日射量 月積算［MJ/m²］	0.0	0.0	0.0	2.1	8.2	8.9	8.9	2.9	0.0	0.0	0.0	0.0	31.0
天空日射量 月積算［MJ/m²］	57.6	69.6	107.8	131.5	147.6	145.9	169.3	148.8	109.7	83.9	56.1	49.0	1,276.8

図13　東京（経度35.7°、東経139.8°）における外気温と各方位の壁面に入射する日射量

差が大きく、特に直達成分に違いが見られます。湿潤で曇が多い日本海側では直達成分が少ない一方で、乾燥して晴天が多い太平洋側では非常に大きくなっています（**図11下**）。

建築物省エネ法では、「暖房期の日射地域区分」としてH1（小）〜H5（大）が定義されていますが、暖房の評価には現状使われていません（**図10**）。パッシブ設計においては、地域差が大きい冬の直達日射の正確な把握が特に重要です。

太陽と周辺物を考慮した設計

― 日射の成分と太陽の位置 ―

屋根や各方位の壁面・窓に入射する日射量を計算するには、計測地点での各季節における毎時刻の太陽位置を考慮する必要があります（**図12**）。手計算は困難ですが、現在では設計ツールの進化により、容易に各面に入射する日射量を詳細に知ることができます。東京を例にすると、冬は直達成分が多く、特に南面への日射量が非常に大きくなる一方で、夏は天空成分が多いことが分かります（**図13**）。

― ガラスの入射角特性 ―

外面にあたった直達日射が、ガラスを透過して実際に室内に侵入する日射熱取得率は、入射角度によって大きく

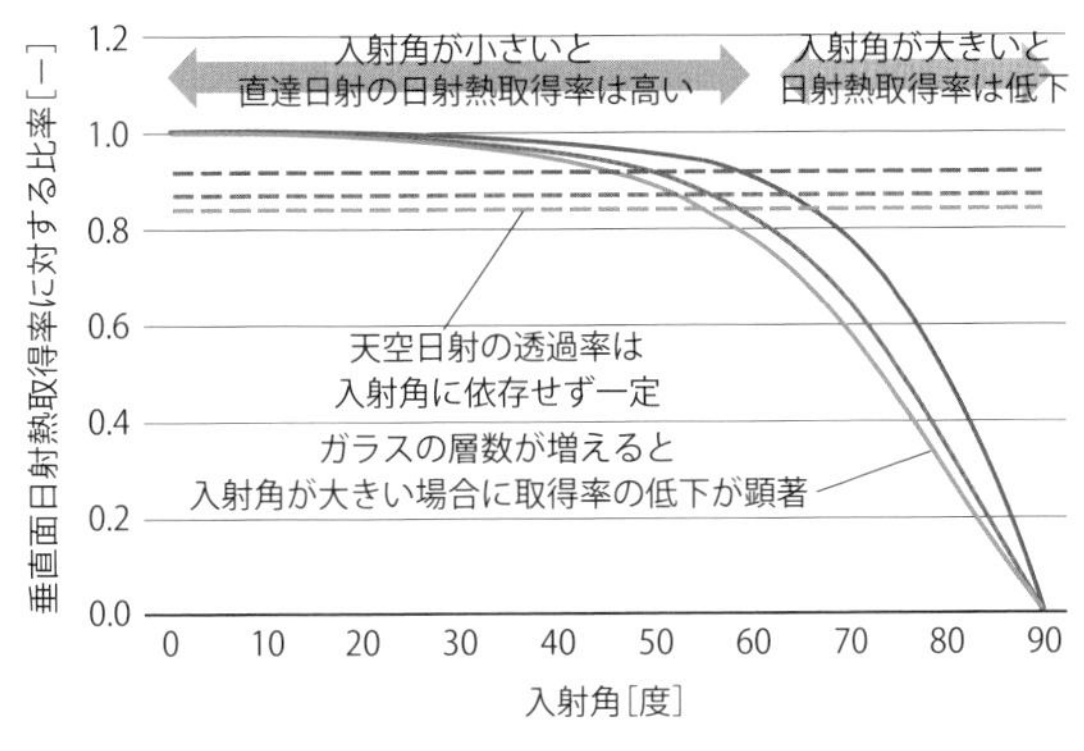

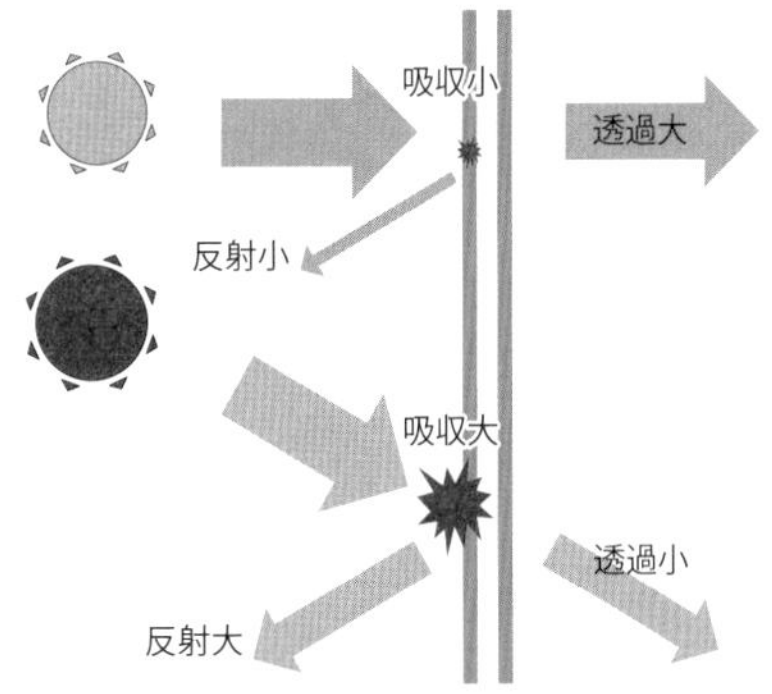

図14　ガラスの日射熱取得に関する入射角特性

多くの開口部の設計は直達日射のみを考慮　ガラスの入射角特性なども考慮していない

軒・庇の検討　　日影線図　　日影時間

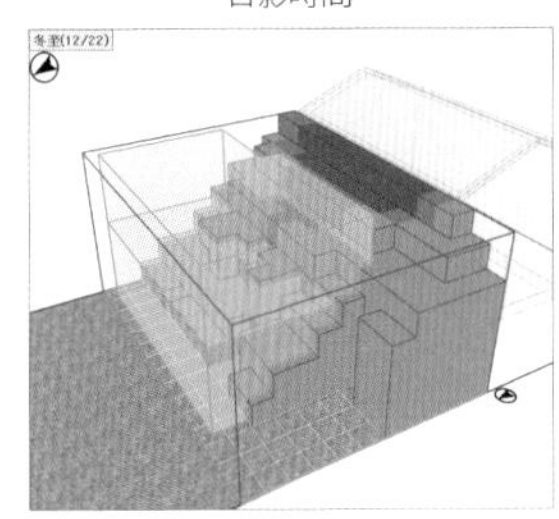

周辺障害物を考慮した全天日射量分析（直達＋天空）とガラスの入射角特性に基づいた季節ごとの開口部設計が重要

開口部からの日射熱取得量の期間積算値　　建物表面への全天日射量の期間積算値

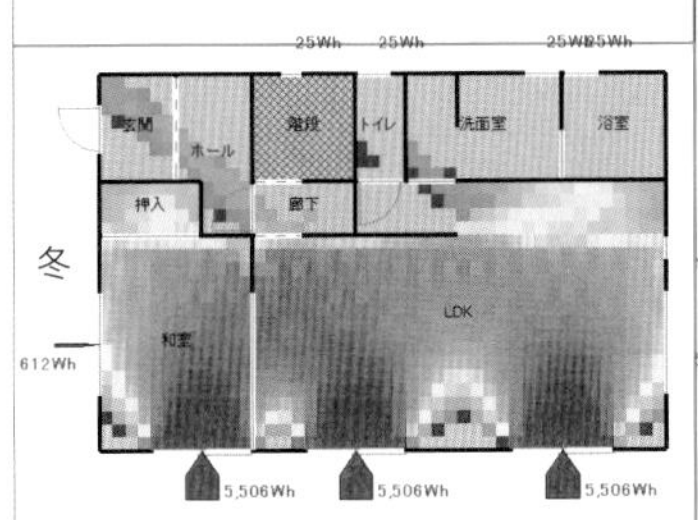

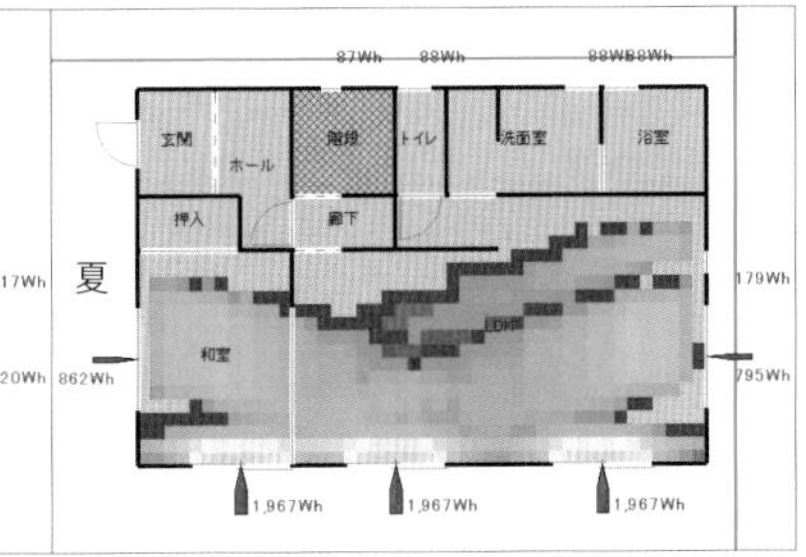

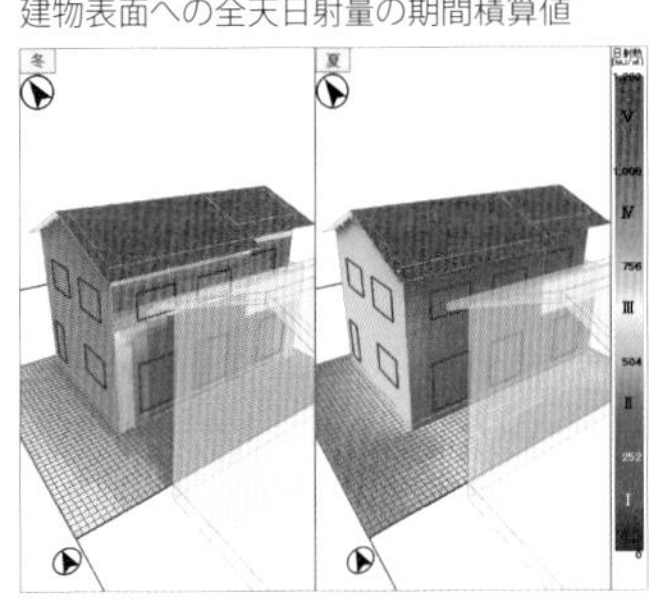

図15　設計ツールにおける日射解析の手法（ホームズ君での例）

異なります。入射角が小さい（垂直に近い）場合は取得率が大きく、入射角が大きい場合は、取得率が大きく低下します。さらに、2層・3層とガラスの層数が増えると、取得率の低下は顕著になります（**図14**）。

夏の南中時は太陽高度が高く、南窓には大きな入射角で入射するため、ガラスが2層・3層の場合は直達日射の取得が特に少なくなります。一方、冬の昼は南窓に、夏の朝夕は東・西窓に、小さな入射角で直達日射が当たるため、2層・3層ガラスであっても熱取得は大きくなります。

―計算ツールを活用した設計―

日当たりに関する設計は、日影線図や軒・庇の検討に見られるように、日射の直達成分のみを念頭に、特定の日や時刻だけを想定したものが主でした（**図15上**）。しかし、効果的な暖房・冷房の熱負荷低減のためには、敷地の日射や太陽位置の考慮はもちろん、周辺障害物やガラスの入射角特性も考慮して、窓から室内に入る日射量を詳細に把握することが必要です。手計算では、到底不可能だった計算が容易に行えるツール（**図15下**）が整備されている現在、敷地の気象データと周辺環境まで考慮した、丁寧な開口部設計が求められています。

パッシブ設計による暖冷房不要期間の延長と熱負荷の削減

前 真之◎東京大学大学院工学系研究科建築学専攻准教授

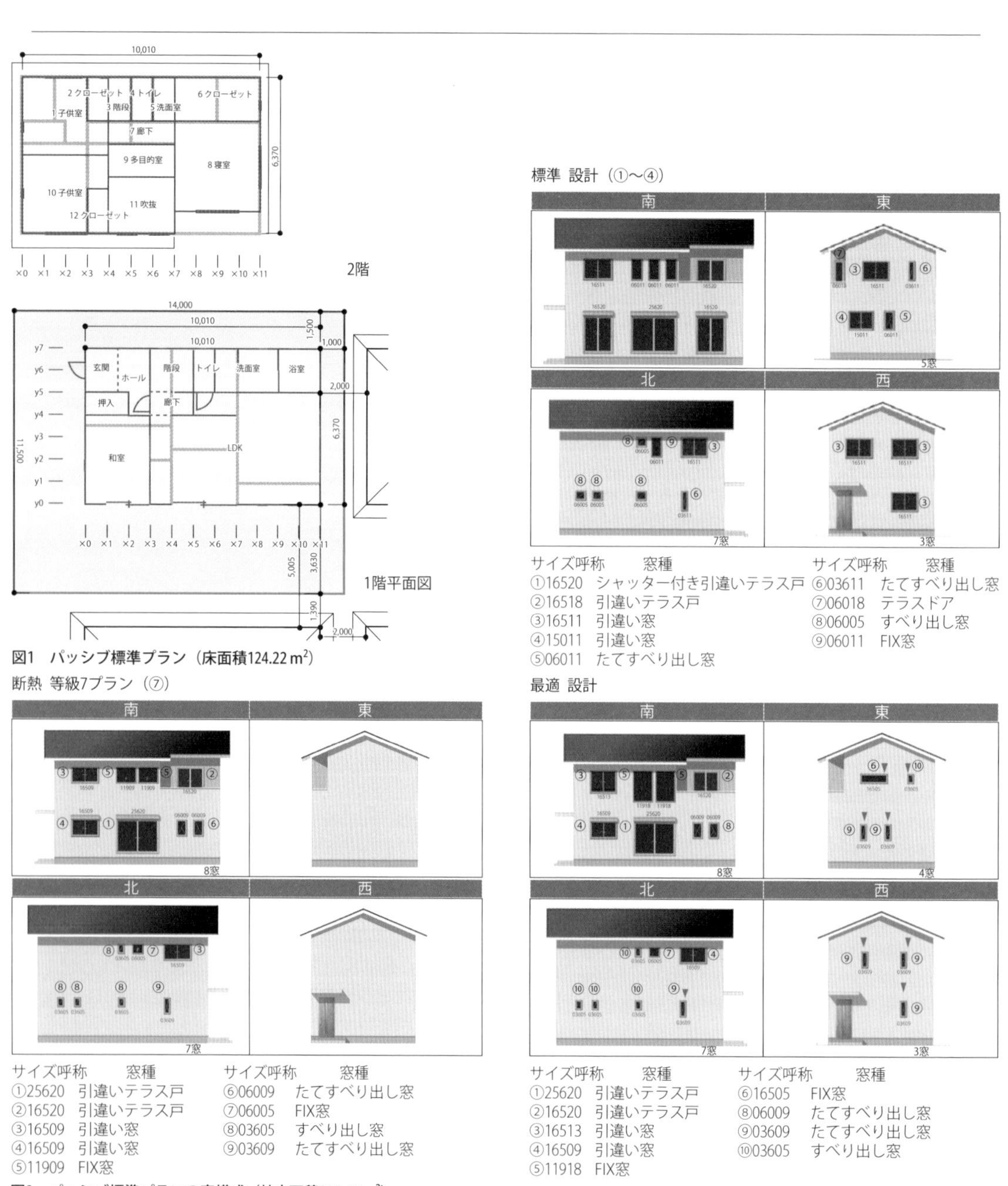

図1　パッシブ標準プラン（床面積124.22 m^2）

図2　パッシブ標準プランの窓構成（外皮面積304.43 m^2）

パッシブ設計で窓を最適化する

健康・快適な室内環境を少ないエネルギー消費で実現するには、断熱気密の強化とともに、断熱と日射取得のバランスを最適化した窓のパッシブ設計が非常に重要です。ここでは、敷地の気象データに基づいた非定常計算により、無空調時の「自然室温」、暖冷房時の「熱負荷」を詳細に検証します。

窓の「標準設計」と「最適設計」

本検討で用いるパッシブ標準プランの配置図と各階の平面図を**図1**に示します。建蔽率40%の敷地にある総二階のシンプルな戸建住宅で、南面に隣棟があります。断熱仕様と開口部のプラン①～⑦を**表1**に、窓の構成を**図2**に示します。

プラン①～④の「標準設計」は、温暖地で一般的と思われる窓設計で、各居室には主に引違い窓を配置し、ガラスはすべて日射遮蔽型です。

プラン⑤～⑥の「最適設計」は、日当たりを考慮して「メリハリをつけた」設計です（**図3**）。冬に日がよく当たる南面二階は窓面積を大きく、窓種はガラス面積率が大きくなるＦＩＸ窓、ガラスは日射取得型としています。夏に日が当たりやすい窓は、窓面積を小さくしガラスは日射遮蔽型としました。プラン⑦は断熱等級7におけるU_A値の基準値を達成するために、窓の数や面積をさらに減らしています。

壁などは、プラン①～⑤は温暖地で一般的な充填断熱、プラン⑥⑦については充填＋外張り付加断熱を採用しています。換気は、プラン①～③は熱交換なし、プラン④～⑦は熱交換あり（熱交換効率80%）としています。

U_A値とη_A値は窓性能の扱いで変化

表1を見ると、同じプランでもU_A値とη_A値は計算方法によって大きく異なることが分かります。高断熱窓を採用したプラン③～⑦では、窓の熱貫流率Uw値について、16頁における①の「組合せ表」の値ではなく、④のＷｉｎｄ-Ｅｙｅによる精算値を用いた方が、U_A値が小さく算出されてます。

暖房期の日射取得率η_{AH}は、窓の日射熱取得率η_Wに④ＷｉｎｄＥｙｅ、窓の取得日射熱補正係数f_Hに算定ツールの精算値を用いた場合が一番値が大きく（日射熱取得が多い）、冷房期の日射取得率η_{AC}では、η_Wに④Ｗｉｎｄ-Ｅｙｅ、f_Cに算定ツールの精算値を用

	窓仕様 U_W値W/(m²・K)	Low-E 日射特性	壁仕様 U値	外皮平均熱貫流率U_AW/(m²・K)		暖房期の平均日射熱取得率η_{AH}			冷房期の平均日射熱取得率η_{AC}			熱交換換気
				U_W①組合表	U_W④Windeye	η_W①組合表 f_H定数	η_W④WindEye f_H定数	η_W④WindEye f_H算定ツール	η_W①組合表 f_C定数	η_W④Windeye f_C定数	η_W④WindEye f_C算定ツール	
①標準 等級4	金属サッシ 複層ガラス Uw 値4.07	すべて遮蔽型	充填断熱 GW100 mm U値0.51	0.87	—	3.3	3.3	4.5	3.6	3.6	2.8	なし
②標準 等級5	金属・樹脂複合サッシ Low-E複層ガラス Uw 値2.33	すべて遮蔽型	充填断熱GW16K 105 mm U値0.42	0.60	—	1.9	1.9	2.7	2.1	2.1	1.8	なし
③標準 等級6	APW 330 樹脂サッシ 複層Low-Eガラス 平均Uw 値1.41	すべて遮蔽型	充填断熱 高性能GW 105 mm U値0.39	0.53	0.44	1.6	1.6	2.3	1.8	1.8	1.5	なし
④標準 等級6 熱交換	APW 330 樹脂サッシ 複層Low-Eガラス 平均Uw 値 1.41	すべて遮蔽型	充填断熱 高性能GW 105 mm U値0.39	0.53	0.44	1.6	1.6	2.3	2.7	1.8	1.5	あり
⑤最適	APW 330 樹脂サッシ 複層Low-Eガラス 平均Uw 値 1.40	一部取得型	充填断熱 高性能GW 105 mm U値0.39	0.47	0.41	2.0	1.6	2.4	2.0	1.6	1.3	あり
⑥最適 付加断熱	APW 330 樹脂サッシ 複層Low-Eガラス 平均Uw 値1.40	一部取得型	付加断熱 GW 105 mm +XPS 45 mm U値0.24	0.40	0.33	1.8	1.5	2.2	1.9	1.5	1.2	あり
⑦等級7	APW 430 樹脂サッシ 三層Low-E 平均Uw 値1.01	すべて遮蔽型	付加断熱 GW 105 mm +XPS80 U値0.18	0.29	0.25	0.9	0.8	1.1	0.9	0.8	0.7	あり

U_W①組合表は、窓のU_W値に日本サッシ協会の「建具とガラスの組み合わせ」における開口部の熱貫流率を使用（APW 330 U_W値2.15/APW 430 U_W値1.60）
U_W④WindEye は、窓のU_W値にガラス・枠の熱特性および窓種・窓サイズを考慮したWindEye の精算値を使用
窓の取得日射熱補正係数 f_H/f_Cについて、定数では (0.51/0.93)、算定ツールでは日よけ効果係数算出ツールを使用

表1　各プランの断熱仕様と外皮の性能値U_A/η_{AH}/η_{AC}

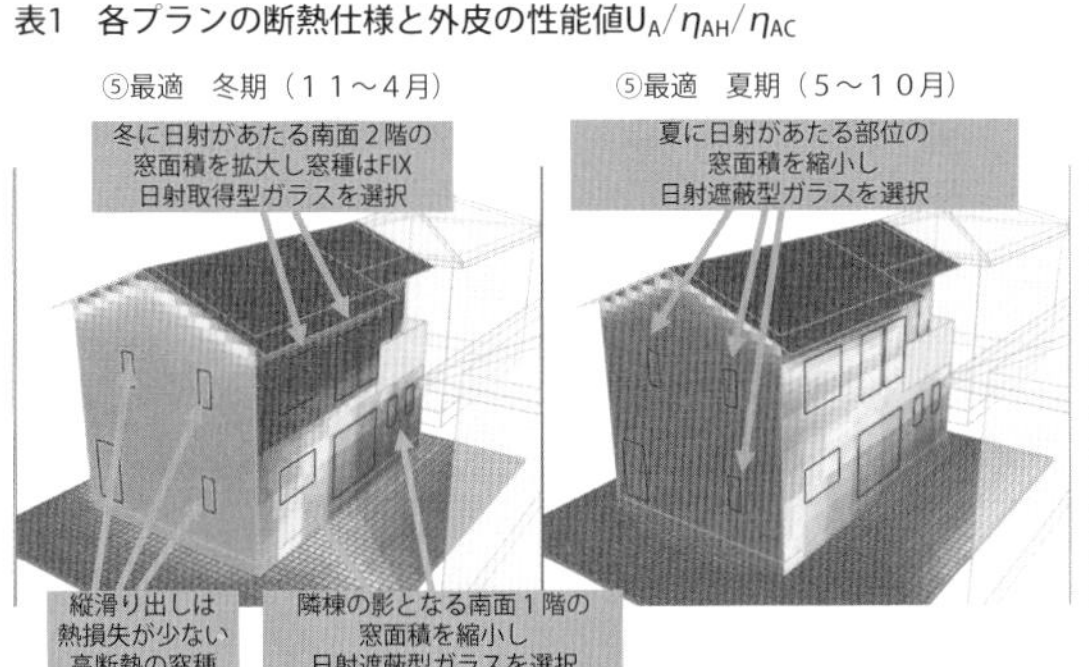

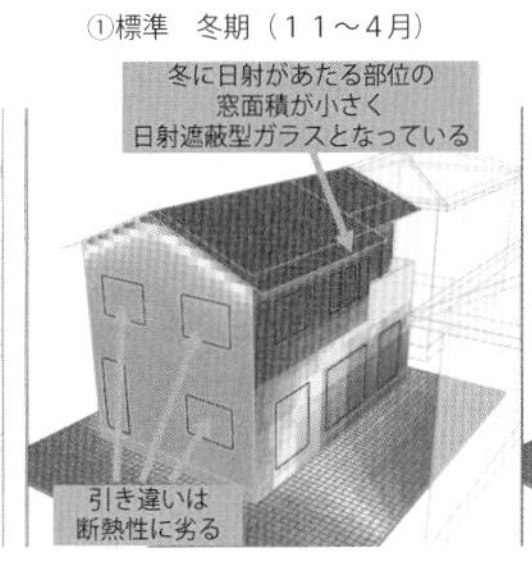

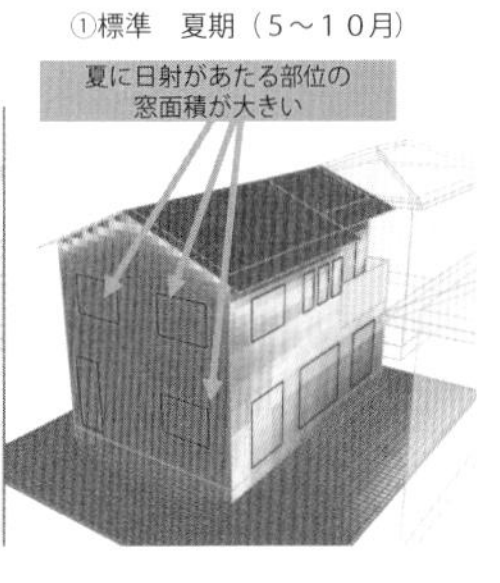

図3　建物表面への積算日射量の分布（隣棟の影の影響あり）

【室温の計算条件】
・使用ソフト：ホームズ君省エネ診断パッシブ設計オプション（発売：インテグラル）
・気象データ：拡張アメダス2010年版（東京）
・換気回数：0.5回/時間，熱交換効率：顕熱・潜熱ともに80%
・4人家族を想定した在室条件：
照明消費電力量：1.5kWh/日、家電消費電力量：10.0kWh/日
・換気経路：第3種換気想定、主居室外壁から給気→水回りから排気

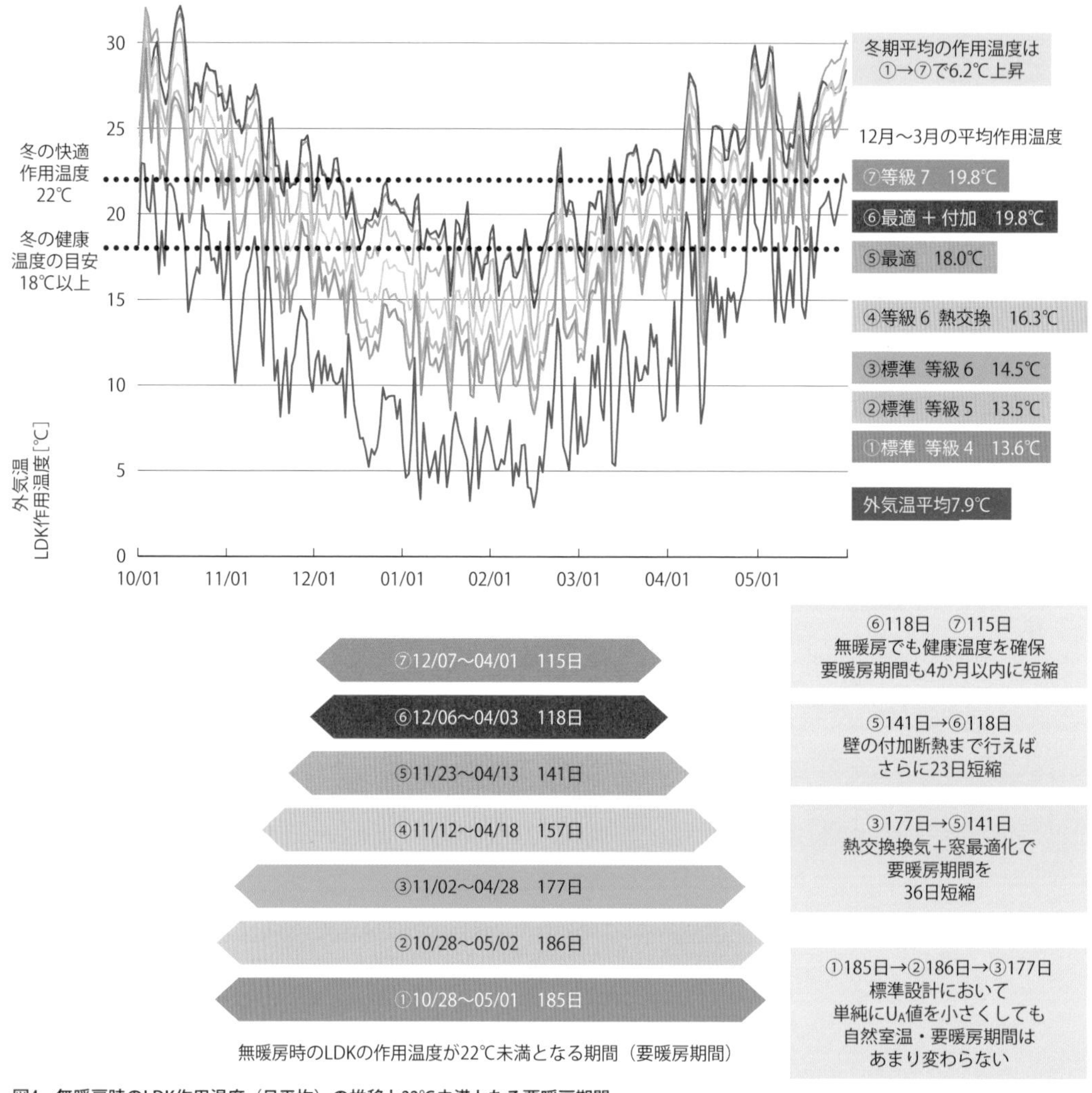

図4　無暖房時のLDK作用温度（日平均）の推移と22℃未満となる要暖房期間

いた場合が最も値が小さい（日射熱取得が少ない）と評価されます。省エネ基準では暖冷房のエネルギー消費量計算にU_A値・η_{AH}・η_{AC}が必要ですが、窓の性能値U_W・η_Wには④WindEye（または③自己適合宣言書）の精算値、f_H・f_Cには算定ツールの精算値を用いた方が省エネと評価されます。

無暖房時の自然室温を高める

各ケースの作用温度と熱負荷を、時々刻々の非定常計算で分析します。まず暖房を行わない無暖房時の室温（自然室温）の日平均値の推移を、**図4**上に示します。12月から3月の平均値を見ると、標準設計の等級4・5・6において、①13・6℃、②13・5℃、③14・5℃と自然温度はあまり変わりません。一方、③に熱交換換気を追加した④で16・3℃、さらに窓の最適化を行った⑤では18℃と、大きな温度上昇がみられます。さらに、外壁が付加断熱の⑥⑦では、自然室温は19・8℃と無暖房で健康温度が確保されています。

換気と窓の最適化で要暖房期間を短く

次に、無暖房時の自然室温が22℃を下まわる期間を、暖房が必要な「要暖

【暖房条件】
・暖房時の設定空気温度：間欠・連続ともに22℃
・間欠暖房時の暖房時間：LDK（7〜13時）・寝室（6時・22〜23時）・子供室1、2（6時・20〜21時）和室（なし）
・連続暖房時の対象室：LDK・和室・寝室・子供室1、2

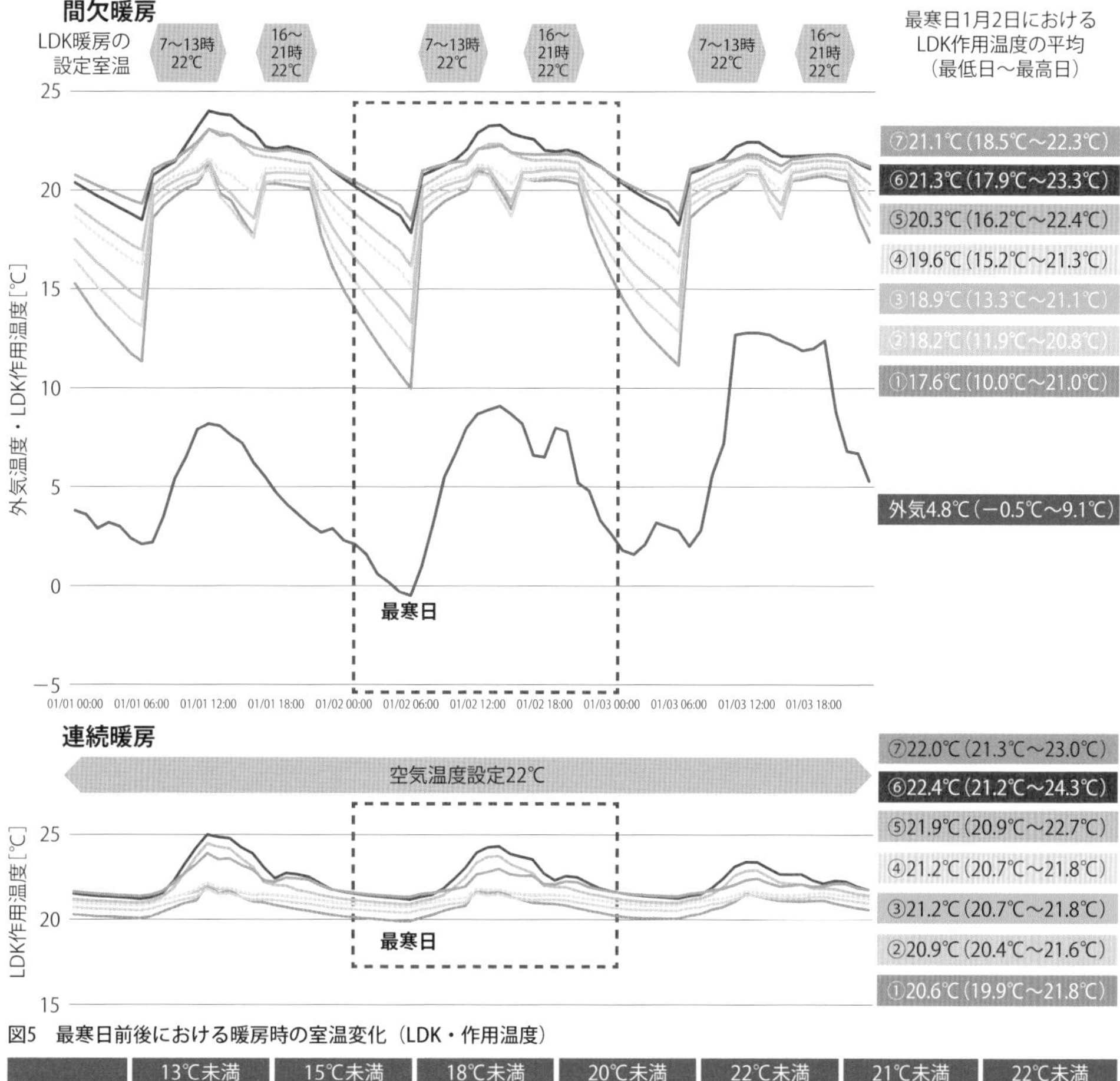

図5　最寒日前後における暖房時の室温変化（LDK・作用温度）

	13℃未満	15℃未満	18℃未満	20℃未満	22℃未満	21℃未満	22℃未満
⑦等級7	0	0	4	288	1,877	5	1,414
⑥最適 付加	0	0	31	406	1,746	10	1,385
⑤最適	0	0	215	782	2,515	116	2,045
④標準 等級6・熱交換	0	1	364	1,011	3,121	383	2,840
③標準 等級6	1	90	693	1,438	3,640	392	3,244
②標準 等級5	32	266	948	1,761	3,914	1,165	3,605
①標準 等級4	55	208	1,295	2,839	3,871	2,038	3,537

表2　間欠暖房時に作用温度がある値未満となる年間の時間数（h）

房期間」とします（図4下）。フーリエ解析により平滑化した自然室温が、22℃以下となる要暖房期間は、標準プランでは①185日、②186日、③177日となり、やはり大差がありません。一方、熱交換換気ありの④では157日、窓を最適化した⑤では141日まで短縮。さらに付加断熱を行った⑥は118日、⑦115日にまで要暖房期間が短縮されています。

間欠暖房時の作用温度を高める

前述の要暖房期間において在室時のみ暖房する「間欠暖房」する場合の、最寒日（外気日平均4・8℃）における室温推移を図5上に示します。エアコンの設定（空気）温度は22℃ですが、低断熱の場合は壁などの室内側表面温度（放射温度）が低いために、暖房時でも作用温度は22℃には達しません。最寒日の日平均（日最低）は①17・6℃（10℃）、②18・2℃（11・9℃）、③18・9℃（13・3℃）と、断熱等級4から等級6への強化による温度上昇は日平均で1・3℃、日最低で3・3℃に留まっています。一方、熱交換ありの④19・6℃（15・2℃）、窓最適化の⑤20・3℃（16・2℃）と改善効果は大きく、付加断熱まで行った⑥21・3℃

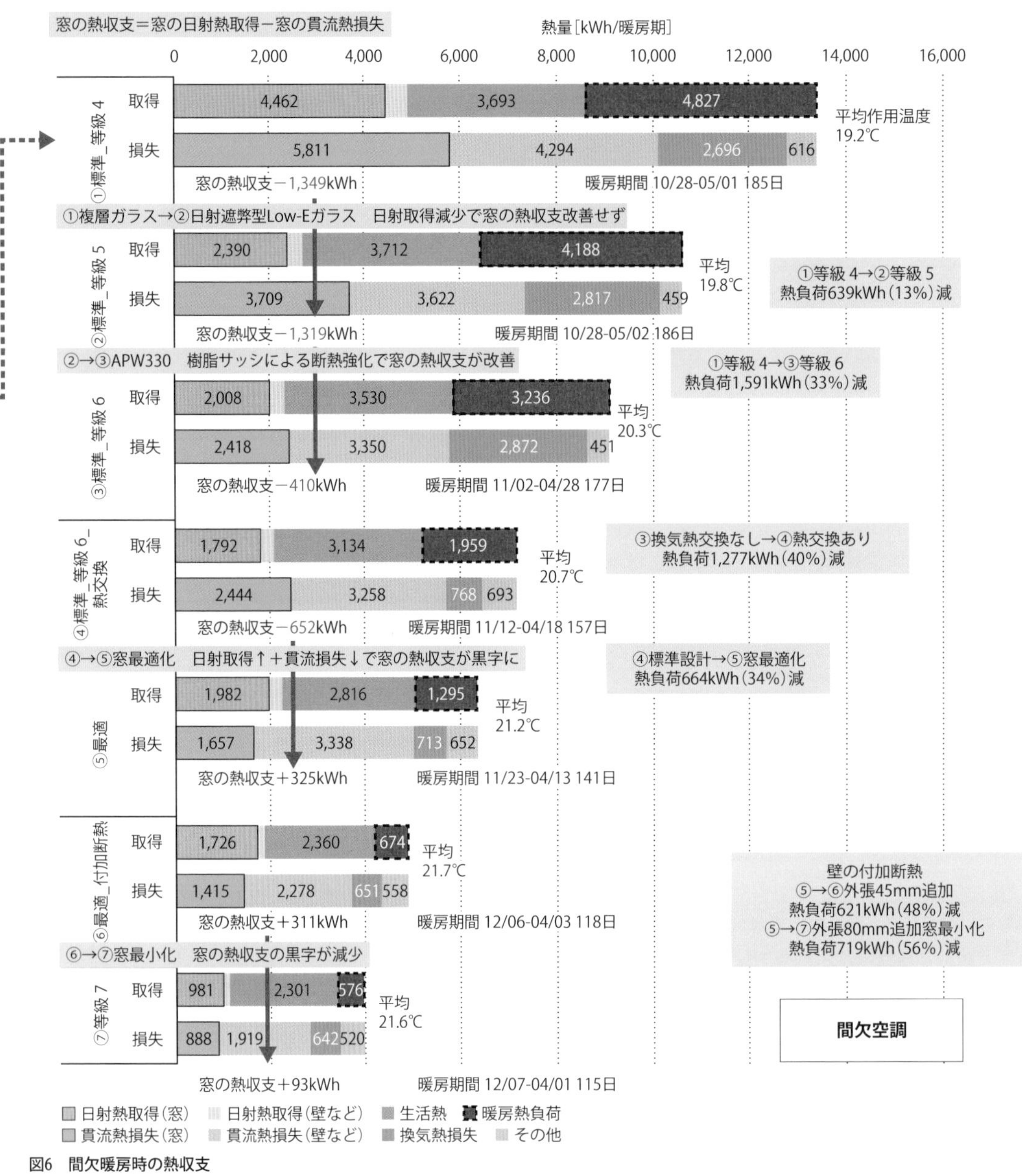

図6　間欠暖房時の熱収支

（17・9℃）、⑦21・1℃（18・5℃）では、作用温度がある値を下まわる時間数（**表2**）でも、各対策の効果が良く分かります。終日室温が高く保たれています。

連続暖房時の作用温度をチェックする

図5下に、最寒日における連続暖房時の室温推移を示します。LDKを含めた居室を24時間、設定空気温度22℃で暖房していますが、断熱の程度により放射温度が異なるため、作用温度の日平均（日最高）は①20・6℃（21・8℃）から⑥22・4℃（24・3℃）と違いが出ています。また設定温度一定の連続暖房でも、日中の気温上昇や日射熱のために室温は変動するため、オーバーヒートに注意が必要です。

間欠暖房時の熱収支を改善する

次に、要暖房期間における暖房熱負荷削減を検討します。**図6**に、間欠暖房時の熱収支を示します。各ケースともに上段が熱取得、下段が熱損失で、熱損失に影響する平均室温（作用温度）も併記しました。上段右端が、暖房設備が補填しなければならない熱の赤字「暖房熱負荷」であり、この値を小さく

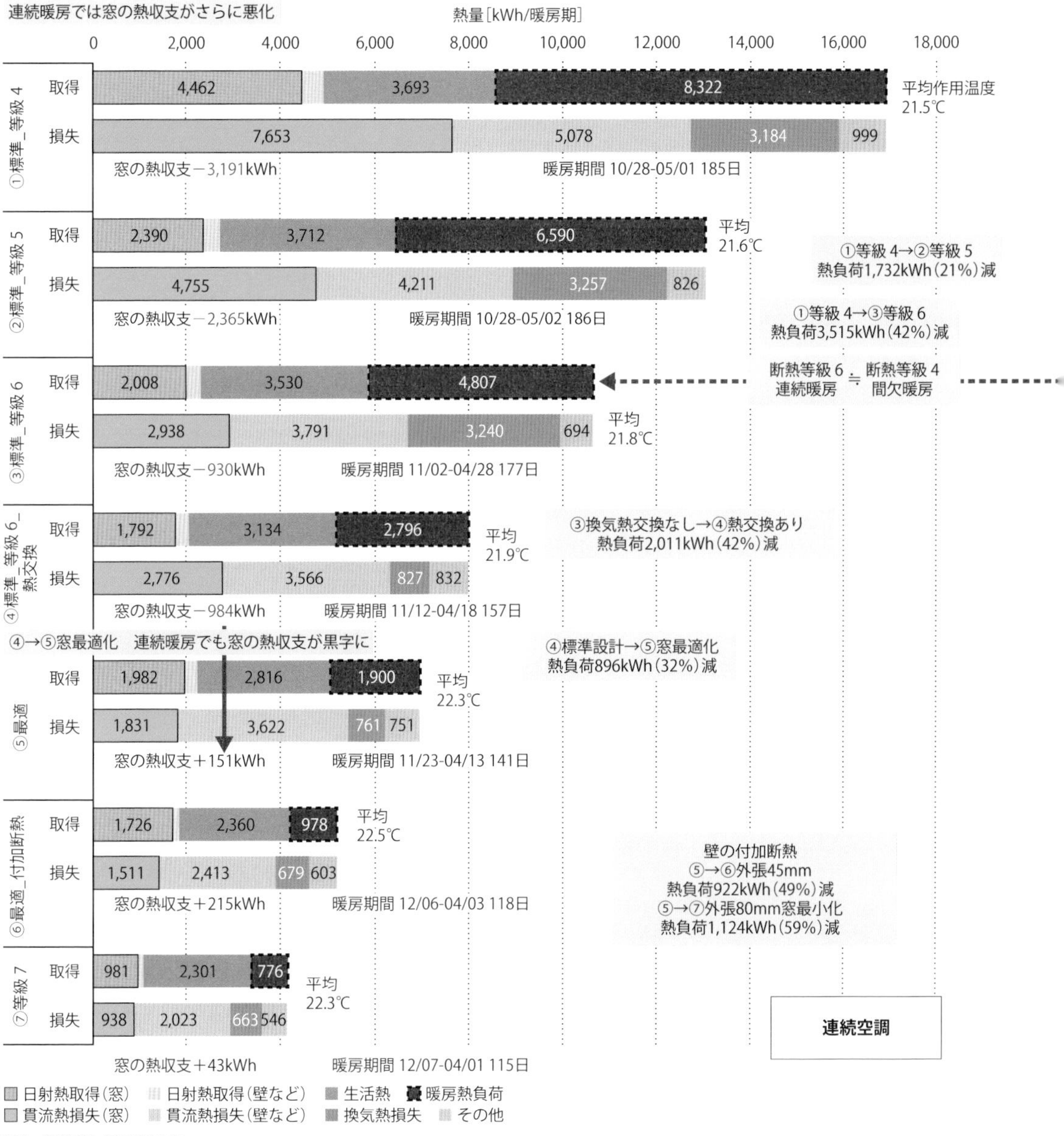

連続暖房では窓の熱収支がさらに悪化

熱量[kWh/暖房期]

ケース		日射熱取得(窓)／貫流熱損失(窓)	日射熱取得(壁など)／貫流熱損失(壁など)	生活熱／換気熱損失	暖房熱負荷／その他	平均作用温度	窓の熱収支	暖房期間
①標準_等級4	取得	4,462		3,693	8,322	21.5℃	窓の熱収支－3,191kWh	暖房期間 10/28-05/01 185日
	損失	7,653	5,078	3,184	999			
②標準_等級5	取得	2,390		3,712	6,590	21.6℃	窓の熱収支－2,365kWh	暖房期間 10/28-05/02 186日
	損失	4,755	4,211	3,257	826			
③標準_等級6	取得	2,008		3,530	4,807	21.8℃	窓の熱収支－930kWh	暖房期間 11/02-04/28 177日
	損失	2,938	3,791	3,240	694			
④標準_等級6_熱交換	取得	1,792		3,134	2,796	21.9℃	窓の熱収支－984kWh	暖房期間 11/12-04/18 157日
	損失	2,776	3,566	827	832			
⑤最適	取得	1,982		2,816	1,900	22.3℃	窓の熱収支＋151kWh	暖房期間 11/23-04/13 141日
	損失	1,831	3,622	761	751			
⑥最適_付加断熱	取得	1,726		2,360	978	22.5℃	窓の熱収支＋215kWh	暖房期間 12/06-04/03 118日
	損失	1,511	2,413	679	603			
⑦等級7	取得	981		2,301	776	22.3℃	窓の熱収支＋43kWh	暖房期間 12/07-04/01 115日
	損失	938	2,023	663	546			

④→⑤窓最適化　連続暖房でも窓の熱収支が黒字に

①等級4→②等級5
熱負荷1,732kWh（21%）減

①等級4→③等級6
熱負荷3,515kWh（42%）減

断熱等級6 連続暖房 ≒ 断熱等級4 間欠暖房

③換気熱交換なし→④熱交換あり
熱負荷2,011kWh（42%）減

④標準設計→⑤窓最適化
熱負荷896kWh（32%）減

壁の付加断熱
⑤→⑥外張45mm
熱負荷922kWh（49%）減
⑤→⑦外張80mm窓最小化
熱負荷1,124kWh（59%）減

連続空調

■日射熱取得（窓）　■日射熱取得（壁など）　■生活熱　■暖房熱負荷
■貫流熱損失（窓）　■貫流熱損失（壁など）　■換気熱損失　■その他

図7　連続暖房時の熱収支

することが目標となります。また、左端の上段は窓の日射熱取得、下段は窓の貫流熱損失であり、この差分が窓の熱収支となります。

標準設計の①等級4→②等級5における、熱負荷の減少は639kWh（13%減）にとどまっていますが、これは窓が複層ガラスから日射遮蔽型Low-Eガラスとなり、貫流熱損失が減少する一方で日射熱取得も減少し、窓の熱収支が大きなマイナスのまま改善していないのが原因です。窓をAPW 330とした③では、熱負荷は①から1,591kWh（33%減）と大きく減少しており、まずは等級6を目指すことの重要性が分かります。U_A値を削減し貫流熱損失を減らした後は、換気熱損失の削減も重要です。換気を③熱交換なし→④熱交換ありとした場合、熱負荷は1,277kWh（40%減）と大きく減少します。

貫流・換気の熱損失を削減したら、次は熱取得の増加も考えましょう。プラン⑤で窓を最適化により、窓の熱損失を大きく減らしつつ、日射熱取得を増やすことで、①～④までずっと赤字だった窓の熱収支が黒字になり、熱負荷も④から664kWh（34%）と大きく減少しました。ここまでで、暖房熱負荷は①4,827kWh→⑤1,295kWhまで4分の1にまで減少し、室温平均も21・2℃と

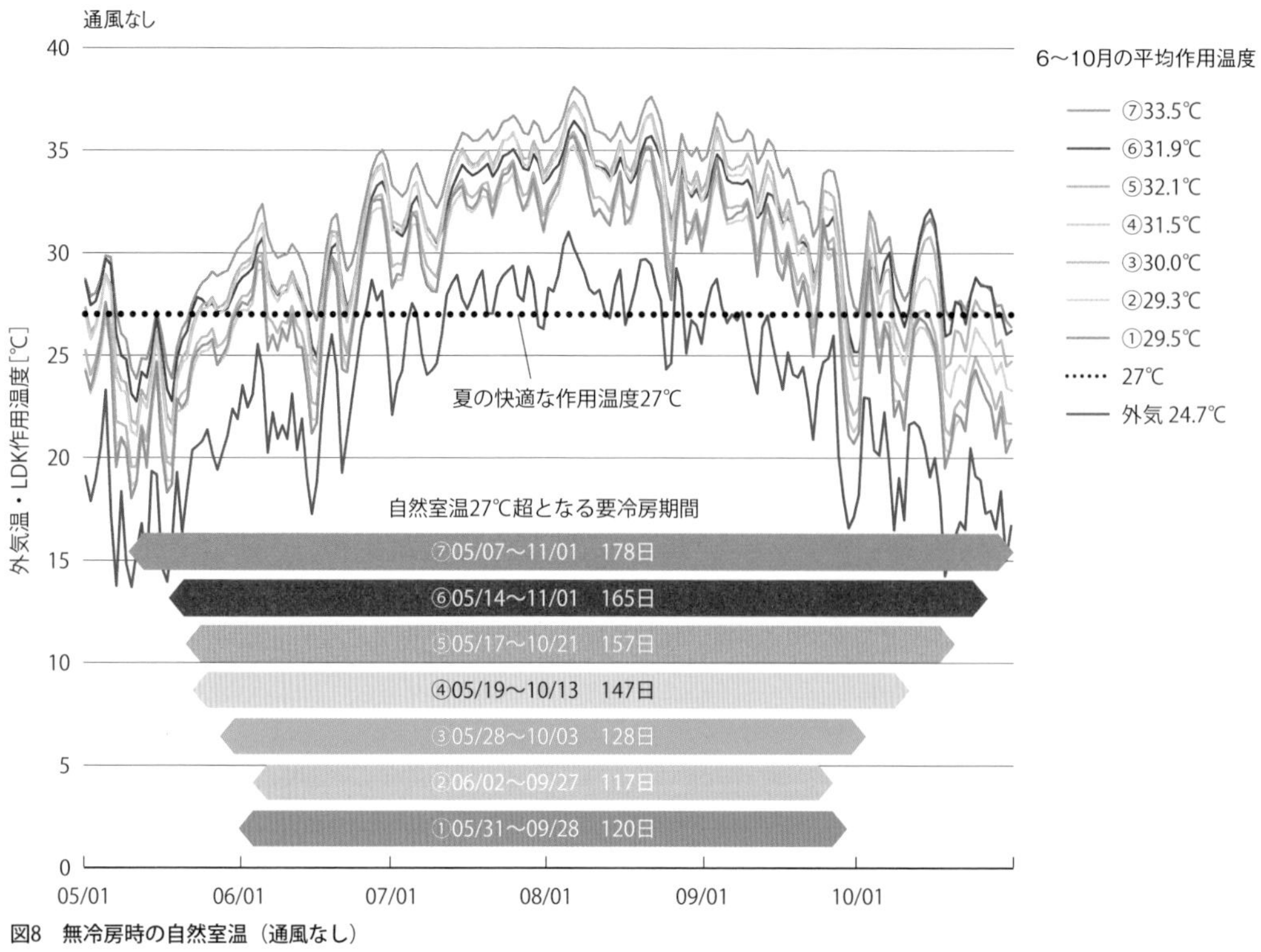

図8　無冷房時の自然室温（通風なし）

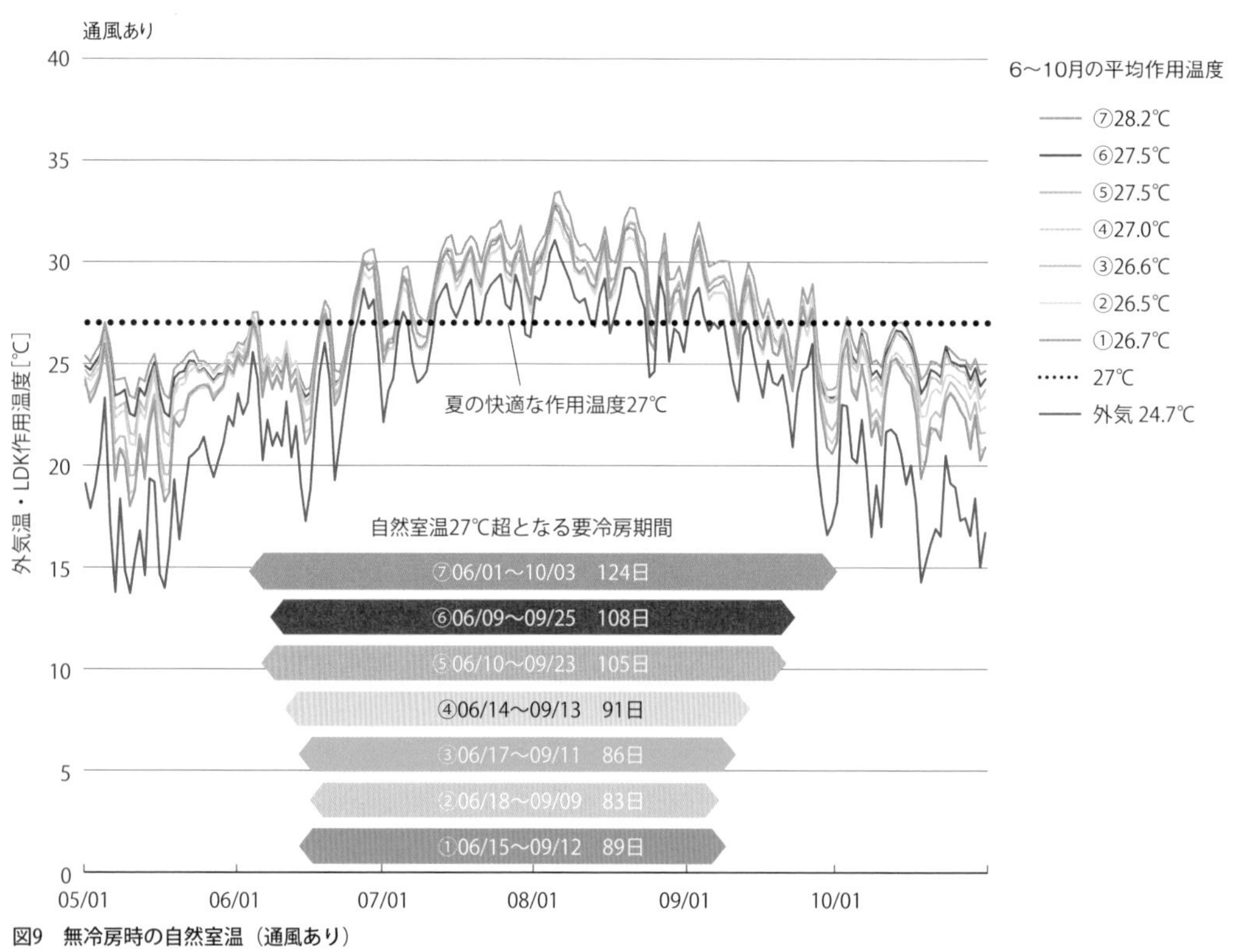

図9　無冷房時の自然室温（通風あり）

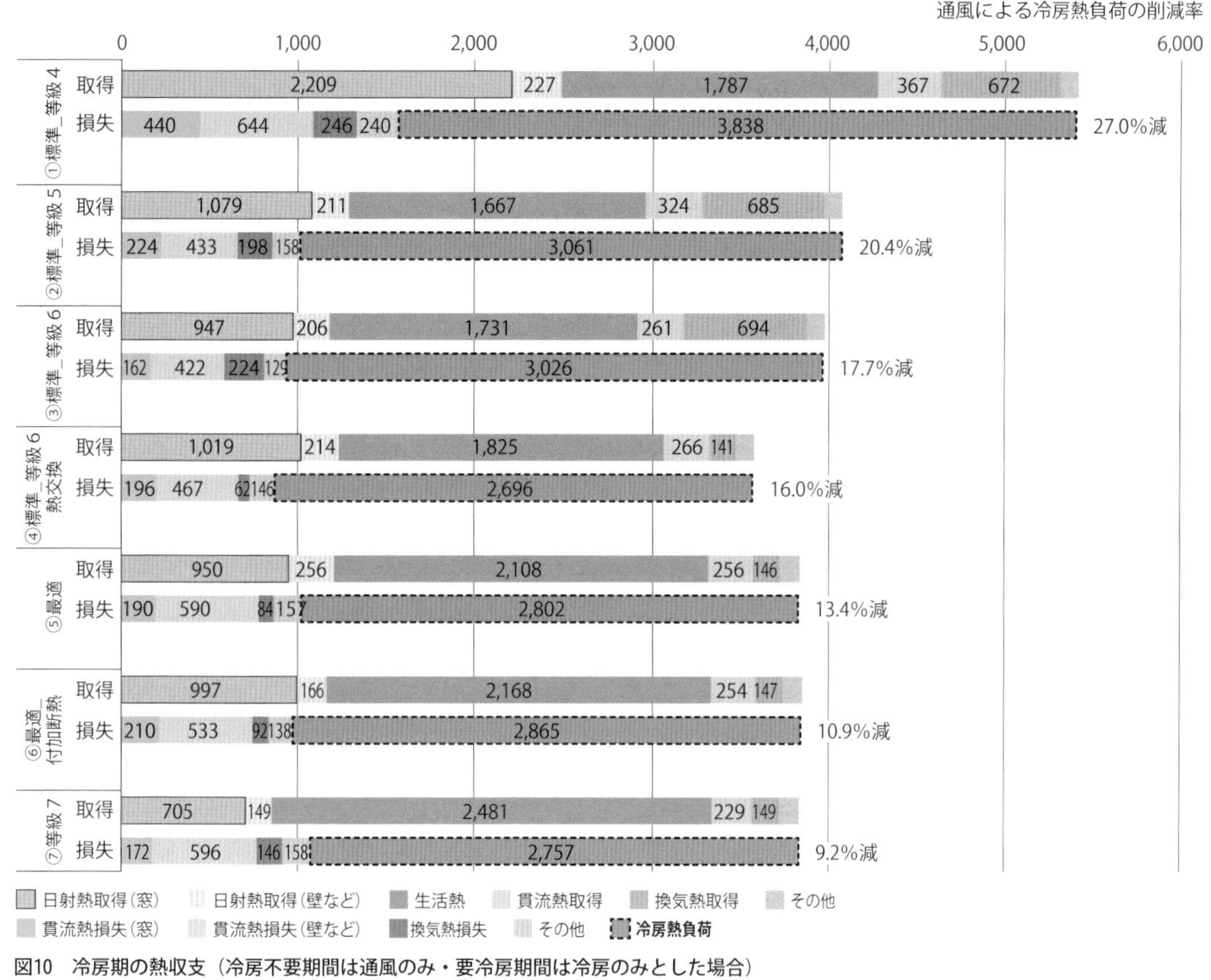

図10　冷房期の熱収支（冷房不要期間は通風のみ・要冷房期間は冷房のみとした場合）

十分に高くなら、まずは十分なレベルといえるでしょう。さらに余裕があれば⑥のように、壁を付加断熱することで、限りなく暖房を必要としない「無暖房住宅」に近づきます。

連続暖房時の熱収支を改善する

図7に、連続暖房時の熱収支を示します。間欠暖房に比べると、室温が終日高めで推移するため熱損失が増加し、暖房熱負荷も大きくなっています。熱負荷の値は、連続暖房の③等級6の4,807kWhと、間欠暖房の①等級4の4,827kWhとで、ほぼ等しくなっています。連続暖房による増エネを防ぐには、断熱等級6の断熱確保がまずは必要なことが分かります。

さらに、換気の熱交換（③→④）で2,011kWh（42％減）、窓の最適化（④→⑤）で896kWh（32％減）となり、暖房熱負荷は①8,322kWhから⑤1,900kWhへと、4分の1にまで減少しました。すべての居室を連続空調しているにもかかわらず、間欠暖房の④より熱負荷は小さいのは驚きです。さらに、壁を付加断熱すれば完璧でしょう。

通風で要冷房期間を短縮する

断熱と窓の最適化で、冬の暖房熱負荷を十分に減らした後は、夏の冷房の削減を検討します。暖房と同様に、**表1**に示すケース①～⑦について、まず冷房を行わない無冷房時の自然室温（一階LDKの作用温度）を検討します。

まず、通風を行わない場合の自然室温の変動と、その値が27℃を超える「要冷房期間」を**図8**に示します。室内には開口部からの日射熱取得、家電や照明などの内部発熱などが多くあり、通風をまったく行わない場合は室内に熱がこもります。そのため、断熱性能を高めるほど自然室温は高くなり（6～10月の平均温度①29・5℃→33・5℃と4℃上昇）、要冷房期間も長く（①120日→⑦178日）なります。

窓開放で通風を行う場合は**図9**に示すように、自然室温が大きく下がり（⑤通風なし32・1℃→⑤通風あり27・5℃と4・6℃低下）、要冷房期間も短く（⑤通風なし157日→⑤通風あり105日で52日短縮）なります。

次に、自然室温が27℃を下まわる冷房不要期間は通風のみ（冷房なし）、27℃以上となる要冷房期間は冷房のみ（通風なし）として、熱収支および冷房熱負荷を**図10**に示します。日射熱取得率が高い複層ガラスの①は、日射熱取得が2,209kWhと特に大きく冷房負

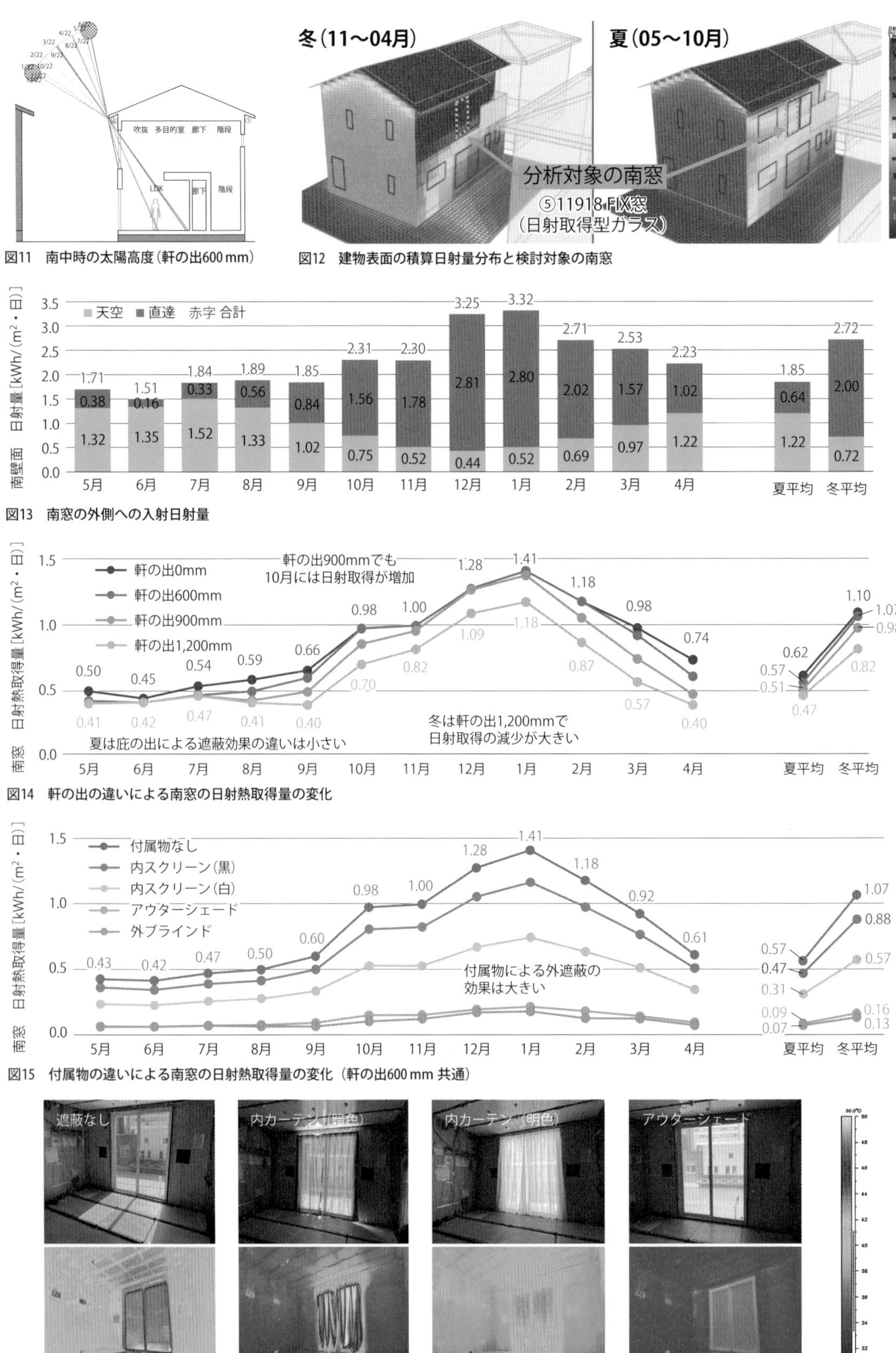

図11 南中時の太陽高度（軒の出600 mm）

図12 建物表面の積算日射量分布と検討対象の南窓

図13 南窓の外側への入射日射量

図14 軒の出の違いによる南窓の日射熱取得量の変化

図15 付属物の違いによる南窓の日射熱取得量の変化（軒の出600 mm 共通）

図16 窓の付属物の違いによる室内温度分布の変化

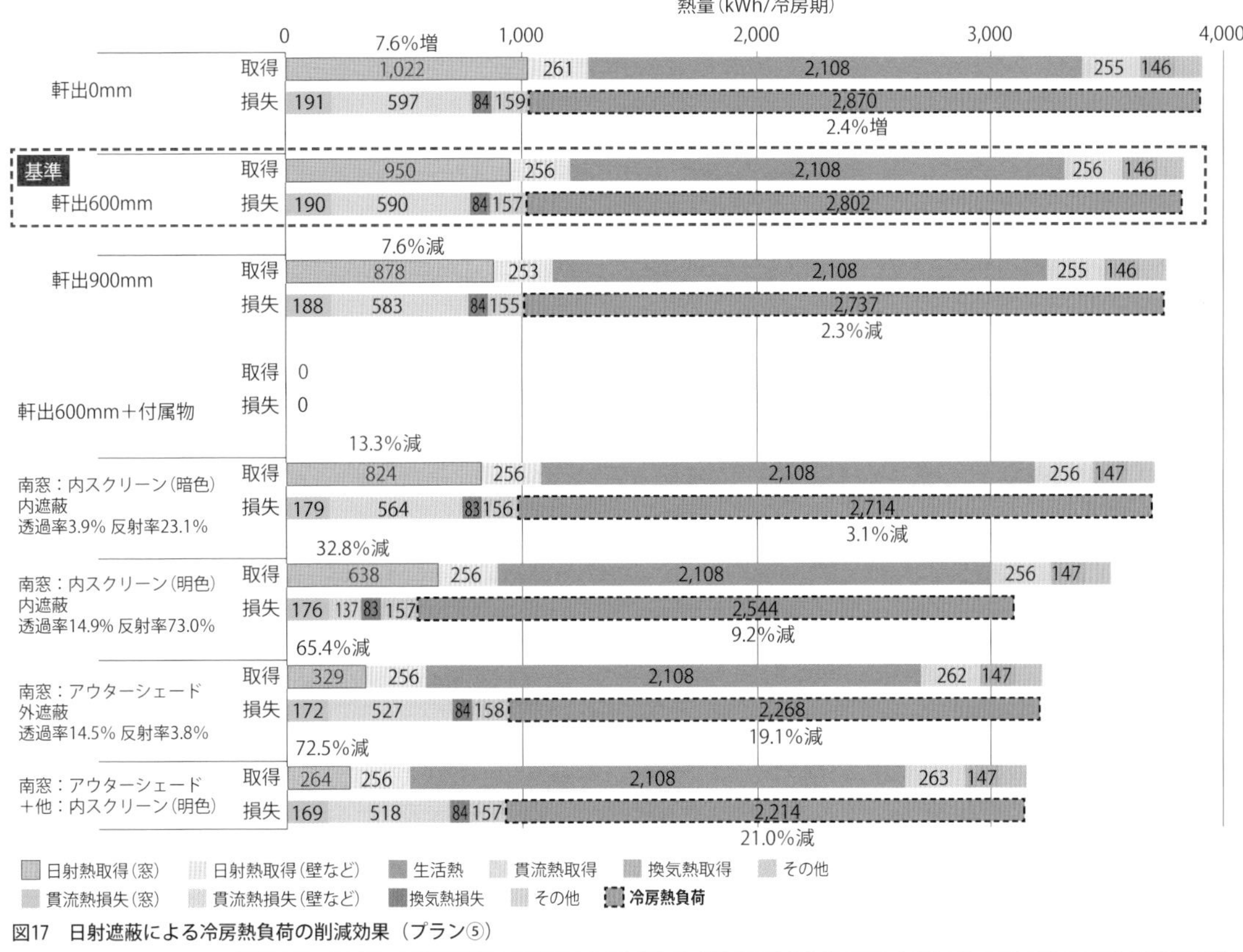

図17　日射遮蔽による冷房熱負荷の削減効果（プラン⑤）

3.838kWhと大きくなっています。一方、日射熱取得率がより小さいＬｏｗ-Ｅガラスの②～⑦については、日射熱取得705～1,079kWh、冷房熱負荷は2,696～3,061kWhと大差ありません。冷房負荷の多くは内部発熱によるため、断熱や熱交換換気の効果が小さいことが分かります。

外気温度が低い中間期に通風して内部発熱を排出することで、要冷房期間は短く（冷房不要期間は長く）なります。ただし、通風による冷房熱負荷の削減効果は9・2～27％に留まっています。通風の利用は要冷房期間の短縮には効果的ですが、冷房熱負荷を大きく減らすことは難しいことが分かります。

日射遮蔽で冷房熱負荷を削減する

冷房の削減では、家電や照明の節電による内部発熱（生活熱）の削減、そして開口部からの日射熱の低減が有効です。「気象データの活用」（54頁）で述べたように、日射熱は太陽の光球からの「直達日射」と、大気に拡散された「天空日射」の二つに大別されます。日射遮蔽というと直達日射だけを検討している場合が見られますが、湿度が高く雲も多い夏期には天空日射の割合が大きく、直達日射と天空日射の両方を考慮した日射遮蔽が重要です。また夏期は、太陽高度は昼間に高くなる一方で、日の出は北東、日の入は北西になります。朝日が当たる東面・夕日が当たる西面には大きな窓はなるべく設けない。設ける場合は、特に注意して日射遮蔽を行う必要があります。

軒・庇の日射遮蔽効果は限定的

日射遮蔽を期待して軒や庇の出を大きくする場合が見られますが、低い角度で直達日射があたる東窓・西窓には効果が限られます。また南窓でも**図11**に示すように、太陽高度が低くなる中間期には日射が浸入してしまいます。

図12の二階南窓について、各月の日射熱取得量を検討します。まず、**図13**に示すように、南窓の外側に入射する日射は、夏は天空・冬は直達がメインです。次に、軒の出による南窓から室内への日射熱取得量の変化を**図14**に示します。軒を出しても天空日射主体の夏の日射熱取得はあまり減らず、夏期（5～10月）平均でも軒の出の影響はわずかです。**図17**の建物全体の熱収支を見ても、冷房負荷の削減効果は限られます。また軒の出900㎜でも10月の日射は十分に防げず、逆に軒の出1,200㎜では冬の日射取得の障害となります。

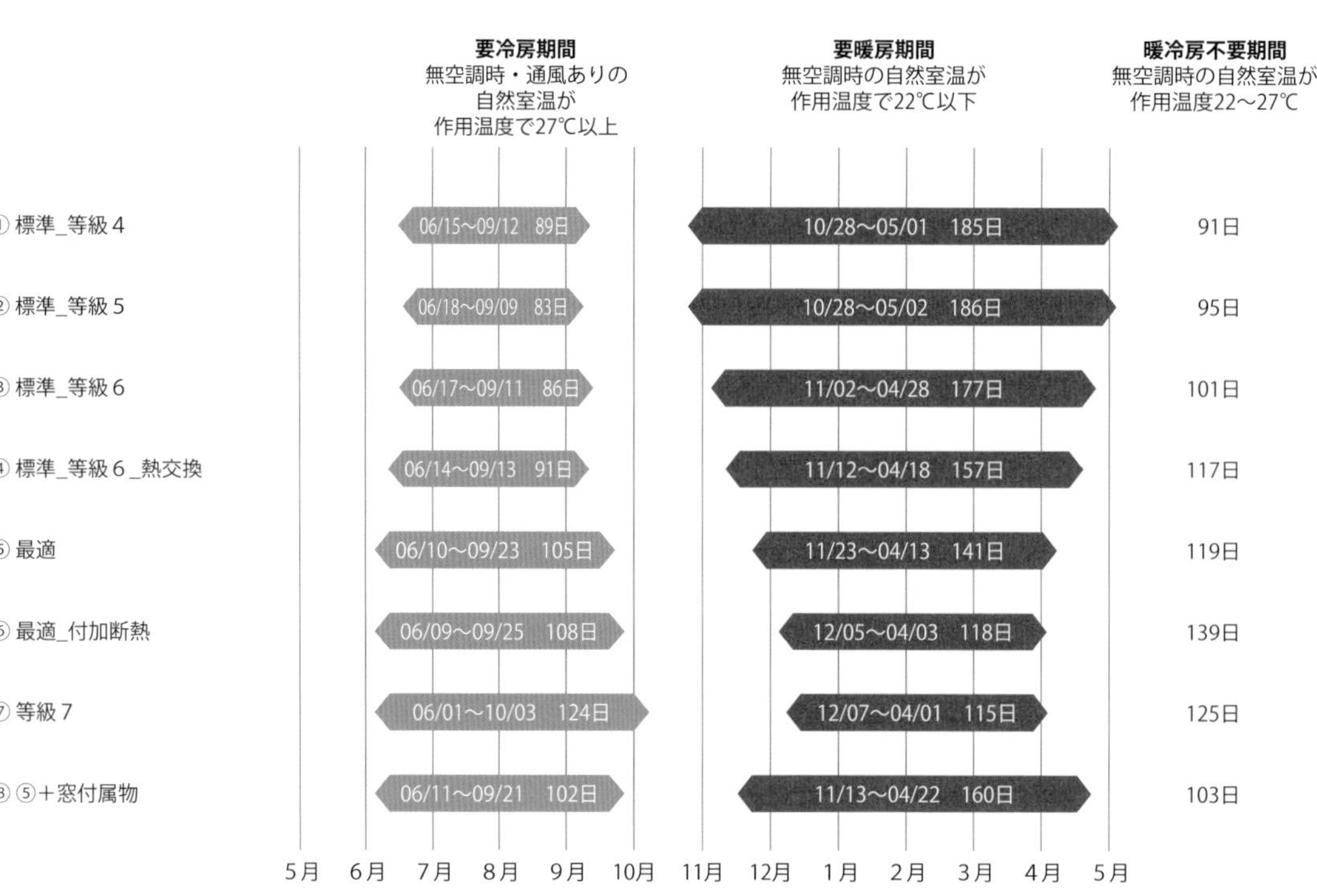

図18　各プランの要冷房期間・要暖房期間と暖冷房不要期間

日射は窓の付属物で制御する

図15に、プラン⑤において付属物をつけた場合の南窓からの日射熱取得量の変化を示します。内スクリーンでは黒色の遮蔽効果はわずかで、白色でも半減まではいかず、内付け付属物の日射遮蔽効果は限られることが分かります。一方、アウターシェードや外ブラインドなどの外付け付属物は、大きな遮蔽効果があることが分かります。図17の建物全体の熱収支を見ても、南窓にアウターシェードを設けた場合には冷房負荷が19・1％減少しています。建築物省エネ法では付属部材は外ブラインドや和障子などわずかな種類しか認められていませんが、実際には付属物の効果は大きく、上手な使い分けが期待されます。

付属物で日射の取得と遮蔽を最適化

窓の付属物は日射制御の能力が大きいとともに、季節や時間帯によって容易に操作ができ、後付けも容易というメリットがあります。夏の昼間は日射遮蔽のために、アウターシェードなどの外付け付属物が有効です。冬の昼は、日射取得を増やすためには付属物がない方がよいのですが、実際にはプライバシー確保なども求められます。その場合は暗色の内カーテンや内スクリーンを用いることで、日射取得を大きく減らすことなく、プライバシー感を確保することが可能です。暗色の内付け付属物は、日射熱を吸収した暖気が窓から天井に移動するため、室内のオーバーヒート抑制にも有効です（図16）。

年間の要暖冷房期間と無空調期間

これまでの検討を通して、各ケースの暖冷房の検討結果を整理します。図18に、「要冷房期間」と「要暖房期間」を示しました。それぞれ、無空調時の自然室温が作用温度で27℃超、22℃未満となる期間です。これを一年の日数365日から差し引いたのが「暖冷房不要期間」になります。各プランには、⑤に窓付属物を追加した⑧も追加しました。⑧は、冬の昼は日射取得をしつつプライバシーを確保するために内スクリーン（黒）、冬の夜は断熱強化のためにハニカムスクリーン、夏の昼は日射遮蔽のためにアウターシェードを用いています。

要暖房期間については、断熱の強化、熱交換換気、窓設計の最適化により、大きく短縮されています。⑧では、プライバシーのための内スクリーン（黒）による日射熱取得の減少のため、⑤より

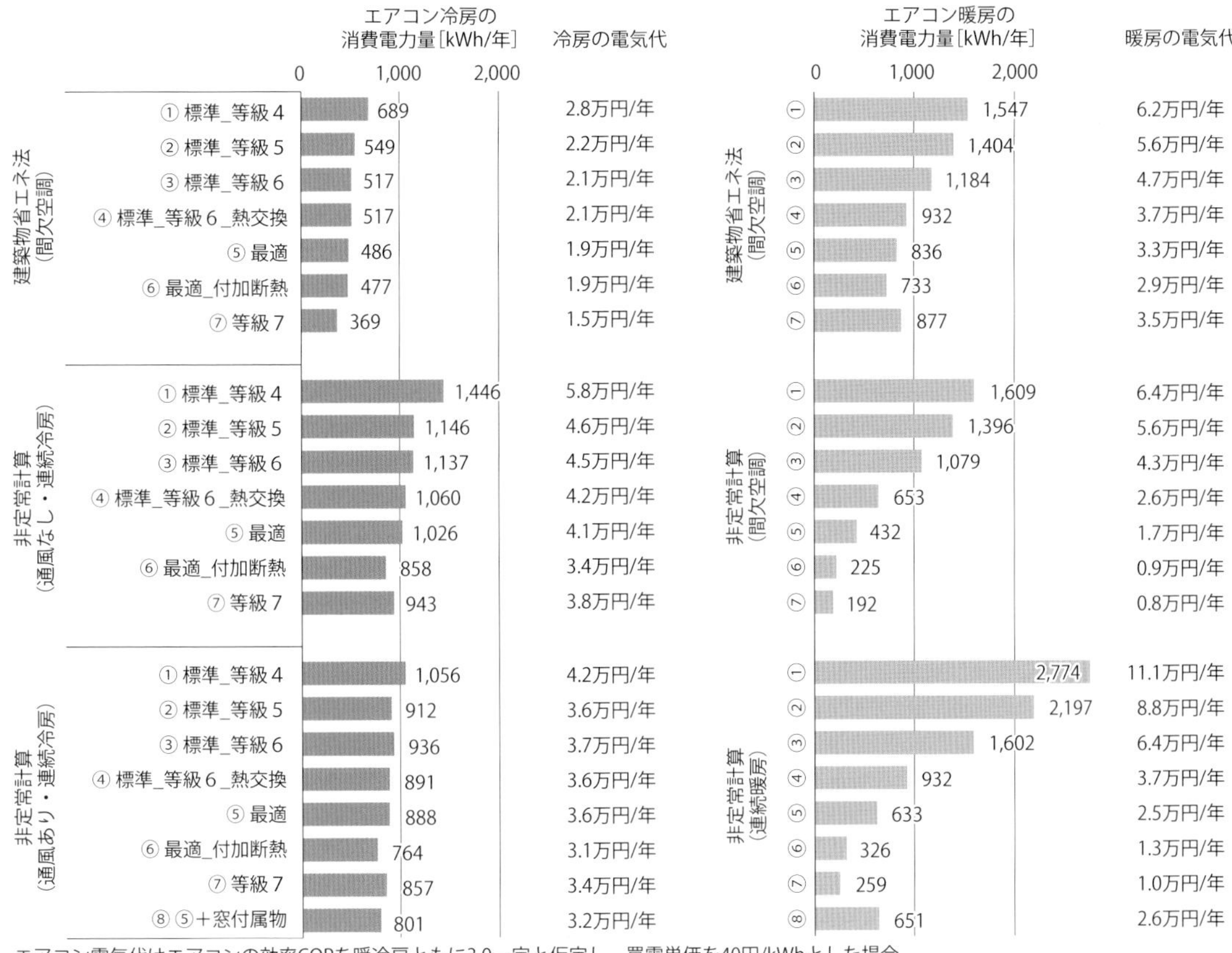

図19　冷房・暖房の消費電力量とエアコンの電気代

19日増えていますが、許容範囲と考えられます。

要冷房期間は、断熱が強化されるに従い、長くなる傾向が見られます。暖冷房不要期間は、今回の検討では⑥が最も長く、冬と夏のバランスがよい設計といえるかもしれません。

熱負荷とエアコン電気代を減らす

最後に、各ケースの暖冷房の消費電力量とエアコンの電気代を**図19**に示しました。エアコンのエネルギー効率は３・０一定、買電単価は40円［kWh］と想定しています。同じ建物条件で、建築物省エネ法における一次エネ計算の結果も併記しました。

暖房については、建築物省エネ法では断熱の効果があまり大きくないとされる一方で、非定常計算ではプラン間の差が明確です。建物の熱損失と熱取得に基づいたパッシブ設計においては、実条件を詳細に考慮できる非定常計算が有効であることが分かります。そして、エアコンを安定した効率で運転することができれば、暖房のエアコン電気代を大きく削減できるため、本稿で取り上げたさまざまな対策は容易に初期コストを回収できます。特に、窓の最適化は追加コストが小さく、経済的な対策として大いに期待できます。

冷房については、非定常解析の結果は建築物省エネ法より大きめで、かつ断熱などの対策の効果が小さくなっています。窓付属物（アウターシェード）により⑧では⑤より若干減っていますが、限定的です。内部発熱の影響が大きい冷房の熱負荷や消費電力量の削減は困難で、太陽光発電の利用なども検討する必要がありそうです。

非定常計算で「温度を整える」設計を

本章では、温熱感と気候の検討を通し、無空調時の自然室温（作用温度）が快適範囲に収まる「暖冷房不要期間」を延長し、かつ暖冷房の熱負荷・消費電力量の削減する手法を検討しました。暖冷房なしで快適に暮らせる期間が長ければ、居住者は建物の性能をダイレクトに感じることができます。暖冷房が必要な時期でも電気代の負担が小さければ安心です。地域の気候・周辺物から建物の日当たり、日射熱取得まで詳細にリアルに検討するためには、非定常計算による詳細検討が欠かせません。非定常計算で「温度を整える」パッシブ設計が普及し、誰もが健康快適な暮らしを電気代の心配なく送れるようになることが期待されます。

内観（フラットタイプ）

南面外観（K棟）

パッシブタウン
第3街区

既存ストックを活用した
省エネ集合住宅モデルの提案

南面外観（J棟）

写真提供：YKK不動産㈱

高性能住宅を実現する実務的な所作

採光・日射熱取得のポイント❸

採光と日射取得で明るく・暖かい空間

【座談会】高性能住宅を実現するためのポイント

神長宏明◎ Raphaeal 設計㈱＋大橋利紀◎ Livearth リヴアース／㈱大橋利紀建築設計室両代表＋
藤村真喜◎スタジオノラ＋前 真之◎東京大学建築学科准教授

座談会は2021年11月26日に行われ、「窓のパッシブデザイン設計法」を前先生（東京大学）と住宅のパッシブ設計を実践されている三名の設計者の皆様が以下の項目を議論しました。

1. 住宅で目指す性能・住空
2. 建築主に伝える事、伝え方
3. 窓でできることは何か

以下に座談会の主要部分を示します。

前――住宅設計に関する経歴と、パッシブ設計に取り組まれているようになった経緯、そして、現在取り組まれていることや重視されていることを、お話しいただければと思います。

大橋――私は、設計事務所と工務店を経営していて、比較的温暖な地域である岐阜・愛知・三重・滋賀の四県を中心に活動しています。

エコハウスを志したのは、2014年にドイツとスイスを視察したことです。ドイツのパッシブハウスや、スイスのミネルギー住宅に衝撃を受け、「日本なりのエコ住宅をつくっていきたい」と考えました。ただ、つくりたいとは言っても、知識や経験が不足していたため、2014年以降の5年間はひたすら勉強の日々でした。また、住宅も性能設計をする時代だと感じていて、今の私たちのコンセプトは、「心地よさの見える化」です。

私たちが考える「心地よさ」とは、①数値化できる心地よさ、②情緒的な心地よさ、③生活のしやすさ、の三つに大別できます。

一つ目の「数値化できる心地よさ」は、耐震や温熱などの性能です。二つ目の「情緒的な心地よさ」は、数値化できない心地よさのことで、「豊かな暮らしの実現」に寄与する心地よさです。三つ目の「生活のしやすさ」は、住宅なので生活のストレスを少しでも軽減することです。また、心地よさとは別に、建物と庭の一体性を大切にしています。

三つの「心地よさ」と「庭との一体性」のバランスを考え、設計をしていますが、パッシブ設計は重要な要素の一つです。温熱や省エネといった性能を数値で見える化できるだけでなく、季節ごとの太陽の動きを知ることで情緒的な心地よさを考えるヒントにもなります。

また、建設地の魅力を最大限に生かすことを常に考えています。例えば、私たちが設計した家を見て「このまま建ててほしい」みたいな話もあります。ただ、そのまま違う敷地にもってくると、成り立たなかったりするわけです。だから、土地の魅力を理解し、それを活かした住宅にしたいと考えています。

神長――私は栃木県を中心に活動していますが、栃木では冬に家の中でダウンを着たり、ニット帽を被っている人が結構います。例えば、12月中旬などの朝と夜は5地域である宇都宮や2・3地域である日光では、気温が1℃程度しか変わらないことがあります。また、同日時の札幌ではマイナス2℃、函館は0℃で、栃木県とほとんど変わらないんですね。なので、瞬間的な寒さはすごく重要だと考えています。

私も中学生のときから、「何で冬はこんなに家の中が寒いんだろう?」と疑問をもっていて、「将来、寒冷建築を取り入れた住宅設計がしたい」という想いで、北海道の道都大学に進学しました。

大学卒業後は、設計事務所に就職しました。ただ新築・改修を問わず、中大規模建物に携わることが多く、住宅の設計は未経験でした。その後、あるきっかけで住宅設計の相談があり、独立することを決めました。

独立後、初の仕事だったこともあり、相談できる方も少なかったのですが、会社の先輩で付加断熱の家を建てた人がいて、工務店を紹介していただいて、施工を依頼しました。施工をしてもらう中で、「施工方法はこれでいいんだろうか?」といった疑問を持ったので、自分で調べているうちに性能設計とか断熱設計がどういうものかとか、新住協（新木造住宅技術研究協議会）を知りました。その後竣工した建物でも、お客さんには大変満足いただいています。

現在の取組みでいうと、「室温設計」という考えを大切にしています。例えば、「U_A値は0・47だけど、全然暖かくない」というのが起こりうるわけです。実際に競合他社との比較で、そのときは新住協でやっている「高性能グラスウール16Kの105㎜を内と外にやる付加断熱、そして熱交換をやった場合、このくらい変わりますよ」という話をして…。南面は全部、日射取得のための窓ですが外付けブラインドを付けると、これは原価で約80万円、カーテンも80万円程度、「日射遮蔽のためにこれだけのお金が必要なのかな?」と考えながら、いまに至っています。

だから、実務をやりながら「省エネ住宅が必要だな」と感じたというよりは、元々「栃木県で暖かい家を建てたい」という想いがあって、独立後一作目から付加断熱の設計をやってみて、お客さんには喜ばれているけど、新住協ですごい家というのを体感していると、もっと上を目指したいという感じですね。

前——独立後の最初の作品から、上手く設計・施工できたのですか?

神長——そうですね。自分がやろうとした工法というよりは、メーカー仕様の付加断熱工法で、工務店さん任せなところもあったんですけど。

前——次に、藤村さん、お願いします。

藤村——大学時代に野沢正光さんが非常勤で来ていて、聴竹居に関する設計課題でしたが、空気の流れや環境的な工夫の話を聞いて、「意匠だけでなく、快適な環境を生み出すための工夫や仕掛けも、統合的に考えるのが建築の設計だとしたらおもしろいな」と感じたのが、パッシブ設計に興味をもったきっかけです。その後、野沢正光建築工房に就職しました。

また、野沢事務所にいたときに全寮制の学校建築を担当した経験も大きかったと思います。その学校は冬になったら、直床が結露で水がたまるくらい寒い環境でした。また、全寮制ということもあり、校舎は生徒や先生が生活する場所でもありました。学校のプロジェクトにかかわる中で、みんなが居心地よく生活できる環境の大切さを改めて実感しました。

現在の活動は、意匠設計だけでなく、意匠設計者と一緒に設計初期から環境的な側面を整えていくという、環境設計もさせてもらっています。意匠設計者の中には性能を高めることで意匠性を損なうのではないか、と拒否反応を示される方がいまでもいると思います。でも、それでは快適性や健康的な環境にならないので、クライアントが居心地よく生活できて、デザインもいい建築をつくることが、この仕事にかかわっている者の責任でもあると考えています。

前——野沢先生は、どういう感じで環境や構造の設計を進めるのですか。

藤村——野沢さんは設計の初期段階から、構造設計者や設備設計者と協働して「互いの懐に手をつっこむ」と言っていましたが、構造や設備のシステムや工夫と意匠の見え方を話し合いながら設計していくという感じです。なので「超高断熱だからいい」というよりは、意匠や構造性能・環境性能など、トータルで考えるというスタンスだと思います。

前——大橋さんからは「心地よさの見える化」、神長さんから「室温設計」、藤村さんからは「クライアントの心地よさ」と、キーワードが出てきました。ここから、少し深堀できればと思います。

まず、大橋さんに聞きたいのですが、四つの指標をバランスよく具現化していくポイントはありますか。

大橋——例えば、「天竜の家」は自然が豊かな土地に建っている平屋です。建物自体はほぼ南に向いていて、開口部の横幅は約3・3m、高さが約1・9mで、庇が2mほど出ています。パッシブ設計のみで考えると、庇は出過ぎですね。日射的にはもう少し短いほうが冬場の日射がより入るし、夏場もここまで出さなくても日射は入ってこない。この外でも中でもない、中間的領域の魅力も活かすという意味で大きめに庇を出しています。ここは意匠と性能の両立という意味で、パッシブファーストになりすぎないバランスを取っています。

あとは、施主の要望もあります。「大真屋の家」は、半分住宅で半分事務所という構成です。南面に二階建の家が隣接していたこともあり、計画当初は南側に駐車場をつくり、南に開く家を提案しました。ただ、南側の道路が狭いこともあり、駐車のしやすさを優先したいという施主の要望を受けて、東向きの家としました。なので、南窓はほとんど日射取得してないですが、断熱を強化することで暖房負荷が小さくなるよう設計しています。設計は、優先順位を考えながら組立てていく。パッシブ設計も大切ですが、多様な要素を総合的に扱うのが設計だと思っています。

前——健康快適な室温と省エネを確保したうえで、バランスのとれた設計は大事ですね。

次に、神長さんに先ほどの「室温設計」をもう少し教えてもらえますか?

神長——省エネ住宅設計では、想定した外皮平均熱貫流率U_A値に納まるように、断熱材の種類や厚みを選択してい

図1　天竜の家の広縁と庭のつながり

図2　天竜の家の居間と通り間

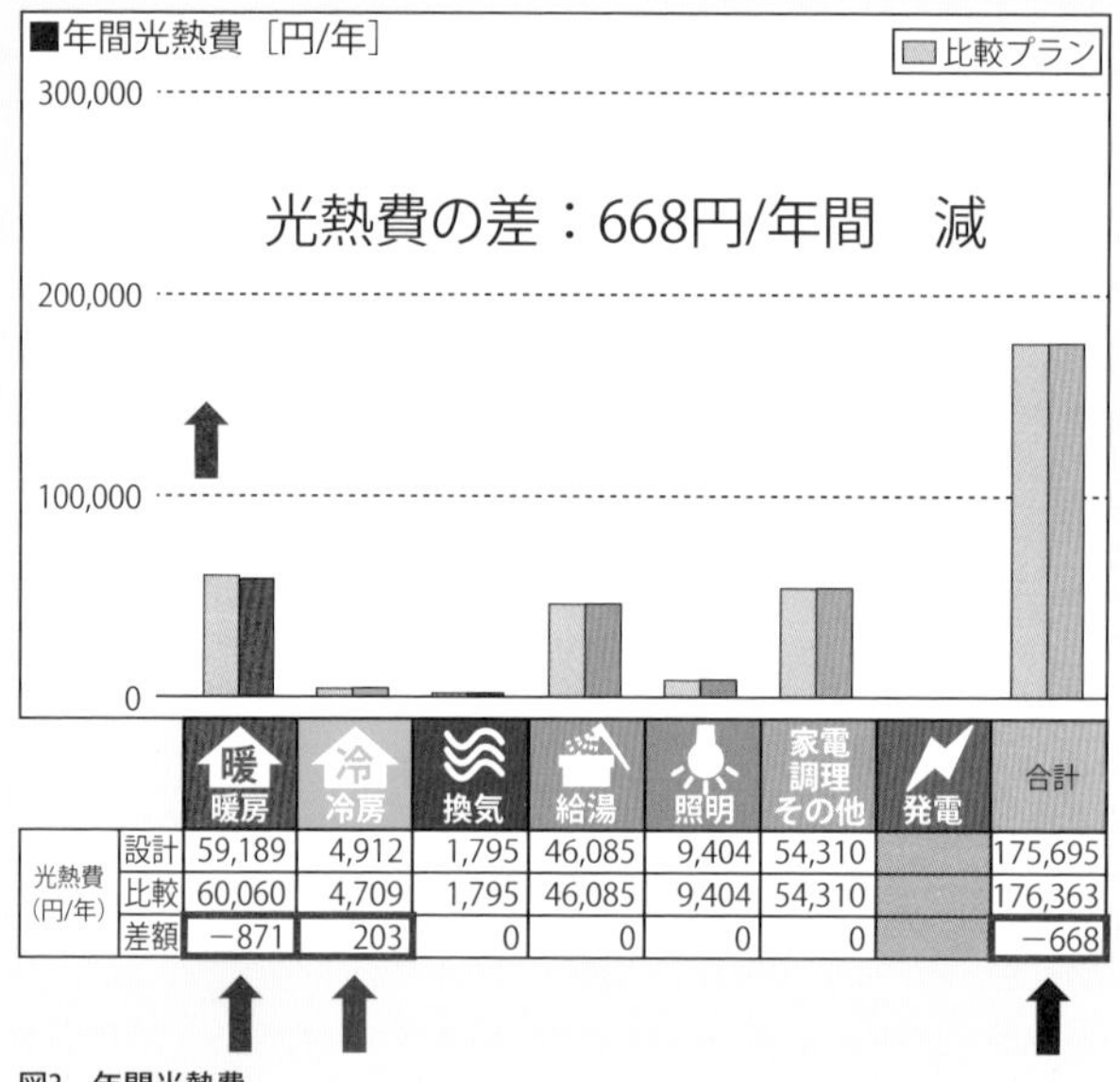

光熱費(円/年)		暖房	冷房	換気	給湯	照明	家電調理その他	発電	合計
	設計	59,189	4,912	1,795	46,085	9,404	54,310		175,695
	比較	60,060	4,709	1,795	46,085	9,404	54,310		176,363
	差額	−871	203	0	0	0	0		−668

図3　年間光熱費

暖房負荷　減　3.1kWh/m^2　＋　冷房負荷　増　0.4kWh/m^2　＝　年間暖冷房負荷　減　2.7kWh/m^2

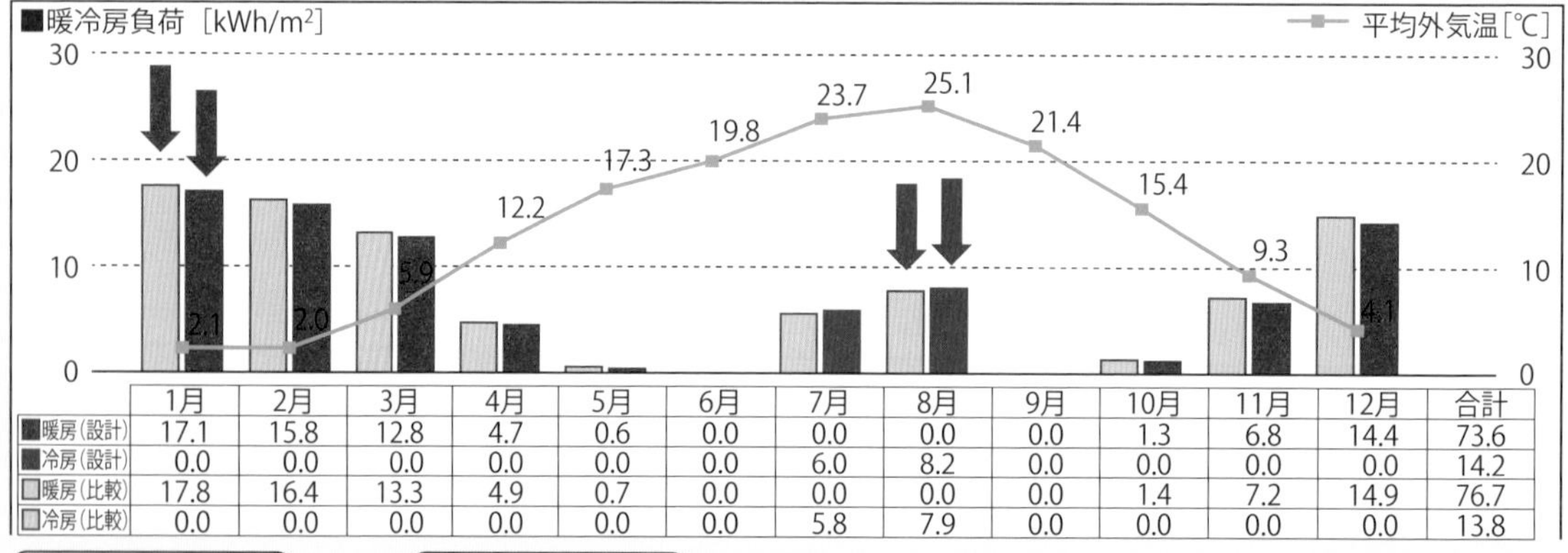

	1月	2月	3月	4月	5月	6月	7月	8月	9月	10月	11月	12月	合計
暖房(設計)	17.1	15.8	12.8	4.7	0.6	0.0	0.0	0.0	0.0	1.3	6.8	14.4	73.6
冷房(設計)	0.0	0.0	0.0	0.0	0.0	0.0	6.0	8.2	0.0	0.0	0.0	0.0	14.2
暖房(比較)	17.8	16.4	13.3	4.9	0.7	0.0	0.0	0.0	0.0	1.4	7.2	14.9	76.7
冷房(比較)	0.0	0.0	0.0	0.0	0.0	0.0	5.8	7.9	0.0	0.0	0.0	0.0	13.8

U_A値：0.46W/m^{2}K
q値：160.4W/K
η_{AC}値：1.2
η_{AH}値：1.8

▶

U_A値：0.48W/m^{2}K
q値：167.74W/K
η_{AC}値：1.3
η_{AH}値：2.1

図4　暖冷房負荷［kWh/m^2］

COLUMN 2

住宅設計における「窓」の役割と価値

大橋利紀◎Livearthリヴアース／㈱大橋利紀建築設計室両代表

住宅設計における窓の役割

魅力ある住宅をつくるうえで「窓」の役割は大きいと考えています。「窓」の位置や大きさを設定するための検討要素は多岐にわたりますが、単純化すると「光・風・景色・熱・音」の五要素になります。窓の設計とは、「この五つの要素を季節と時間ごとに、どのぐらい入れ、どのぐらい遮るか?」を規定することです。五要素の中にもさらに多くの要素が含まれ、それぞれが複雑に関わり合っています。設計者が何に重きを置くかで選択する手法も結果も大きく変わります。

2種類の快適性

パッシブ設計において、冬期の窓からの日射熱取得は大切な要素の一つです。特に冬期晴天日の南側窓からの日射熱は暖房器具と呼べる程の熱を取得可能です。逆に夏期の日射熱は、建物室温を上昇させるため、しっかりと日射遮蔽をし、防ぐ必要があります。この日射熱取得と日射遮蔽の二つの物差しで示すことのできる「性能的快適性」に、もう一つ物差しを加えて設計することで暮らしの豊かさが増します。その物差しは「情緒的快適性」で、この物差しは定量的ではないため、好みは住まい手によって異なり、絶対的な正解はないとも言えます。住まいの価値は、「性能的快適性」と「情緒的快適性」の両輪によって決定されると考えます。

【2種類の快適性】

①性能的快適性＝定量評価し、解りやすく視覚化する

・共通言語＝数字を活用し誰もが理解しやすい物差しで語る

・「結果の建築主との共有化」へと向かう

②情緒的快適性＝数値化できない価値を追求する

・誰もが理解できるわけではないが、ハマる人には特別な価値をもつ

・「日々繰り替えす、日常が特別になる住まい」へと向かう

実例―天竜の家

天竜の家は南側にフルオープンにできる木製窓（w 3.3 m、h 1.9 m）を配置し、外に2 mの軒の架かるウッドデッキ空間を設けています。日射遮蔽に有効な庇の出＝0.3h（h：窓下端と庇との高低差）とされ、冬期の日射取得を考慮すると今回の場合の軒の出は、0.3×1.9＝0.57 mが日射遮蔽と日射熱取得を考慮したバランスのよい軒の出ということになります。しかし、この設計ではそれよりも3.5倍も大きな2 mの庇を設置しています。これは、南の庭と室内をつなぐ庇のある豊かな中間領域の価値を求めたことにあります。

「設計とは、ある理念や哲学に則って、さまざまな要素を合理的に検討し形にしていく作業である」と考えます。複雑な世界の中で、出来るだけ多くの物事にフォーカスをしながら総合的につくり上げることが大切です。

日射取得∩日射遮蔽∩情緒性の多元的解決

かつては「夏を旨とした」の時代があり、その後「冬を旨とする」現在があります。世界的な気候変動もあり中間期が短くなり夏と冬が長期化し、猛暑日の急増という現在の状況に合わせて、「夏と冬を総合的に判断するパッシブ設計」が求められています。シミュレーションにより「性能的快適性」を適切に設定し、共有化によりベースとなる性能を確保したうえで、「情緒的快適性」を追求した総合的な設計をすることで質の高い暮らしを送ることができると考えます。

くのが一般的だと思います。例えばHEAT20のG2レベルのU_A値で設計するわけですが、肝心なのは「本当に暖かくなるのか？」ということです。いわゆるU_A値競争で省エネ住宅をつくった気分にならないことが大切です。QPEXやホームズ君といったツールで室温を予測し、壁等の断熱構成とか開口部仕様を設計者が決定することが理想ですね。

私の設計における一番の目的は「冬の朝、無暖房時の自然室温を18℃以上に保つ」ことです。さらにホームズ君の計算で、年間の暖冷房費が1万円台になるように整えていきます。また、窓配置が日射取得にどの程度の影響を与えるかとか、どの面に窓を設置するか、Low-Eの何タイプを選定すべきかも含めて、QPEXではスピーディに、暖冷房負荷のエネルギー消費量を算出できるので初期検討で重宝しています。

あと適当な家をつくって、「ここの窓が小さくなったら、何℃分くらい影響あるのか」とか、「ここの窓を減らしたら、暖冷房費はどう変化するのか」というのも把握し、設計していた時期もあります。経験を積めば、室温の予想ができるようになってくるので、効率良く暖かい家を設計できるようになります。

また、実測をして計算との比較を行

います。これは施工終盤にやることが多いですが、現場の状況とシミュレーションの条件を揃えて実測することで、実際に住んだときも概ねシミュレーション結果のとおりの性能が発揮できます。

例えば、窓を閉め切った状態でどのくらい室温が上がるかとか、梅雨時期外気温が27℃くらいのときの無冷房室温とか、内外温度差がどれくらいあるかなど、実測を基に検証していきます。竣工後も、独自の空調システムの風量が設計どおりに出ているかとか、吸い込みがちゃんとできているかとか、多様な尺度でシミュレーションの値と実際の値の比較をしています。

前――設計時のシミュレーションだけでなく、建った後の検証もしっかりやっているのは素晴らしいですね。実際の設計では、断熱仕様とか窓のレイアウトはある程度似てくるものですか?

神長――窓のレイアウトでいうと、居住者がカーテンを閉めるかどうか、眺望を望みたいか、視線を気にするか、照明なしでどのくらいの明るさを望むのか、窓を開けたいか、など考慮するべき項目がたくさんあって多様ですね。

断熱仕様は、ある程度は似たものになりますが、敷地条件によっては、例えば付加断熱側をネオマフォームの60㎜にするとか、自分でシミュレーションして温度や電気代の結果を得て、そこから選択という感じですかね。

前――藤村さんは、環境エンジニアとして相談を受けることも多いと思いますが、どんな相談がよくありますか。

藤村――環境の整え方はもちろんですが、シミュレーションに関する相談が多いですね。専用ソフトを使った検討自体が、設計者にはハードルが高い部分もあるということだと思います。また、シミュレーションで変化を見ていくのはおもしろい反面、一般の人に伝えるのは難しいなと…。なので、シミュレーションの結果を建築主と共有する意味で、伝え方も大切だと考えています。例えば、ホームズ君はビジュアル的にわかりやすいですが、敷地の特性や設計の意図を踏まえたうえで、プロジェクトによって温度で見せた方がよいか、体感温度で見せた方がよいかなど、場合によって見せ方を変えて設計者や建築主に直接お伝えすることもあります。

また、先ほどの車のとめやすさだったり、バッファ空間をつくったりという話もそうですが、建築主がどういう暮らしをしたいのか、をよく理解することを心掛けています。その要望と敷地などの条件を鑑みながら、どこに窓が配置できて、壁が有利であれば壁にするし、景色や日当たりで窓にした方がいい場合は窓にするみたいなところで、シミュレーションを活用してもらう。私の役目は、建築主と設計者の落としどころを見つける作業かなと思っています。

あとは、ヒアリングなどを通して建築主にも、環境性能について少しでも興味を持ってもらえるように努力しています。それは、生活の中で建築主が日射を取り入れたら暖かいとか、洗濯物がよく乾くといった、小さな気づきを拡げていくことで、パッシブ設計が一般化して、世の中が明るくなればいいですよね。

前――施主に興味を持ってもらうのはすごく重要ですよね。そのために、シミュレーションを見せながら上手に説明することが大切ですね。

ここからは、顧客への説明方法というか、高性能住宅の付加価値を認識してもらうための方法やコツについてお話をいただければと思います。

施主に興味をもってもらうことは重要で、適切にフレーミングして説明することが大切です。シミュレーションには設計で狙っているところを改善する面もあるけど、想定外の低温や高温などの不都合に気付くために回す意味もあるのかな、という印象を持っています。

大橋――当社の顧客層は、30~40代と50~60代がボリュームゾーンです。また、環境配慮や住宅の性能に関してある程度のリテラシーを有する方が多い印象です。なので、論理的に説明すれば理解を得られる場合が多いですね。

また、見学会などで、私たちのつくった住宅を体験・体感してもらうことを一番大切にしています。口頭説明も重要ですが、表面温度によってどのように室温が変化するのかとか、そもそも快適な室温とは、といった話は体感してもらうのが一番早い。そのうえで、デザインと性能の両方から提案・説明していく感じですね。

説明内容は個別の違いはあるにせよ、「どのくらいの範囲で室温が納まるのか?」という表現で説明します。つまり、快適領域を何℃にするか? ということですが、私は「16~28℃の自然室温が目標です」とお伝えしています。当然ですが、16℃は暖かくないので、足りない分はエアコンで補って、付加断熱しない場合だと、月の光熱費が3万円くらいとお伝えします。あとは施主との相談で「もっと温度を上げてほしい」という方は、より日射取得を重視したパッシブ設計にしますし、日射取得が全然できない敷地では、自然室温は上がりにくいので、断熱の強化で快適な温度域を保ちましょうなど、個別に検討していく流れです。

また、以前は「U_A値はどのくらいですか？」という質問が多かったですが、最近では「U_A値は断熱性能の指標であって、暖かさの指標ではない」ということを理解されている方も多い印象ですね。

前——以前は、とりあえず話を聞きに来たみたいな方も多かったですか？

大橋——そうですね。なので、温熱講座みたいなことをやっていた時期もありました。ただ「暖かいことは、すごい価値なんですよ」と説得しても、「寒くてもいい」とか「暖かいと逆に体が弱くなる」みたいな意見はずっとあって…。それが、見学会で体感してもらうと、印象がガラッと変わり、お話もしやすくなります。

前——相談に来られる方は、そんなに自然室温とかに関心がありますか？

大橋——理解の程度は別としても、関心がある方は増えていますね。また、見学会で「室温が23～24℃で、表面温度が23℃なので、床暖房が入っているかのような暖かさですよ」と説明すると、「ああ、そうか」ということで、23℃とか24℃という室温を実感してもらって、そのときの感覚を基にお話しすると伝わりやすいですね。

前——自然室温に関しては、体験に加えてどんな説明をしていますか？

大橋——ホームズ君には、夏冬の自然室温がバー表示される機能があります。それが年間の全体像を把握する意味でわかりやすいので、それを見ながら説明します。

前——手掛ける全住宅で自然室温と、温度ごとの積算時間みたいなものを出して、大概は16～28℃になっている？

大橋——そうですね。日射取得が全然ない敷地の場合は、「納まらないので…」という話をさせてもらいます。

前——その場合は「断熱を強化して、暖房費が少なくなります」みたいな感じですかね。自然室温があって、それがちょっと厳しい場合は断熱強化で暖房費が安いということを見せると……。

大橋——そういうことです。

前——温度で理解できる方が、増えてきたのはすごいですね。次に全世界で重視されるようになってきた脱炭素への関心についても一言いただけますか。

大橋——脱炭素は、時代を経て変化してきましたよね。2014年に「低炭素社会を目指した家づくり」という話を意識的にしていました。そのときは「そうだね」くらいの反応で…。ただ、最近は国家的に脱炭素に取組むという強力なメッセージもあり、「脱炭素社会の実現は必須」という共通認識みたいなものが、一般の方にも拡がっている印象があります。実際にお客様に説明しても「うん、うん」と話を聞いていただけます。そのために「パッシブ設計と高断熱化、省エネは大事だけれども、それだけではエネルギー消費はマイナスにはならないので、太陽光発電でエネルギーをつくり出す必要がある」と伝えています。以前は「太陽光発電は要らない」という方が多かったですが、最近は、「脱炭素に役立ち、初期投資が10年くらいで回収できるのであれば載せたい」と言われる方が増えています。当社では新築される方で3分の2、リノベーションする方でも半分くらい、太陽光発電を載せることで、ゼロエネもしくはマイナスエネルギーの住宅になってますね。

前——本当に施主のレベルが上がってきて、雰囲気もよくなってきていることは、すばらしいですね。

　引き続き、神長さんにお願いします。

神長——ご相談をいただく方々は多様なので、傾向を聞かれると困りますが、最初に相談を受けたときは、性能に関してお話をする場合が多いですね。

　例えば、栃木の寒さを理解してもらうために「栃木県の冬の死亡率は日本一」とか「栃木県の冬の外気温度は0℃」みたいな話から始めます。ここで相談者は「マジっすか…」となるわけです。温熱の知識がない方もいるため、具体的な外気温とかデータを使ってイメージしやすい説明を心掛けています。また、性能値の異なる住宅を比較して、理解を深めてもらうみたいなこともやります。例えば、U_A値が0・32と0・55の住宅を比較して、0・55のハウスメーカーのZEHは、自然室温を計算してみると寒いですよとか。あとは、サーモ画像などを見せながら低気密・低断熱の家では「冷気のシャワーを浴びることになりますよ」と、性能の高い家だと「温度ムラがないのでほぼ一色になります」みたいな話もします。

　あとは、誤解をほぐしてあげることですね。例えば、「エアコンをたくさん設置すれば家は暖かい」という人には、「それだけエアコンが必要な家にしかならないですよ」と説明したり、「高断熱仕様にしておけばOK」という人には、シミュレーションを見せながら、「無暖房では室温は上がりませんよ」みたいな説明もします。

　もちろん、見学会で体験もしてもらったりしますが、データや解析、実体験といったさまざまな方法で説明をしているのが実態です。結果的には、お客様からは満足をいただく声が多いのはうれしい限りです。

前——顧客の傾向は多様とのことですが、例えば、家づくりに対して、旦那さんが積極的、または、奥さんが積極的といった違いで説明方法とか伝え方は

ていたけど、無暖房のままで室温20℃台だったのにビックリしたと同時に、本当にシミュレーションどおりでさらに驚いた」という話です。

これは、「日射取得」によって熱を取り込み、「断熱（付加断熱）」によって外気温に影響されにくく熱も逃げにくくなり、「気密」によって無暖房だとしても「熱交換換気」などによって設計どおりに空気が家じゅう循環させることが実現でき、結果として1日以上にわたって家が「保温」されていたということです。

吹抜に面する五つの窓がメインの日射取得の窓として機能しています。他はカーテンなどで「日射遮蔽」がされていても、先ほどの話の保温性が実現できます。

さらに、私が行っている空調システム（空気を押して各室で引張り、エアコンで強制除湿をさせる）を夏に行うと、断熱がしっかりされているのでエアコン設定温度－2～4℃になって「若干寒い」ということが起きてしまいますが、日射取得をあえてすることで、自然の再熱除湿ができていたといった実測結果から夏に日射取得をさせる窓の在り方に対して生まれた考え方です。

①日射取得させる窓を（屋根・庇で影にならない部分）を3m×1.5m程度の面積で取る

②それ以外の窓は採光・景観・通風の目的を自由にもたせる

③高価な外付けブラインドや断熱ブラインドは必須ではない

①に関しては、できれば2階から吹抜を有効活用すると冬の無暖房室温に効果抜群です。

断熱等級○○といった性能値は、あくまでも室温設定をするうえでの数値上のバックデータ（結果論）であり、シミュレーションベースの設計の考えをすることで「窓」の存在理由に役目と根拠を示すことができます。

図3　2階中央の五つの窓がメインの日射取得のための窓

図4　冬は吹抜を通じて中央からまんべんなく熱を取り込み、夏は再熱除湿を自然の力で行うようになっている

図5　Q1.0住宅鶴田の実測結果から、左ページのシミュレーションでは日射取得の窓（写真左側）以外をアルファベットに表現して遊んでみたりした事例

図6　Q1.0住宅鶴田の実測結果から左ページのシミュレーションでは2階にのみ日射取得の窓を設けて吹抜を通じて1階に取得熱を循環させている

COLUMN 3

シミュレーションベースの設計手法

神長宏明◎ Raphaeal 設計㈱

私が住宅設計において念頭に置いていることは、以下の二つです。

①真冬の朝に無暖房で18℃を目指せる

②夏は居住者がエアコン設定温度によって絶対湿度を操れる

性能値としてのベースは省エネ基準での暖房エネルギー100%に対して80%以上OFFとなる「Q1.0住宅レベル3」という性能です。UA値は0.3前後、Q値は1.0前後となりますが、優れた断熱等級をクリアさせて、その家は室温何℃になる？　という部分にまでアプローチした「室温を設計する」という考えを持っています。

手法は、料理で例えるなら、窓の位置やガラスの種別、断熱材の種別の選定を自ら考えていくのが「レシピづくり」であり、QPEXやホームズ君を使って自らつくり出すもの。

そのレシピでホームズ君などのツールを使用して「真冬の朝に無暖房で18℃になっているか」「夜の0時から朝5時までの温度低下による保温性」の確認をシミュレーションするのが「調理」です。

そして、完成した家の室温状況、エアコンの設定温度によって絶対湿度の変化する範囲、空調の効き具合を実測するのが「味見」という考え方です。

下記のシミュレーションの家が「Q1.0住宅鶴田」ですが、住まい手との間にこのような話があります。

2022年2月「朝5時（外気マイナス6℃）のときに、いつもより寒いと思ったら暖房を前日か前々日に切っていたのを忘れ

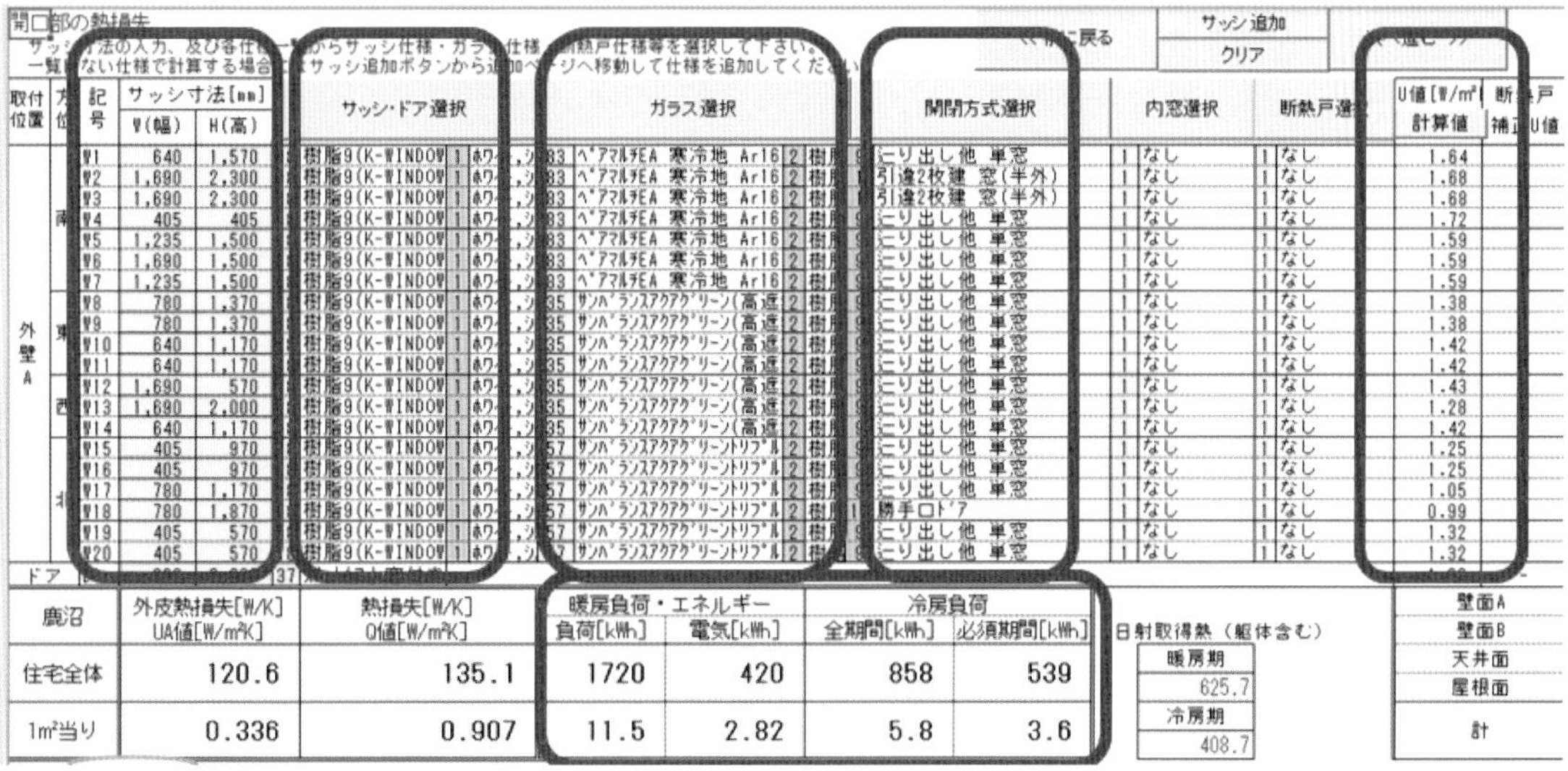

開口部の熱損失

取付位置	方位	記号	サッシ寸法[mm] W(幅)	H(高)	サッシ・ドア選択	ガラス選択	開閉方式選択	内窓選択	断熱戸選択	U値[W/m²K] 計算値
外壁A	南	W1	640	1,570	樹脂9(K-WINDOW	ペアマルチEA 寒冷地 Ar16	すべり出し他 単窓	なし	なし	1.64
		W2	1,690	2,300	樹脂9(K-WINDOW	ペアマルチEA 寒冷地 Ar16	引違2枚建 窓(半外)	なし	なし	1.68
		W3	1,690	2,300	樹脂9(K-WINDOW	ペアマルチEA 寒冷地 Ar16	引違2枚建 窓(半外)	なし	なし	1.68
		W4	405	405	樹脂9(K-WINDOW	ペアマルチEA 寒冷地 Ar16	すべり出し他 単窓	なし	なし	1.72
		W5	1,235	1,500	樹脂9(K-WINDOW	ペアマルチEA 寒冷地 Ar16	すべり出し他 単窓	なし	なし	1.59
		W6	1,690	1,500	樹脂9(K-WINDOW	ペアマルチEA 寒冷地 Ar16	すべり出し他 単窓	なし	なし	1.59
		W7	1,235	1,500	樹脂9(K-WINDOW	ペアマルチEA 寒冷地 Ar16	すべり出し他 単窓	なし	なし	1.59
	東	W8	780	1,370	樹脂9(K-WINDOW	サンバランスアクアグリーン(高遮	すべり出し他 単窓	なし	なし	1.38
		W9	780	1,370	樹脂9(K-WINDOW	サンバランスアクアグリーン(高遮	すべり出し他 単窓	なし	なし	1.38
		W10	640	1,170	樹脂9(K-WINDOW	サンバランスアクアグリーン(高遮	すべり出し他 単窓	なし	なし	1.42
		W11	640	1,170	樹脂9(K-WINDOW	サンバランスアクアグリーン(高遮	すべり出し他 単窓	なし	なし	1.42
	西	W12	1,690	570	樹脂9(K-WINDOW	サンバランスアクアグリーン(高遮	すべり出し他 単窓	なし	なし	1.43
		W13	1,690	2,000	樹脂9(K-WINDOW	サンバランスアクアグリーン(高遮	すべり出し他 単窓	なし	なし	1.28
		W14	640	1,170	樹脂9(K-WINDOW	サンバランスアクアグリーン(高遮	すべり出し他 単窓	なし	なし	1.42
	北	W15	405	970	樹脂9(K-WINDOW	サンバランスアクアグリーントリプル	すべり出し他 単窓	なし	なし	1.25
		W16	405	970	樹脂9(K-WINDOW	サンバランスアクアグリーントリプル	すべり出し他 単窓	なし	なし	1.25
		W17	780	1,170	樹脂9(K-WINDOW	サンバランスアクアグリーントリプル	すべり出し他 単窓	なし	なし	1.05
		W18	780	1,870	樹脂9(K-WINDOW	サンバランスアクアグリーントリプル	勝手口ドア	なし	なし	0.99
		W19	405	570	樹脂9(K-WINDOW	サンバランスアクアグリーントリプル	すべり出し他 単窓	なし	なし	1.32
		W20	405	570	樹脂9(K-WINDOW	サンバランスアクアグリーントリプル	すべり出し他 単窓	なし	なし	1.32

鹿沼	外皮熱損失[W/K] UA値[W/m²K]	熱損失[W/K] Q値[W/m²K]	暖房負荷・エネルギー 負荷[kWh]	電気[kWh]	冷房負荷 全期間[kWh]	必須期間[kWh]
住宅全体	120.6	135.1	1720	420	858	539
1m²当り	0.336	0.907	11.5	2.82	5.8	3.6

日射取得熱（躯体含む）

暖房期	冷房期
625.7	408.7

図1　QPEXは窓の設計をするうえで、瞬時に性能の変化がわかるので「設計ツール」として活用している

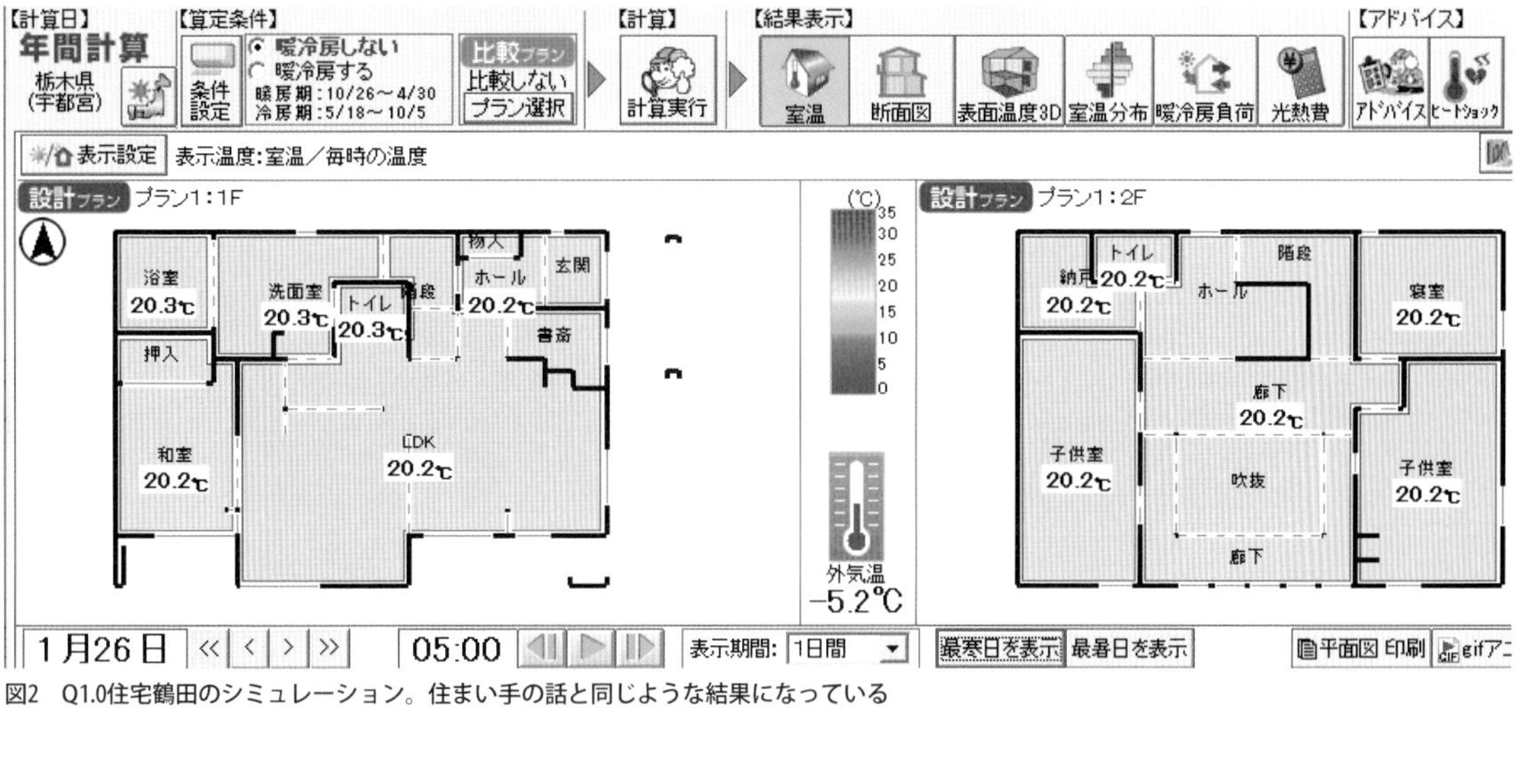

図2　Q1.0住宅鶴田のシミュレーション。住まい手の話と同じような結果になっている

変えていますか?

神長――住宅ローンをかかえる、旦那さんが初期コストばかり気にすると、「安く建てたい」とか「建売で十分」となるので、そういう方には打率が悪いかもしれません（笑）。女性が積極的な場合は「子育は私なんだから」ということで、旦那さんも「じゃあ、家に長くいる人が好きなようにしてよ」となることが多いですかね。

前――ローン名義が旦那さんだからコスト最優先だと、奥さんが希望していてもなかなか難しいという感じですか。

神長――そうですね。判断基準＝物件価格という方は、正直成約に結びつかない場合が多いですね。私も「何が何でも、当社で建ててください」という営業はしていなくて、色々と説明して私たちのつくる家や考えに共感いただいた方と家をつくっている感じです。

前――逆に言うと、説明や見学会などでお客さんの気持ちを変えられることはできているのですか。それとも、もう決めた人の安心材料という感じですか。

神長――なんとも言えませんが、当社で家を建てた方々にお話を聞くと、最初は自分で性能とか家づくりの勉強をしていたけど、当社に相談に来られて、「任せておけばいいや」となった、ということをよく言われます。

前――なるほどね。信頼があると、詳細な説明がなくても「しっかりやってくださいますよね」ということで、「お任せします」となる。

神長――そうですね。たまに「他でやっている高気密・高断熱と、ラファエルさんの高気密・高断熱は何が違うんですか?」という方もいますね。そういう方には共通して、「当社は無暖房で冬の朝に18℃を目指せる設計です」というシンプルな回答をすることが多いですね。

前――「神長さん＝高性能な住宅を設計できる人」というブランディングが確立できれば、事前情報を見て「これと同じでお願いします」という感じで相談に来られるようになる。そうなるためには実績をしっかり積み上げ、情報発信もしっかりやることで、親和性の高い顧客を獲得できると…。

神長――そうですね。自分たちが目指す家の全体像を発信しておくと、多くの説明は要らないかもしれませんね。

前――設計者と顧客の信頼関係が大事ですね。次は、藤村さんにお願いします。

藤村――住宅は、良くも悪くも個々人の実体験をベースに考えてしまうことがありますよね。例えば、戸建でもマンションでも北側に水まわりがあるプランに長く住んでいると、水まわりは寒くて暗いイメージをもってしまっていたり、また、東側に大開口があって日射遮蔽もないから、「朝方はすごく暑いんですよ。どうしたらいいんでしょう?」といった感じで、東側の窓にネガティブなイメージをもっていたりするわけです。

このときに「日が東から入って、夏は夏至のことばかり考えてはだめで、8月、9月でも東京だと日が下がっていて熱が入ってきて、場合によってはそれがこもったり、間仕切りで冷房の空気が流れにくかったりして、暑さがずっとこもるんですよ」という話をすると、ものすごく合点されるという感じです。

つまり、生活で困っていること、嫌なことを、環境的な言葉で説明すると、「性能値とか窓配置、設備配置の重要性」に気づいてもらって、顔つきが変わるという経験を何度かしています。また、女性はリアルな生活の話につなげて説明したほうが、理解が早い気がします。それは性能のことだけでなく、例えばフローリングの材料を並べて、「無垢の材料とビニールクロスの材料はこれだけ違うでしょ?」という話をすると、スッと入っていける。

私は、住宅は暮らしをつくる場と考えているので、暮らしの中で一番気にしていること、「足が冷えやすい」「ペットにやさしい環境にしたい」など、お客様が重要と考えていることを知ることが大事だと思います。

設計者として、性能の部分は当然担保しますが、一方でお客様ごとのどんな暮らしがしたいのかといった想いが反映されてこそ、愛される住宅になるのではないかとも考えています。建売では、個々人の趣味嗜好を設計に反映することは難しいですが、建築家と家をつくれば、お客様の嗜好性も反映できて楽しいし、満足度も上がると思います。なので、お客様へのヒアリングから求めている性能や居心地を引き出し、設計のデザインを踏まえながら環境の言葉に変換して説明することで、共感いただくという感じですね。

前――施主の共感は非常にポイントだと思います。現在の家の不満点を聞きながら、「それは、建物性能が足りないということですよ」というのを、建築というか環境的な言語を使いながら、説明し共感を得ると。

藤村――施主にも、「家をつくるのは楽しい」という気持ちになってもらうことが大切です。建築や環境の話は難しくなりがちなので、「冬は日を取り込むので、カーテンを開けてくださいね。夜になったら、障子やカーテンを閉めてくださいね。そうしたら熱が逃げにくく、断熱が強化されますから」みたいな、住まい手の行動と結びつけながら話をする場合もあります。

前――自発的な行動をすることに、抵抗感を示す人はいませんか？

藤村――施主よりも、設計者のほうが抵抗感を示す場合が多いですね。

前――「楽しい」という視点は大事だと思います。パッシブ設計も、最近では「こうでなければいけない」みたいな話が多くて、何か息苦しいなと…。

藤村――ですね。

前――とはいっても、設計者として性能はしっかり確保しないといけない。解析ツールが進化して、高度なことができるようになったけど、それを施主が共感できる形で伝えらえるか？　という点は工夫がいりますね。

大橋――お客様への対応は三者三様ですね。共通しているのは、パッシブ設計を主軸にしつつ、温熱環境も一定レベルを確保するという部分ですね。

神長――藤村さんが言われた「楽しんでもらう」というのは、私も気を使っています。設計者として目指す性能とかデザイン性はありますが、やはりお客様が満足する家が大前提なので、「当社の仕様は間違いないから、任せておけ」みたいな感じではなく、性能だけでなく、生活も含めて、どれだけ豊かになるか、みたいなところもちゃんと説明するようにしています。

藤村――住宅設計は、お客様が考える余地を残すことが重要だと感じています。その余地が楽しみとつながっていて、しかも、パッシブ設計は自然を感じながらみたいなゆるやかなところが基本にあるので、裏ではシミュレーションをごりごりやって性能などの裏付けを固めつつ、表では穏やかな四季の変化を楽しむ仕掛があるみたいな、私はそういう両面性が設計には必要だなと。

前――設計の考え方や、説明方法は多様性があっていいと思います。ただし、健康快適な室内環境を少ないエネルギーコストで実現する、という大基本がありますよね。昔は、温度と電気代の検討をする時、、「これは、こうです」という定位的な言い方しかできなかったわけですが、今はパラメータの変化が温度や電気代に与える影響も瞬時に可視化できます。昔のパッシブ設計の線図と違って、ダイナミックで理解するのも容易ですよね。

一方で、シミュレーションをプレゼンにうまく活用できない設計者も少なくありません。皆さんのようにシミュレーション結果なり、実測データなりをコミュニケーションツールとして活用して、お客様と打合せができる設計者が増えてくると、建築主側も環境性能に関心をもってくれるのかなと思いました。

神長――シミュレーションは、「予言じゃないよ」ということですね。

前――そうですね。絶対値を出すと言うよりは相対的なものですよね。アプリの種類とか性能は、何がしたいかで変わってくるし、自然現象すべてを再現できるわけでもないので……。シミュレーションの結果を見せるときは、「対策効果を比較するものです」という言い方がいいかなという気がしています。

あと重要なのは、シミュレーションに用いる部材のスペック値の妥当性ですかね。例えば、ＱＰＥＸの中で窓寸法に応じたＵｗ値、ηＷ値の近似値を算してくれるんですよね。

神長――その中に入れて計算値とやれば、全部一つひとつが出てきて……。

前――その近似値はＷｉｎｄＥｙｅの計算値とか、自己適合宣言書の値とは違いますよね。省エネ基準とかの届出に使って大丈夫なんですか？

神長――計算値はだめですね。なので、仕様値にすると、省エネ基準の届出ではＵｗ値２・13とか、そういう数値に変わるんですけど。

前――開口部の性能値の扱いについて、ホームズ君を開発されているインテグラル社の藤間様はどうお考えですか？

藤間――窓は等級６、７が出て、品確法のような等級評価の仕組みが出てくると考えると、性能値をどう入れるか？　というのは、大きな問題になってくると思っています。

現在は、「ＷｉｎｄＥｙｅで添付図書を書き出していただけるので、それでお願いしますね」ということですが、もう少しやりやすくなったほうがいいのかなとは思っています。

また、ホームズ君の中で申請書に出せるような値として出すということ自体は、具体的には難しいですね。なので、別のソフトと連携させるというのが現実的かなと。そのために、まずは寸法も含めた窓の情報を取り込める仕組みをホームズ君側で用意する。そして、各メーカーさんにホームズ君に流し込めるデータの作成をお願いして提供をいただき、設計者は提供された窓データをホームズ君に読み込んで設計検討に使ってもらう。そして、最終的には添付図書は別途で作成してもらうというのが、現在考えられる道かなぁと感じています。

前――断熱等級6や7は、２０２３年10月から施行予定ですからね。そう考えると時間はないですね。

藤間――なので、メーカーさんに協力をいただき、窓データを揃えて、ホームズ君にすぐ取り込めるようになったらいいかなと。ＡＰＩで一元管理されていて読み込めるようになれば、なおいいかと思いますが……。

前——ソフト開発者だけでなく、業界全体としてデータの整理をもう少し真剣に考えないとダメですよね。あとは、CAD上で窓の大きさを変えると、ホームズ君が追随してリアルタイムに性能値が変化していく、みたいな機能は難しいんですかね？

神長——それができると、すごく助かります。現状は、テンプレートで多く入れる必要があるので……。

前——そうですよね。CADで設計していたら、設計値も追随して変化するというのが欲しい機能だと思いますね。

神長——入力方法に関する質問もよく来るんです。窓の入力にすると細かい数値、Uwとηwではなくて、他のものも入れて……みたいな。

藤間——「遮蔽物あり」のところとかですかね。

神長——どのソフトも、今操作してる値が何か？とかこの値はどこに入力するんだ？みたいなことを、覚えるのが実は一番面倒くさい。

前——言葉も、少しずつ違ったりしますしね。ηAC値、基準値を出すとき、「fc値固定で0・93でしたっけ？」という人がすごく多いと思います。新住協の人は、皆さん庇をQPEX計算しているんですかね？

神長——飛ばしちゃっていたりする人もいるみたいですね。

前——でしょね。それでfc値が妙に安全側で大きいから、結局ηAC値をクリアするために日射遮蔽型ガラスを使う、というパターンが非常に気になります。

神長——袖壁とかも、付加断熱して窓が室内側の納まりだと、引っ込みの袖壁が100㎜とか出てくるので、そういうのを入力するのが面倒くさいから入れなかったりするとか、というのが正直あるんです。

大橋——YKKAPの児島さんがつくられたプログラムは、ホームズ君上で出せるんですか？

藤間——パッシブ設計のところから、フラグを立ててもらうのですが、設定をしてもらうとできるようになります。

前——「木製サッシのところができるといいよね」という話があって、WindEyeで木製サッシは計算できないんですよね？

齋藤（YKKAP）——データがまだ入ってないですね。

前——それが欲しいんですよ。私の研究室でもなんとかエクセルをつくって、アイランドプロファイルの窓のUw値を推定したりしたので。これが児島式を使ったものです。参考Uw値とηw値が、大きさとかを反映したものになります。だから、この辺がもうちょっと使いやすくなると、いいんだろうなと。

では、最後にこの本は「窓から考える」という題目なので、皆さんの窓に対するこだわりなど、一言いただければと思います。

大橋——ある設計者から、「南面に大きな窓がないのはなぜですか？」と聞かれたことがあります。その建物は、南に大きな建物があって日射取得が期待できないので、上から取得しているわけです。でも、そういう質問が出るということは、全体像が捉えられてなくて、「誰かがこう言っていたので正しい」的な話が根拠なんですね。

シミュレーションをしたことがある場合には、先ほどの入力方法も含めて、ソフトを触る中で疑問や気づきがあるわけですが、住宅設計者の中には、シミュレーションを使った設計検討ができない方も多くいることを実感しています。

シミュレーションはマストではないですが、学びの意味も含めて、設計者にはシミュレーションに触れる機会を増やしてほしいですね。

前——教科書では、ベストな定石を教えるわけです。例えば、「冬は日射取得を大きく、南に大きな窓を」と。ただ、実際は敷地条件とかで、ベスト・オブ・ベストが選択できない場合もある。そのときに「できません」ではなくて、「ベストの8割くらいのところには持っていけます」みたいなセカンドベストを探していくことが必要ですかね。

神長——私は窓を設計したときに、その窓仕様で室温が何℃くらいになるのか？が最終的に気になるところです。なので、ある窓が現在の室温維持のためにどの程度寄与しているか？みたいな数値が瞬時にわかるとありがたい。例えば、中央にある大きい窓二つだけ取得にすれば、極端な話、他の窓は遮熱だってそんなに影響ないとかわかるといいですね。

前——そうですよね。もちろん断熱性によって、関係式は違いますけど。

神長——そういう場合は、前提条件の断熱性能とか、あと真北の方角も示す必要があるかとは思いますが、窓に対して違った視点が持てるのではないかと。

藤村——ストック活用と言われていますが、既存建物でも改修できることから少しずつ環境性能を上げていきたいと考えています。

私も自宅の窓を、アルミサッシシングルガラスからLow-E遮熱真空ガラスに交換し、アウターシェードを付けたのですが、アウターシェードは短時間で取

COLUMN 4

住まい手が調えたくなる窓デザイン

藤村真喜◎スタジオノラ

パッシブ、アクティブ両面から建築の省エネに取組むうえで、戸建住宅においては心地よく、楽しく省エネの視点もまた大事にしたいと思います。

パッシブ設計は、住まい手が能動的に自分にとって心地よい環境を調えるきっかけになると考えています。住まい手自身が操作できるように、設計の意図や根拠、使い方を伝え、特に日射遮蔽などはアクティブな設備の効果に影響するということを、定量的にお伝えすることも肝要です。

窓は、開けて風を取り入れたり、カーテンを開けて光を取り入れたり、洗濯物を干したり、最も手に触れる建築要素ではないでしょうか。窓自身の性能に頼りきるのも一つの案です。加えて、窓の性能を保ちつつ内側の障子やブラインドで熱を逃がさないこと、日射を遮蔽する装置を動かすこと、付属部材を動かすことで生まれるバッファーゾーン、それらすべてが窓まわりのデザインだと考えます。

住まい手が積極的に動かし、併せてより心地よくなることを感じてもらえたら、光熱費だけでなく満足感も上がるはずです。光や熱をコントロールすることは、人が外とつながり、動物として誰もが体でわかること、楽しめることだと思うのです。その裏でリスクを抑え、また可能性を広げるために、私たちはシミュレーションによる事前の評価、検討を行うのです。

写真に示す週末住宅では、南側に大きな開口を設けました。テラスから半屋外空間が室内に入り込んでくるようなサッシラインとしています。小窓にはセキュリティを考え、雨戸やシャッターの代わりに室内側に木戸を入れています。

一部サッシラインが入り込んだ半屋外空間

テラス側に設えた鎧戸

セキュリティのための木戸

付けできることに驚きました。垂直に下ろして高い遮蔽率で日射遮蔽したり、ベランダとつなげて庇状にして風を取り込みつつ適度に日射遮蔽したり、使い分けています。アウターシェードが改修でも効果を発揮できて、施工時間も数時間で終わるという情報はカタログには記載があるのですが、案外知らない人が多いです。

こういった改修でも使える、手軽な窓まわりの部材が充実してくれるといいと思います。もっと言えば、費用対効果とか、施工時間や段取りがメーカーさんの資料としてまとまっていると、設計者が参考にできて、選択肢も増えると思います。

前――環境性能向上のための、改修時のメニューみたいなものがあるといいですよね。

本日は、パッシブ設計を実践されている設計者の方々からお話をお聞きでき、その面白さと可能性を感じることが出来ました。単なる性能のスペック値を超えて、住む人が心地よく暮らせる家づくりが広がることを期待します。ありがとうございました。

高性能集合住宅

藤間明美◎㈱インテグラル代表取締役

図1　低層集合住宅の比較（RC造・S造と木造の比較）

木造集住の省エネ・低炭素化

昨今の日本の住宅市場では、戸建住宅より集合住宅の割合が増加傾向にあります。また、木造の増加、ならびに二〜三階建の低層集合住宅の増加が見てとれます（図2）。背景には、単身世帯や高齢者世帯の増加、および建物全般に木造化を推進する施策の充実があると考えられます。そこで本稿では、今後の木造戸建事業者が低層集合住宅市場へ参入する可能性や、木造が増えることでオーナーと入居者の双方にどのような影響があるかについて、考えてみます。

これまでの集合住宅建物は、ＲＣ造やＳＲＣ造などの非木造を扱う業者が担うことが多く、また特に都心部では相続対策を目的とする建設が主流のため、オーナーの経済性が最重要でした。つまり、初期建設費用を抑えて費用回収期間を短くするのです。逆に言えば、入居者の経済性は二の次で、ランニングコストとして発生する光熱費の多寡は考慮しないことがありました。住宅の三大性能＝耐震性・省エネ性・耐久性の内では、省エネ性能が初期建設費用の削減の的となります。本来は、省エネ性能を向上させれば将来に渡って光熱費が節約できますが、省エネ性能の向上には性能の高い建材（高断熱窓や高断熱材）が必要になり、初期建設費用が増えます。そのため、オーナーが支払う初期建設費用を抑えることを優先し、入居者が支払う光熱費は高くても仕方がないと考えるのが一般的でした。

ところが、このような集合住宅市場に木造が、すなわち木造戸建事業者が参入するようになれば、次のようなことが期待できます。まず、一般に建設費用は木造の方が抑えられます（図3）。固定資産税や減価償却年数といった税制上でも有利です。さらに、もし、対象の集合住宅がオーナーも居住する賃貸併用住宅であれば、オーナー自身が木造の居住者となり、木造ならではのメリットについて自ら入居者の立場で体験することになります。木造戸建で進化した省エネやパッシブ設計の技術により光熱費が削減でき、さらには快適性も向上するといったメリットをオーナー自身も享受できるのです。脱炭素社会に向けて木造化は一層の急務となっており、かつ、木造集合住宅はオーナー・入居者の双方にメリットがあるわけですから、今後自然と広がっていくことが期待されます（図4）。

木造戸建事業者が集合住宅を扱うには耐火がハードルになる、という指摘があります。確かに検討項目が増え、仕

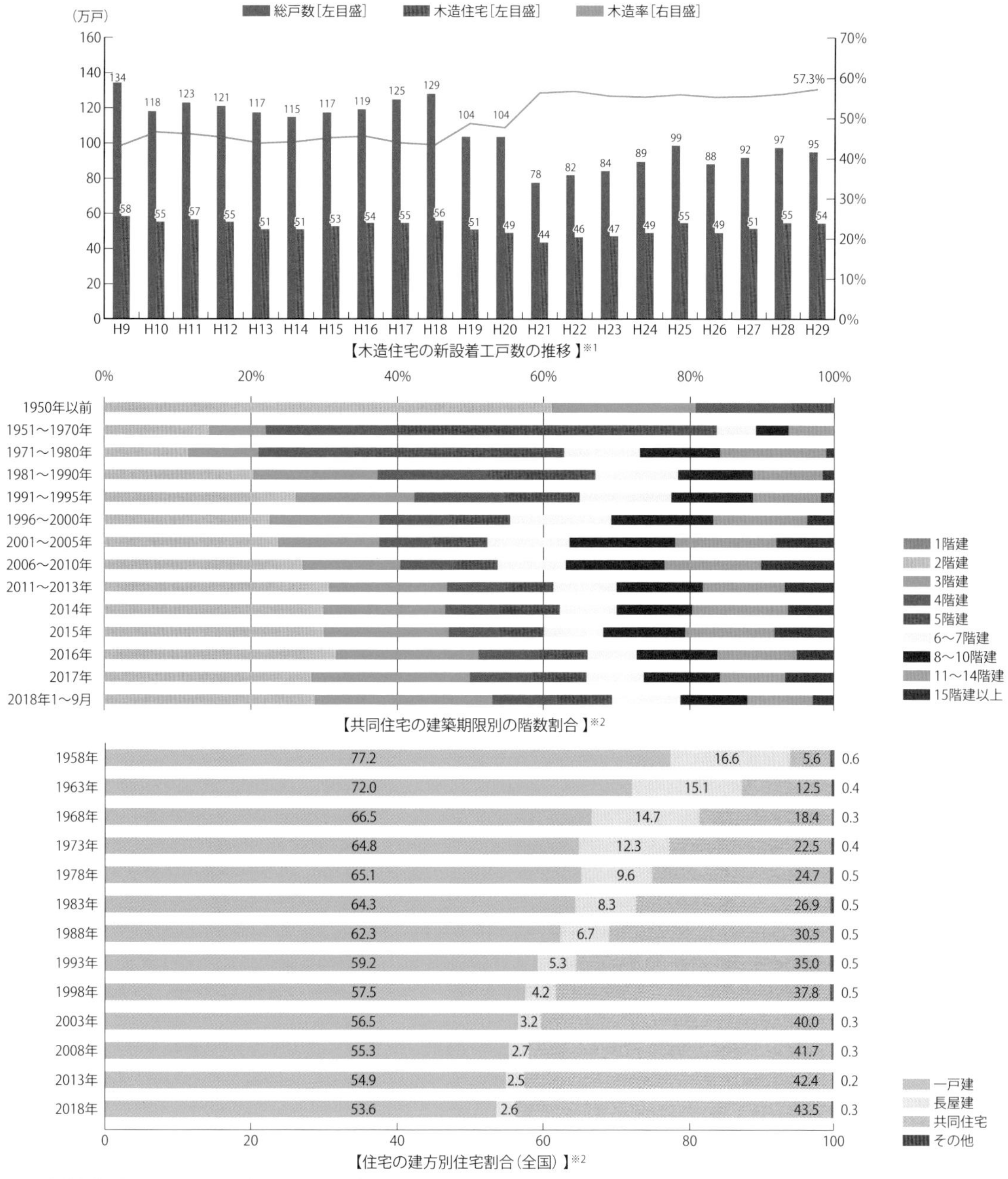

総戸数［左目盛］
木造住宅［左目盛］
木造率［右目盛］
（万戸）
134 118 123 121 117 115 117 119 125 129 104 104 78 82 84 89 99 88 92 97 95
58 55 57 55 51 51 53 54 55 56 51 49 44 46 47 49 55 49 51 55 54
57.3%
H9 H10 H11 H12 H13 H14 H15 H16 H17 H18 H19 H20 H21 H22 H23 H24 H25 H26 H27 H28 H29
【木造住宅の新設着工戸数の推移】※1
1950年以前
1951～1970年
1971～1980年
1981～1990年
1991～1995年
1996～2000年
2001～2005年
2006～2010年
2011～2013年
2014年
2015年
2016年
2017年
2018年1～9月
1階建
2階建
3階建
4階建
5階建
6～7階建
8～10階建
11～14階建
15階建以上
【共同住宅の建築期限別の階数割合】※2
1958年 77.2 16.6 5.6 0.6
1963年 72.0 15.1 12.5 0.4
1968年 66.5 14.7 18.4 0.3
1973年 64.8 12.3 22.5 0.4
1978年 65.1 9.6 24.7 0.5
1983年 64.3 8.3 26.9 0.5
1988年 62.3 6.7 30.5 0.5
1993年 59.2 5.3 35.0 0.5
1998年 57.5 4.2 37.8 0.5
2003年 56.5 3.2 40.0 0.3
2008年 55.3 2.7 41.7 0.3
2013年 54.9 2.5 42.4 0.2
2018年 53.6 2.6 43.5 0.3
一戸建
長屋建
共同住宅
その他
【住宅の建方別住宅割合（全国）】※2

図2　木造住宅の新築着工戸数の推移、階数割合と建方別割合

構造	建築費の相場
木造	56.9万円／坪
S造	75.0万円／坪
RC造	95.1万円／坪
SRC造	111.7万円／坪

図3　構造種別※1

※1 出典：住宅着工統計（国土交通省）
※2 出典：住宅・土地統計調査（総務省）
※3 出典：森林自然の循環利用に関する意識・意向調査（農林水産省）
※4 提供：東京大学前研究室
※5 提供：㈱夢・建築工房

品質や性能がよく、耐久性に優れていること 84.2%（66.7%）
健康に配慮した材料が用いられていること 74.0%（68.4%）
内装等で木質部分が多くあること 36.7%（－）
国産材が用いられていること 35.9%（39.8%）
設計の自由度が高いこと 34.8%（－）
木材の種類や産地、費用が明らかであること 29.8%（21.0%）
リサイクルしやすいなど環境に配慮した製品が用いられていること 25.1%（29.3%）
植林や手入れが適切に行われている森林から生産された木材が用いられていること 21.4%（16.9%）
欲しいときにすぐに購入できること 5.8%（5.1%）
その他 2.7%（0.1%）
分からない 1.2%（1.0%）

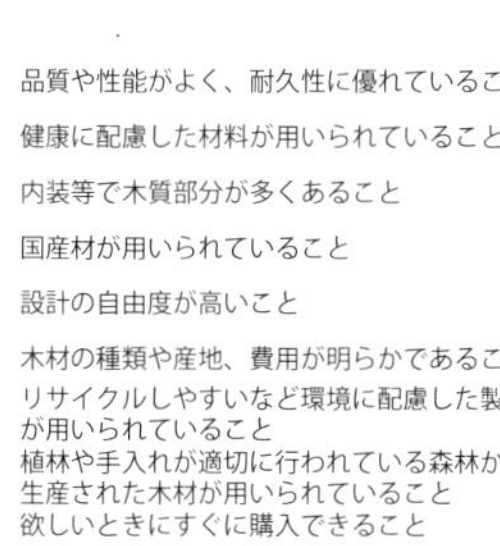

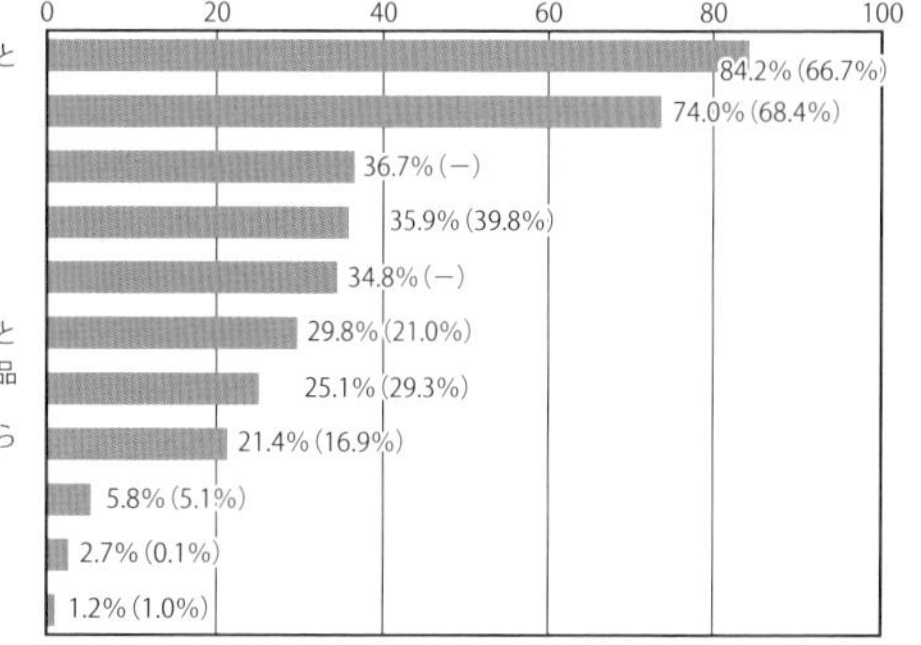

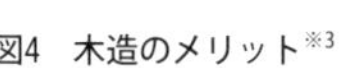

図4　木造のメリット※3

※本超高性能アパートに関する問い合わせ先
㈱夢・建築工房　担当／岸野浩太　tel 0493-35-0010
https://yumekenchiku.co.jp/blog_house/897/

【ポイント】
①壁掛けエアコン1台で全館暖冷房
②自然素材で仕上げた内外装
③大地震にも負けない許容応力度計算による耐震等級3
④自然豊かな外構計画
⑤各住戸専用の宅配ボックスの設置

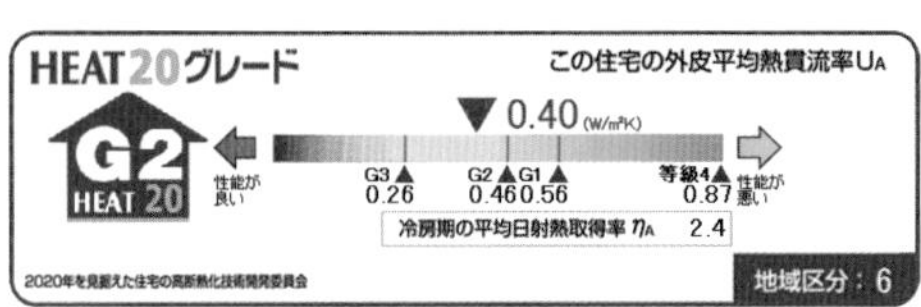

図5　超高性能エコアパート外観と賃貸時のアピールポイント※5

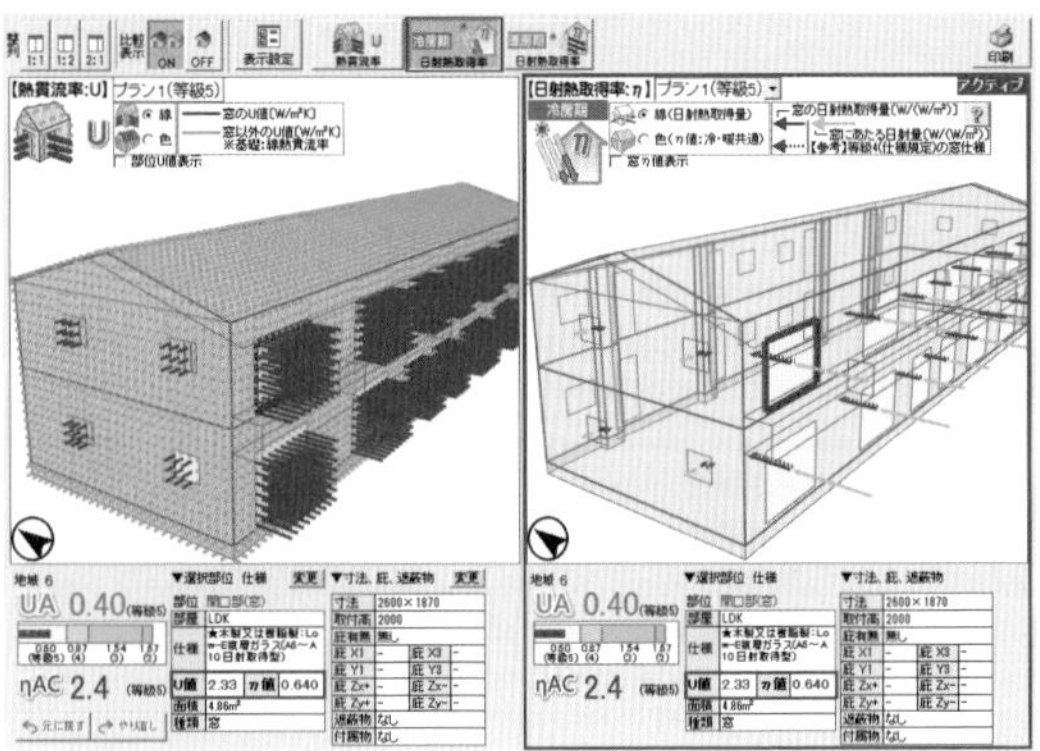

図6　外皮性能3D

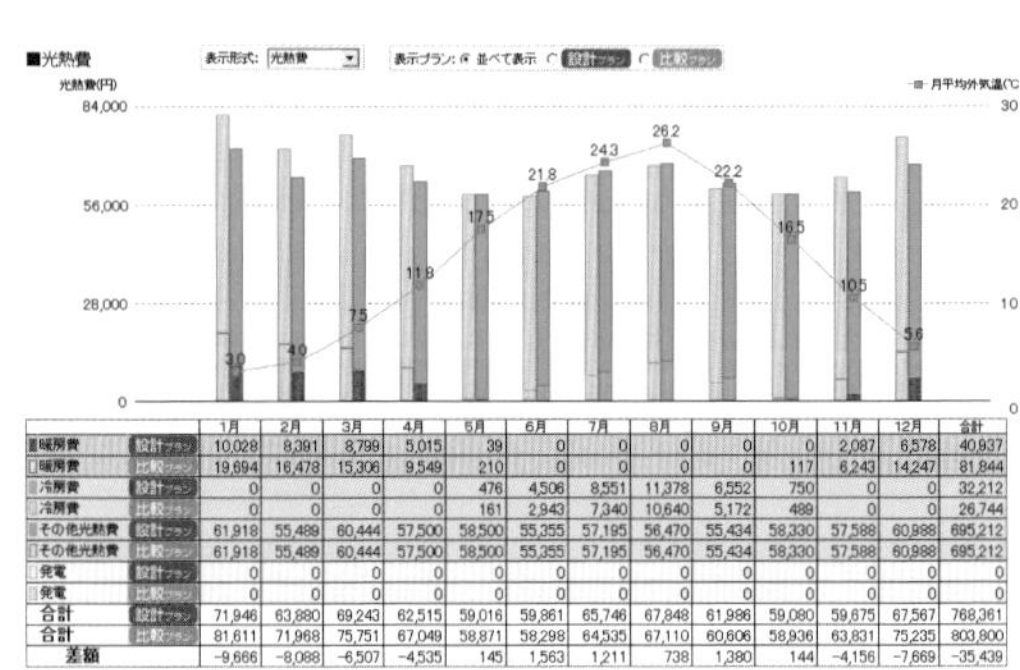

		1月	2月	3月	4月	5月	6月	7月	8月	9月	10月	11月	12月	合計
暖房費	設計プラン	10,028	8,391	8,799	5,015	39	0	0	0	0	0	2,087	6,578	40,937
暖房費	比較プラン	19,694	16,478	15,306	9,549	210	0	0	0	0	117	6,243	14,247	81,844
冷房費	設計プラン	0	0	0	0	476	4,506	8,551	11,378	6,552	750	0	0	32,212
冷房費	比較プラン	0	0	0	0	161	2,943	7,340	10,640	5,172	489	0	0	26,744
その他光熱費	設計プラン	61,918	55,489	60,444	57,500	58,500	55,355	57,195	56,470	55,434	58,330	57,588	60,988	695,212
その他光熱費	比較プラン	61,918	55,489	60,444	57,500	58,500	55,355	57,195	56,470	55,434	58,330	57,588	60,988	695,212
発電	設計プラン	0	0	0	0	0	0	0	0	0	0	0	0	0
発電	比較プラン	0	0	0	0	0	0	0	0	0	0	0	0	0
合計	設計プラン	71,946	63,880	69,243	62,515	59,016	59,861	65,746	67,848	61,986	59,080	59,675	67,567	768,361
合計	比較プラン	81,611	71,968	75,751	67,049	58,871	58,298	64,535	67,110	60,606	58,936	63,831	75,235	803,800
差額		-9,666	-8,088	-6,507	-4,535	145	1,563	1,211	738	1,380	144	-4,156	-7,669	-35,439

図7　光熱費シミュレーション

様にも制限がつきますが、防火地域を扱う事業者は既に行っている対応で足りることも多く、さほど高いハードルにはならないと考えられます。対して、非木造事業者が木造に取組むのは極めて困難です。木造の構造規定や省エネ技術の習得が必要なだけでなく、木造のサプライチェーンに参入しなければならず、世界が木造化の潮流にあっても、日本で非木造を中心にやってきた事業者で木造建築に取り組めているのは一部の大手事業者のみです。

以上のことから、木造戸建事業者が培ってきた、木造戸建技術が集合住宅にも拡がる可能性は高く、木造の長所が持ち込まれることで集合住宅にイノベーションが起こると期待されます。結果、低炭素社会に適した長寿命で快適、かつ経済性の高い集合住宅が増加すると思われます。

実例で知る超高性能木造アパート

埼玉県にある超高性能賃貸エコアパートです（**図5**）。建設地は賃貸建物に適した立地条件にあるため、十分な市場競争力がありますが、賃貸では珍しく「超高性能」という付加価値がつけられています。オーナーが超高性能な自邸に住んでそのメリットに感激され、自邸を施工した工務店に依頼して、この超高性能アパートの建設に至ったそうです。「超高性能」にするには相応の建設費用の増額がありますが、それを上まわるメリットをオーナーは知り、決断されたのです。

まず、耐震性能は許容応力度計算による耐震等級3を取得しています。建築基準法では、二階建500㎡以下なので構造計算は必須ではありませんが、より高い安全性担保のために許容応力度計算で設計されました。許容応力度計算では外力（荷重と地震力・風圧力）を詳細に設定して、かつ、多数の項目を検定します。近年の地震や暴風災害はもとより、太陽光発電パネルなどにより荷重が増えていることも考慮すべきと言われており、構造計算である許容応力度計算が拡まっています。耐震等級3であれば、近年の大地震をみても、多少の修繕のみで住み続けられることが分かっています。

省エネ性能の外皮性能としては、HEAT20の戸建の断熱グレード指標のG2レベルです（**図5**）。一般的に、戸建の建設費用は現行法基準に比べて、G2にするには断熱工事費用が約80万円（120㎡程度を想定）増えると言われており、集合住宅でも増額するので賃貸経営オーナーにとってはコスト回

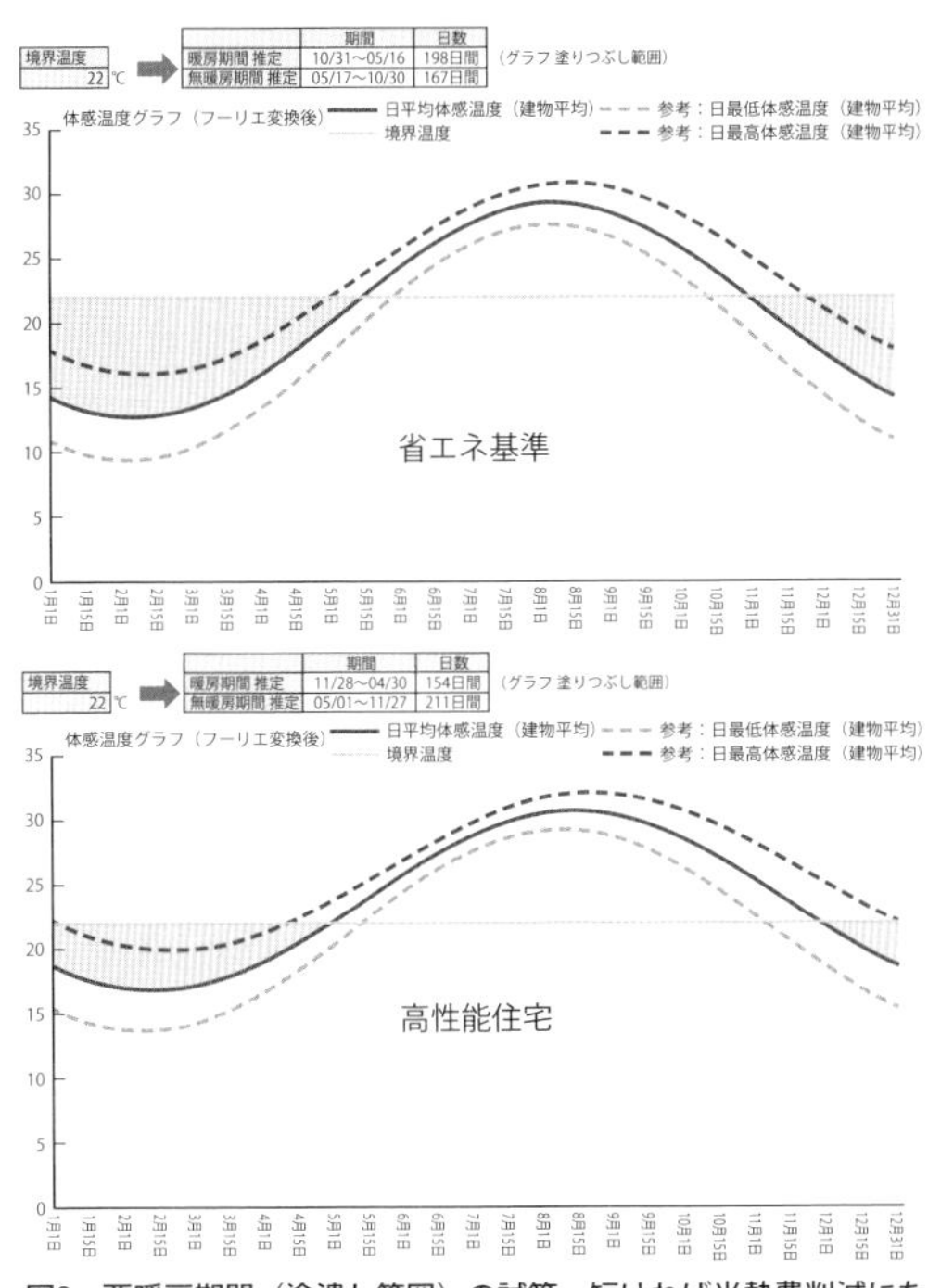

図8　要暖房期間（塗潰し範囲）の試算。短ければ光熱費削減になり、入居者に有利

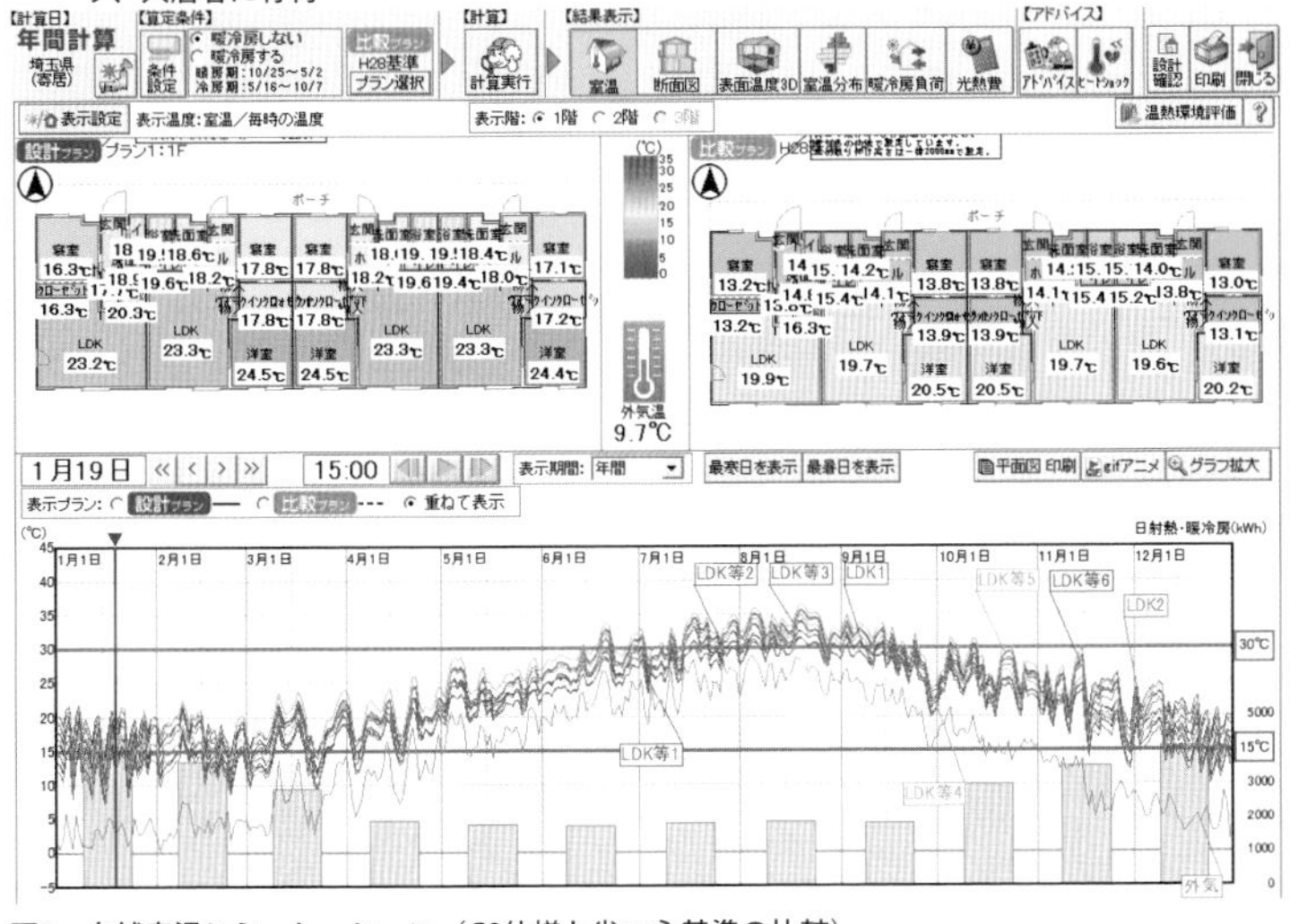

図9　自然室温シミュレーション（G2仕様と省エネ基準の比較）

図10　結露シミュレーション

図11　エコアパート内覧※5

図12　均質な温熱環境を実現※4

収期間が遅れることになります。しかし、居住者は、現行法の基準であった場合に比べて、住戸当たり年間約五千円の暖房費の節約が期待できます（図7）。また、暖房が必要となる期間が現行基準レベルの断熱仕様の場合では198日間であるのに対して、超高性能アパートでは154日間と、年間で暖房を必要とする日数が44日間と約一か月半も減ります（図8）。電気単価の上昇が予想されるなか、エアコンなしで過ごせる時期が長くなるのです。このような光熱費の削減と快適な温熱空間（図9）の実現には、G2レベルの断熱に加え、高性能窓での日射取得による暖房負荷の抑制が有効に計画されていると考えられます。また、サッシは樹脂製のため、ガラスはもとより枠の結露のリスクもほぼありません（図10）。健康面の観点からもメリットは多く、高齢者であればヒートショック抑制、未就学児がいれば風邪の諸症状にも効果的です。結露によるカビに起因する喘息などの抑制効果も期待できます。

オーナーの実感が生んだ『超高性能賃貸エコアパート』ですが、居住者からの高い評価が評判となり、各地域にも急速に事例が増えているようです。

高齢者向け集合住宅のパッシブ設計

藤間明美◎インテグラル代表取締役

「サ高住」のプラン

建物の木造化は、高齢者向け集合住宅においても拡がっています。いわゆる「サ高住」（サービス付き高齢者向け住宅）の分野で、木造二階建が増えているのです（**図1**）。背景には、高齢者向けの住宅不足への対策として進められた平成13年の「高齢者住まい法」に基づくサービス付き高齢者向け住宅制度の創設があります。

サ高住は、体力が低下した高齢者向けの施設なため、高い温熱環境が確保されており、光熱費に占める暖冷房や給湯の割合が高いという特徴があります（**図2**）。そのため、パッシブ設計を行えば省エネ効果が高く、今後ますます増えていくことから社会全体への省エネインパクトも高いとも言えます。また、将来の電力単価の上昇による光熱費増や災害時の対策にもなり、サ高住の経営安定はもとより、高齢者の生活の安定にもつながると考えられます。こうした経済的・社会的なメリットだけでなく、高い温熱環境と介護度との相関も明らかになってきています。

しかし、実際に建設されているサ高住における高断熱化の機運は、戸建住宅と比べると未だこれからのようです。その理由の一つに、サ高住では設備設計を専門とする建築士が担う場合が多く、設計手法として外皮性能と一体として検討するのではなく、ピーク需要や負荷率に基づいた安定的な設備設計がなされることが多く、パッシブ設計で重視する太陽エネルギーのような不安定な要素は見込まれません。戸建では本書でも紹介されているように、外皮と設備をバランスよく検討し、さらに自

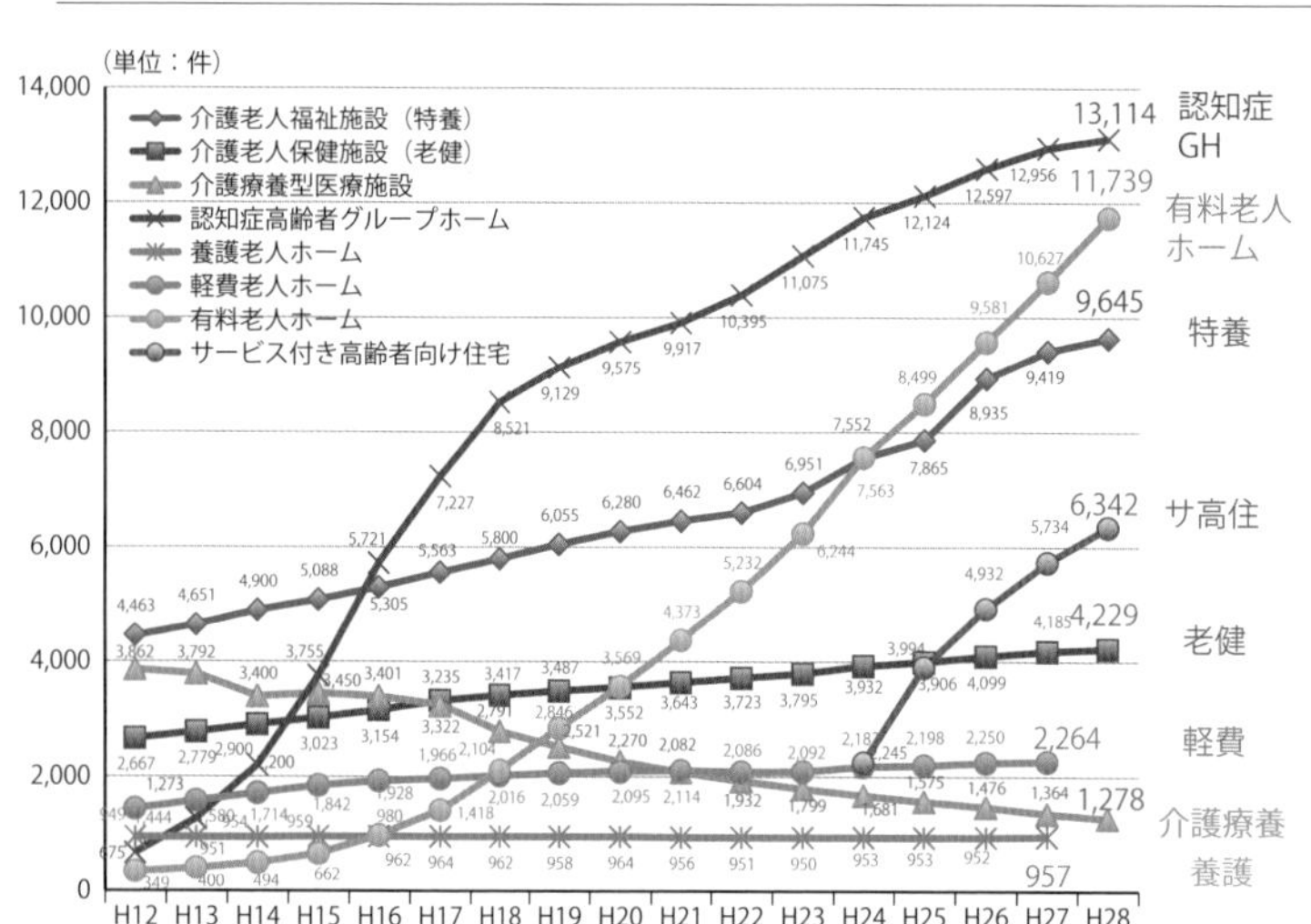

※1：介護保険3施設及び認知症高齢者グループホームは、「介護サービス施設・事業所調査（10/1時点）【H12・H13】」及び「介護給付費実態調査（10月審査分）【H14〜】」による。
※2：介護老人福祉施設は、介護福祉施設サービスと地域密着型介護福祉施設サービスの請求事業所を合算したもの。
※3：認知症高齢者グループホームは、H12〜H16は痴呆対応型共同生活介護、H17〜は認知症対応型共同生活介護により表示。
※4：養護老人ホーム・軽費老人ホームは、「社会福祉施設等調査（10/1時点）」による。ただし、ただし、H21~H23は調査対象施設の数、H24~H27は基本票に基づく数。
※5：有料老人ホームは、厚生労働省老健局の調査結果（7/1時点）による。
※6：サービス付き高齢者向け住宅は、「サービス付き高齢者向け住宅情報提供システム（9/30時点）」による。

図1　高齢者向け住まい・施設の件数
（出典：社保審―介護給付費分科会「介護老人福祉施設 第143回」（平成29年））

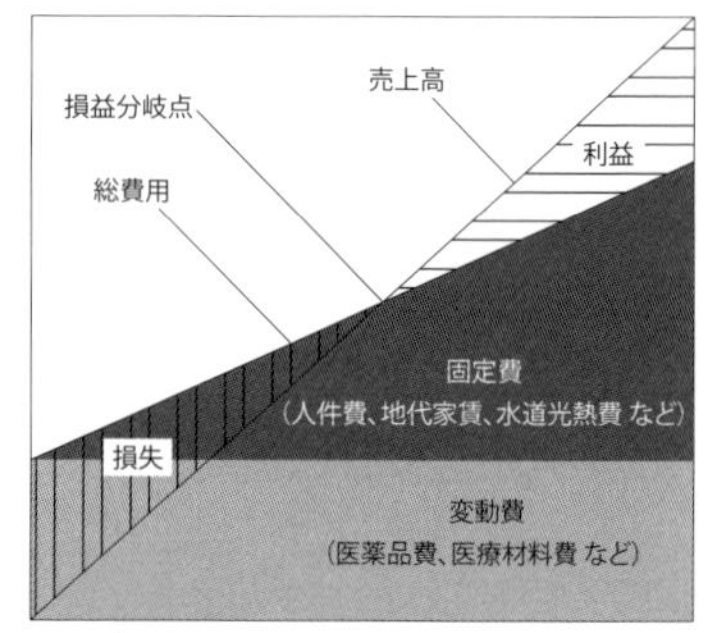

図2　損益分岐点

然エネルギーによる自給を増やすべく、パッシブ設計の不安定を定量化した気象データと設計ツールを活用して、不安定を見込んだ安全設計が進んでいます。これらの手法をサ高住に応用した場合の省エネ効果を検討してみます。

検討に先立ち、サ高住の事例（**図3**）から共通する特徴を整理しました。第一に、建物の形状と個室の配置です。I型、L型、コの字型のいずれかで、サ高住では北向き住戸も珍しくありません。住戸を数多く確保したいためと思われます。第二に、窓サイズは圧倒的に腰窓です。これは高齢者への安全配慮によると思われます。第三には、居室は長方形で開口を短辺に配置しています。

サ高住の規定により、共同居住型にあっては居室面積が18㎡以上かつバリアフリーが求められ、ベッドとトイレを配置するため、居室のプランニングの自由度は極めて低いことが分かります。

このような制約の中で、断熱性能、窓、方位について分析してみます。

サ高住のパッシブ設計

外皮平均熱貫流率U_A値は、断熱等性能等級6相当を仮定しました（**図4**）（プラン1）。窓強化型にすることで、暖房負荷を5・1％削減（プラン2）。さらに、南面の窓を取得型にしましたが、暖房負荷は0・2％削減とほとんど変化なし（プラン3）。次に、付属部材として冬夜間に厚手カーテン、夏昼間にレースカーテンにすると、暖房負荷を14・0％の削減、冷房負荷も12・8％削減（プラン4）。さらに、付属部材の性能を上げ、冬夜間はハニカムスクリーン、夏昼間はスクリーンシェードとすると、暖房負荷15・9削減、冷房負荷24・4％まで削減可能とわかりました（プラン5）。このように、U_A値が同じであっても付属物の工夫を行い、日射取得と日射遮蔽を制御することで、暖冷房負荷を約20％まで削減できることがわかりました。

断熱性能の確保と付属物の工夫で、エアコンを能力の小さい流通品にできるメリットもあり、さらに、エアコンの運転期間（要暖房期間）が短くなるメリットも考えられます。サ高住では、原則、個室ごとにエアコンが設置されるため、18㎡程度の居室に壁掛けエアコン2・4kW程度が一台ずつ設置されているのをよくみます。ですが、これはある程度断熱化された居室にはオーバースペックで、低負荷での効率の悪い運転時間を長くしてしまいます。高齢者は、温熱感の衰えなどにより、エアコンの運転をこまめに管理することが難しく、季

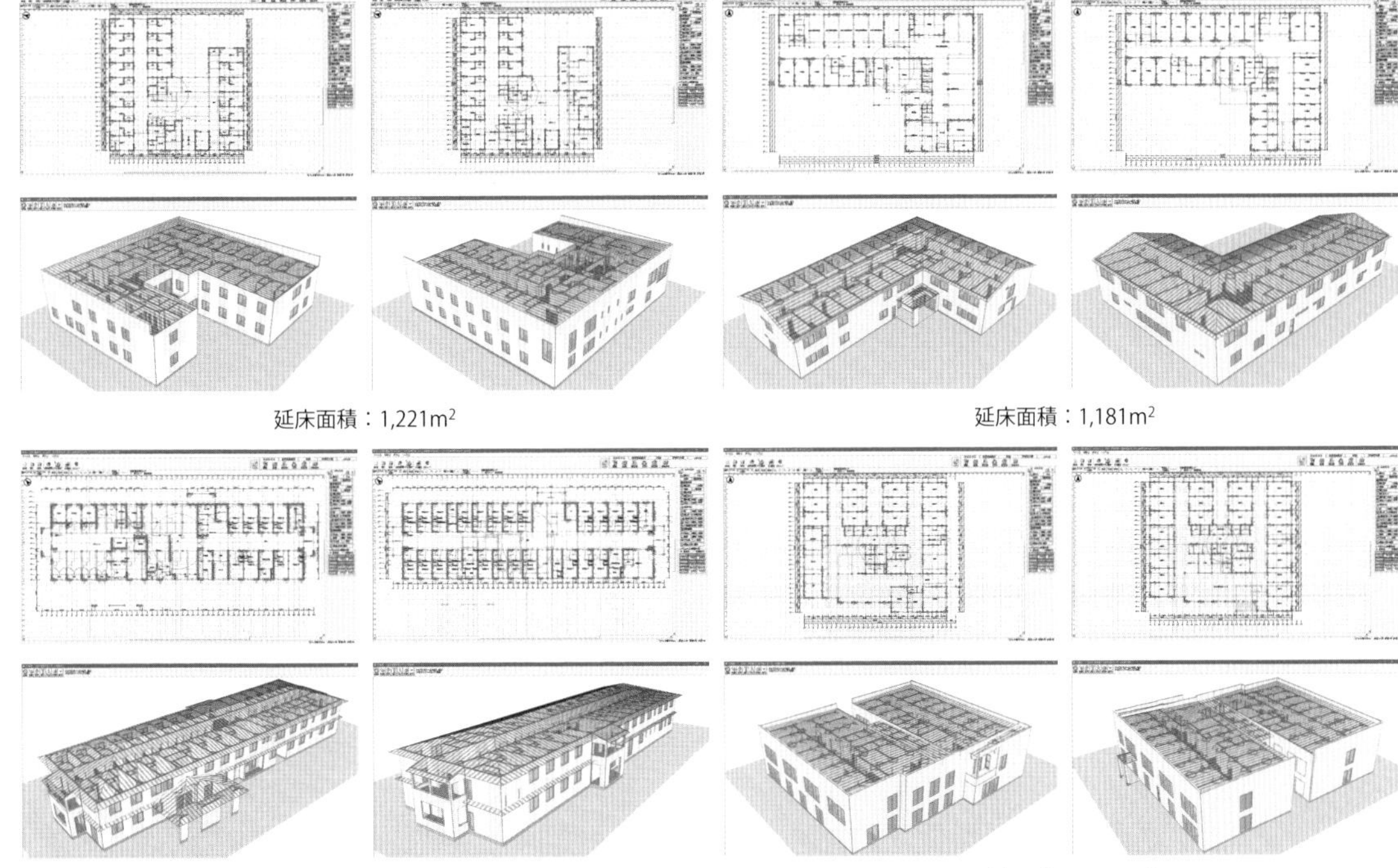
延床面積：1,221m^2　延床面積：1,181m^2
延床面積：1,242m^2　延床面積：1,251m^2

図3　木造のサ高住のプラン事例

	UA値	ηAC値	窓U値	窓仕様＋付属部材	暖房負荷(kWh)	冷房負荷(kWh)
プラン1	0.58	2.4	2.91	金属・樹脂複合材料製/Low-E複層ガラス（A9以上）（南）取得型/（他）遮蔽型 付属部材なし	43,648	32,745
プラン2	0.55	2.3	2.33	木製又は樹脂製/Low-E複層ガラス（A11～A13）（南）取得型/（他）遮蔽型 付属部材なし	−5.1% 41,437	−2.4% 31,943
プラン3	0.55	2.3	2.33	木製又は樹脂製/Low-E複層ガラス（A11～A13）（東・南）取得型/（西・北）遮蔽型 付属部材なし	−0.2% 41,357	+0.4% 32,059
プラン4	0.55	2.3	2.33	木製又は樹脂製/Low-E複層ガラス（A11～A13）（東・南）取得型/（西・北）遮蔽型 夏昼レースカーテン　冬夜厚手カーテン	−14.0% 35,578	−12.8% 27,959
プラン5	0.55	2.3	2.33	木製又は樹脂製/Low-E複層ガラス（A11～A13）（東・南）取得型/（西・北）遮蔽型 夏昼スクリーンシェード　冬夜ハニカムスクリーン	−15.9% 34,776	−24.4% 24,241

（括弧内はプラン１に対する比率）

・プラン1とプラン2はともにG1相当で、プラン1＝外壁強化、プラン2＝窓強化
・プラン3：プラン2に対して東面の窓を取得型に変更。
・プラン4：プラン3に対して付属部材を追加し冬の断熱性向上及び夏の日射遮蔽
・プラン5：プラン4に対して付属部材の効果を向上

図4　検討結果

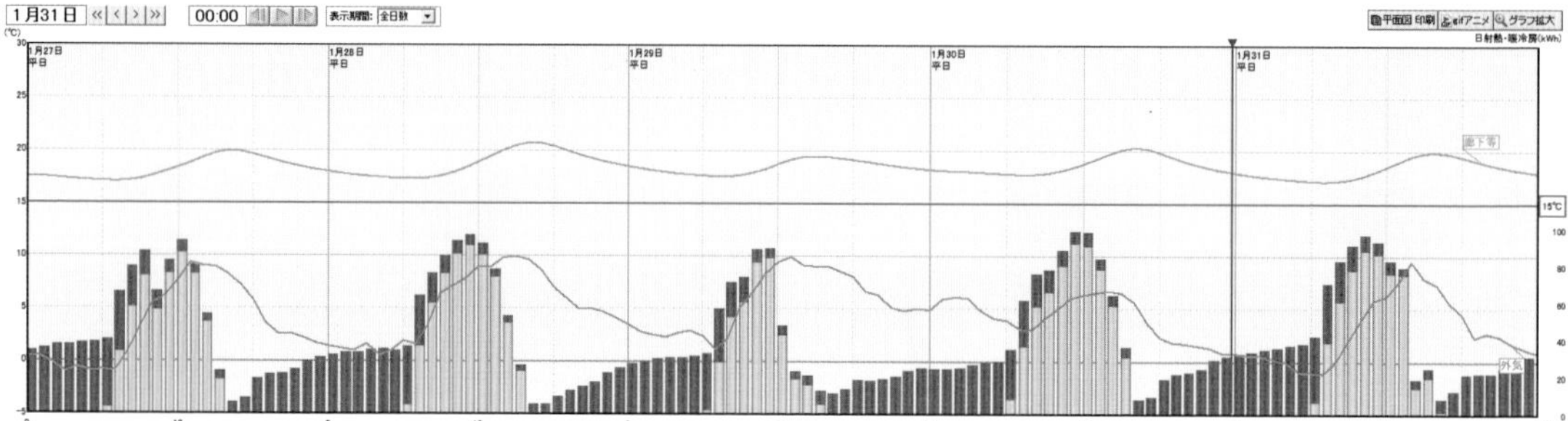

設計プラン　プラン1：1F

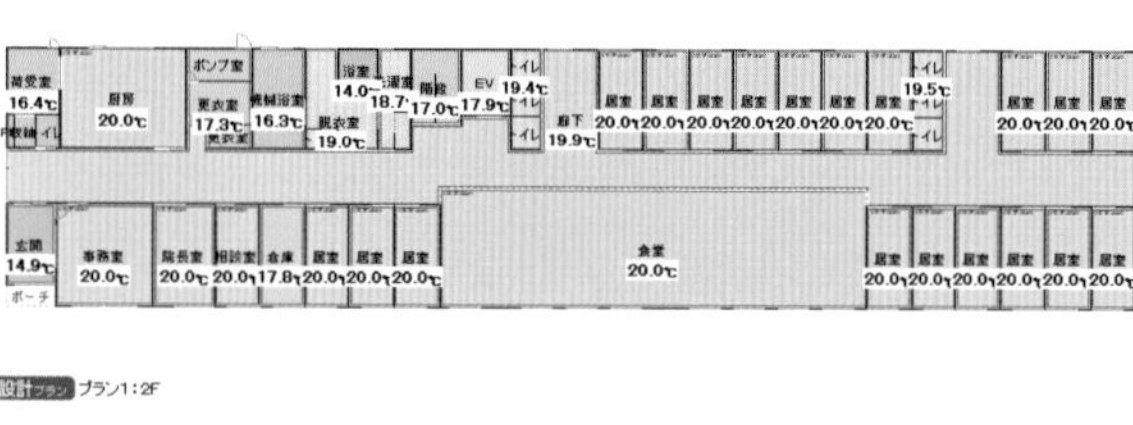

設計プラン　プラン1：2F

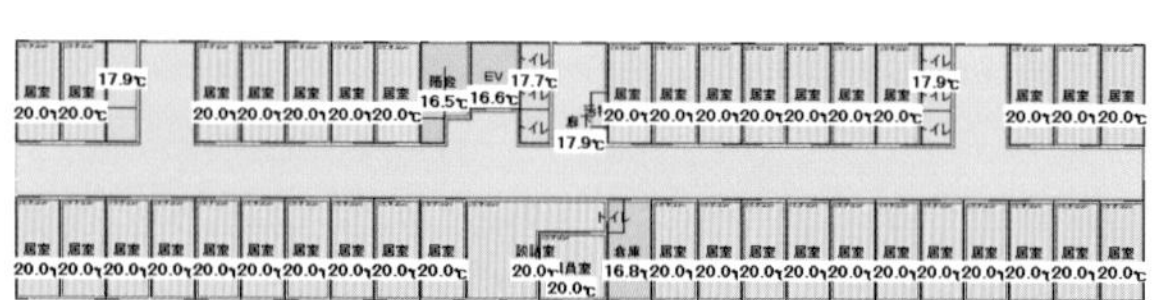

外気温 0.8℃

図5　検討モデル

節の始めに一度暖房を付けたのが付けっぱなしになり、増エネを引き起こします。過乾燥による健康被害（ウイルス、喉粘膜の乾燥、肌乾燥）も考えられ、さらに、その改善に伴う加湿器で増エネ、結露リスクも高めてしまうこともあります。よって、要暖房期間を短かくすることや、暖房をつけ始める時期を遅らせることが有効です。

　次に、窓のサイズの大型化を検討しました。サ高住では腰窓が圧倒的ですが、高齢者の人口動態を考えると、将来サ高住は一般集合住宅へのリノベーションが必要となる可能性もあると仮定し、一階窓の大型化、すなわち、掃き出し窓とした場合と比較してみました。大きな窓が高性能になることで、窓の日射取得・損失の両方が増えますが、暖冷房負荷について約7％前後の削減効果があることがわかりました。日射取得の変動により室温は上下しますが、一定の温度帯に納まっており、外気温に沿ったリズムを描きます（**図5**）。このような環境下で過ごすことは、外気変動による一日のリズム、ひいては季節変化などを生活に取り入れることができます。こうしたことは高齢者の生活のQOLにもつながると考えられます。

　以上より、一般住宅で主流となっている断熱性能の向上と窓のパッシブ設計が、サ高住でも有効で省エネが期待でき、かつ、高齢者の快適性や健康性の向上、一日の生活リズムや季節感の創出、災害対策といったさまざまな効果が期待されると考えられます。ただし、削減効果については個別のプランで開口の影響を確認する必要があることも分かりました。省エネ、脱炭素のみならず高齢者の住みやすい住環境の創出に、パッシブ設計が貢献できるのではないでしょうか。

建物の木造化の流れと技術発展

藤間明美◎㈱インテグラル代表取締役

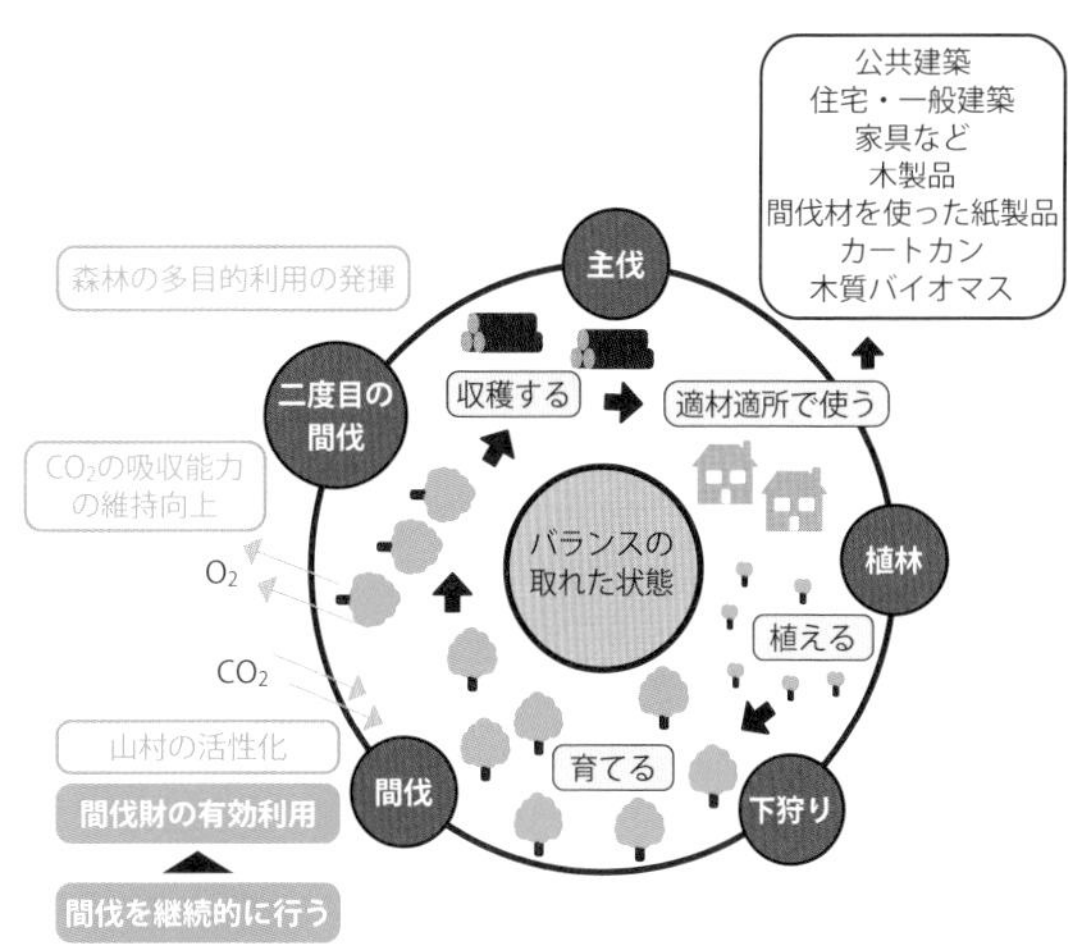

図1　広まる木材利用でCO_2の固定化

木造化の拡大

建物の木造化が世界的に加速しています。木造化はCO_2を長く固定でき、地球温暖化対策としても期待されています。加えて、日本では戦後に植林された多数の人工林が利用期を迎えています。利用期を過ぎると炭素吸収力が低下するため、森林の炭素吸収力を維持するためには利用期の樹木を伐採し、新たな植林を進めるという森林の循環利用が必要です（**図1**）。このため、今使える樹木を使おうということで、木材利用の用途を拡大する目的で、平成22年に「公共建築物等における木材の利用の促進に関する法律」、令和3年には「脱炭素社会の実現に資する等のための建築物等における木材の利用の促進に関する法律」が制定され、木造化を公共建築物から建物一般にまで拡大する流れになっています。

地場工務店がトップランナー

木造は、非木造に比べて軽量であるという構造上の利点、工事費用の安さ、木のもつ情緒的な作用などが長所として知られていましたが、耐火性能の弱点を理由に、中大規模建築物などでは主構造とすることができず、主に戸建住宅で採用されてきました。こうした中、木造戸建住宅を扱う事業者、すなわち、住宅メーカーや地場の工務店が、それぞれに木造住宅の技術を発展させてきました。住宅メーカーは、材料の標準化、工期短縮、量産による価格メリット、維持管理のスキームなどを生み出し「規格住宅」を発展させました。これに対して積極的な地場の工務店は、地産地消の建材や地域人材を活用し、CADソフトで性能を担保する設計や工程管理を進め、木造の特長である設計の自由度を活かした「注文住宅」を発展させ、住まい手の個別の暮らしやすさを提供しています。さらに会社の垣根を越えて、SNSや勉強会などを通して積極的に情報を共有するなど、共存共栄の精神で向上しています。こうした工務店は「スーパー工務店」とも呼ばれ、木造住宅の性能向上を導くトップランナーの役割を担っています。

スーパー工務店の展開

この「スーパー工務店」は、建築主とのコミュニケーションにも影響力を発揮しています。最近では、一般の方にも「耐震等級」や「断熱グレード」といった専門用語が広く知られるようになりました。工務店YouTuberなども登場し、「スーパー工務店」は自身の言葉で積極的に性能をアピールしています。その訴求力には、目を見張るものがあります（**図2**）。

図2　建築系YouTuberによる情報発信

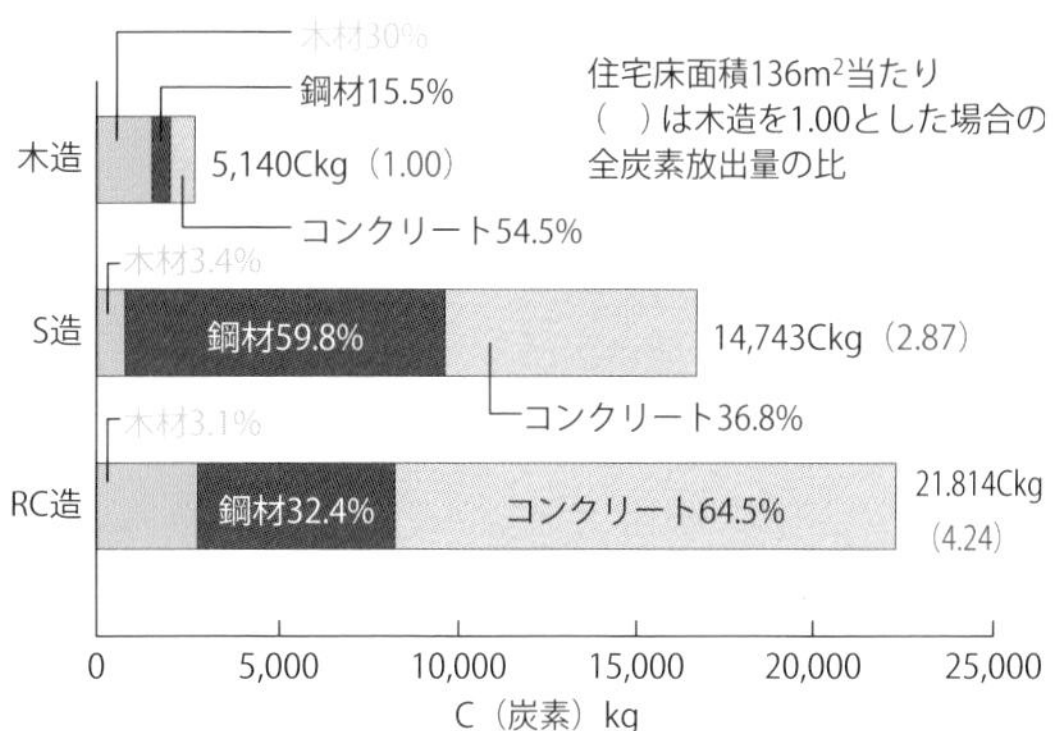

図3　建築時のCO_2排出量が少ない木造住宅
（出典：(財)日本材木総合情報センター「木質系資材等地球環境影響調査報告書」

地場の工務店は「大工による勘」と揶揄されていたのは過去の話で、現在では工学的知見やIT、実測確認による設計・施工を実践し、地域を活かした営業、調達、維持管理を一気通貫で展開しています。木造を展開する「スーパー工務店」は、脱炭素に向けて、集合住宅や非住宅の木造化を推進するうえで欠かせないプレイヤーと言えます（**図3**）。

おかないと、壁体内結露の原因にもなりかねません。

当社では付加断熱の場合は、インセット納まりを標準としています。水切りや通気などの配慮は必要になりますが、長期にわたる「垂れ」の心配はなくなり、断熱仕様の性能を損なわずに済むというメリットは大きいと考えるからです。

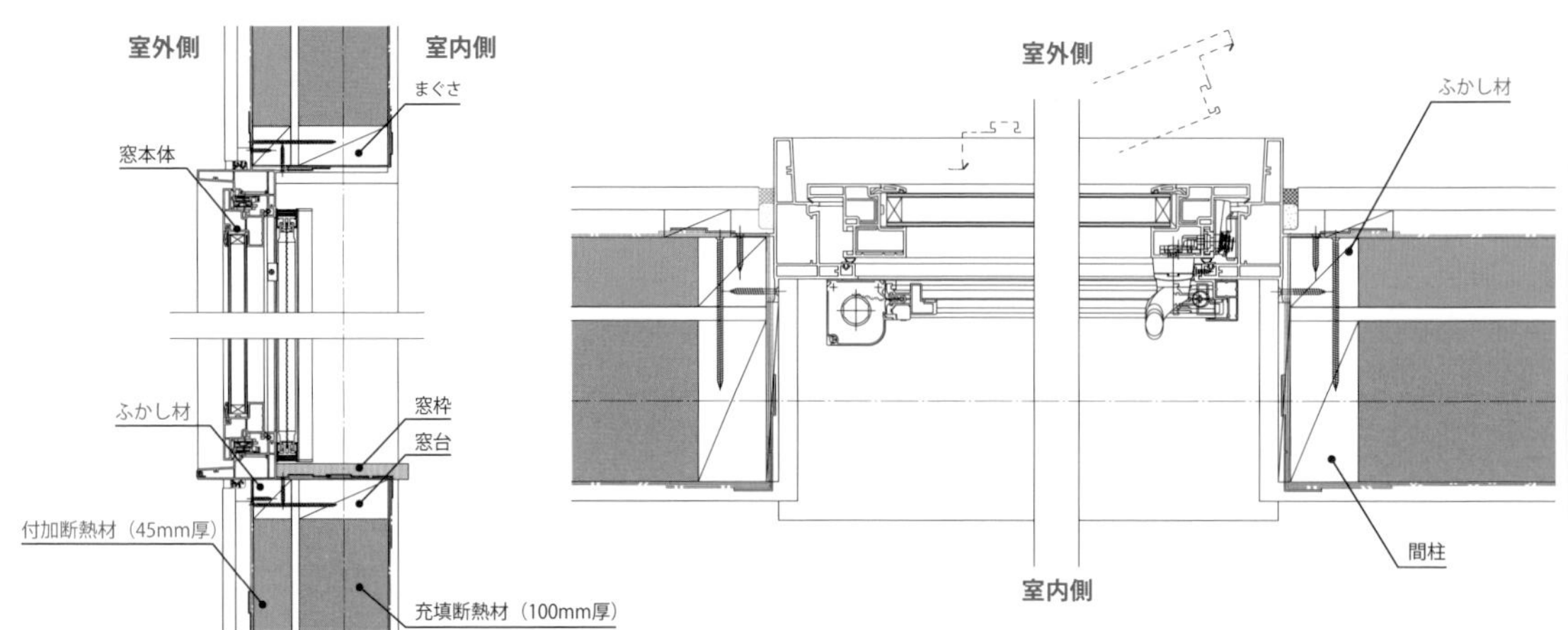

図1　アウトセット納まり（APW 330たてすべり出し窓／付加断熱材45 mm 厚）

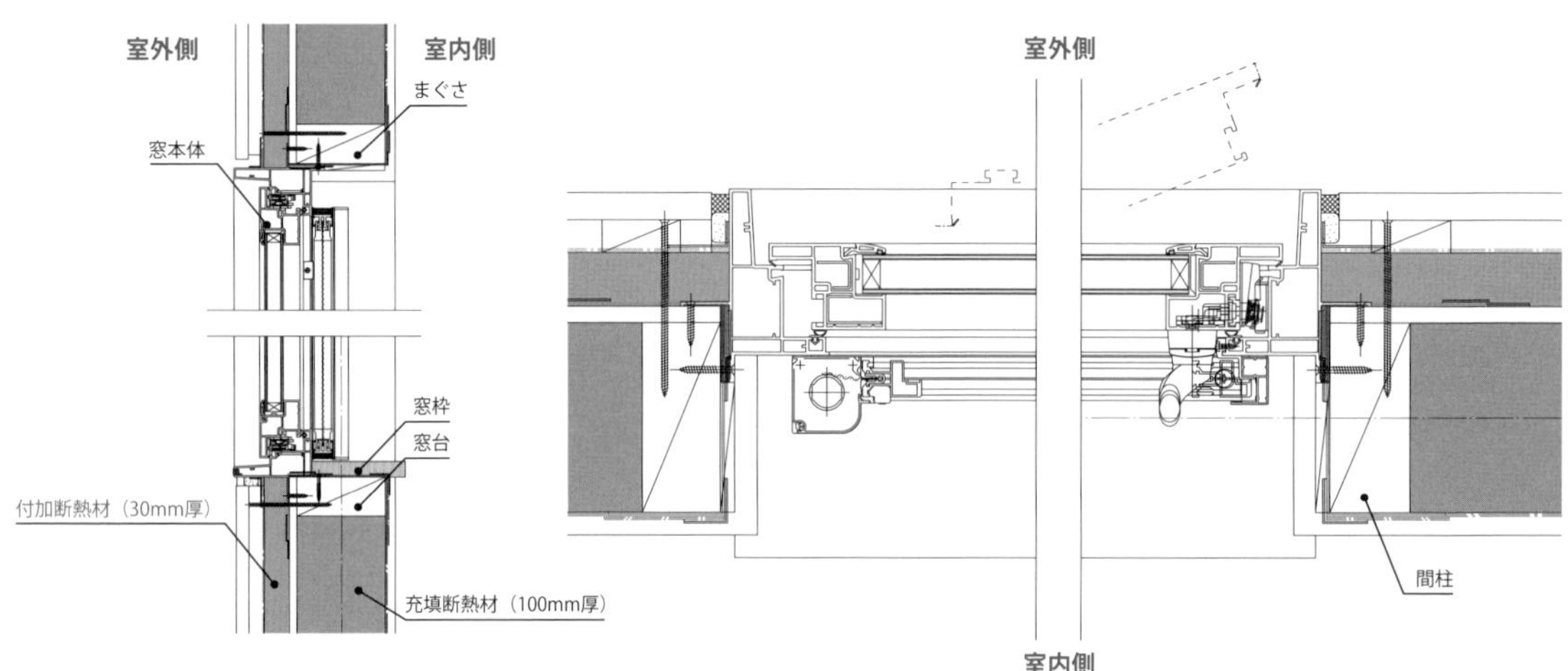

図2　アウトセット納まり（APW 330たてすべり出し窓／付加断熱材30 mm 厚）

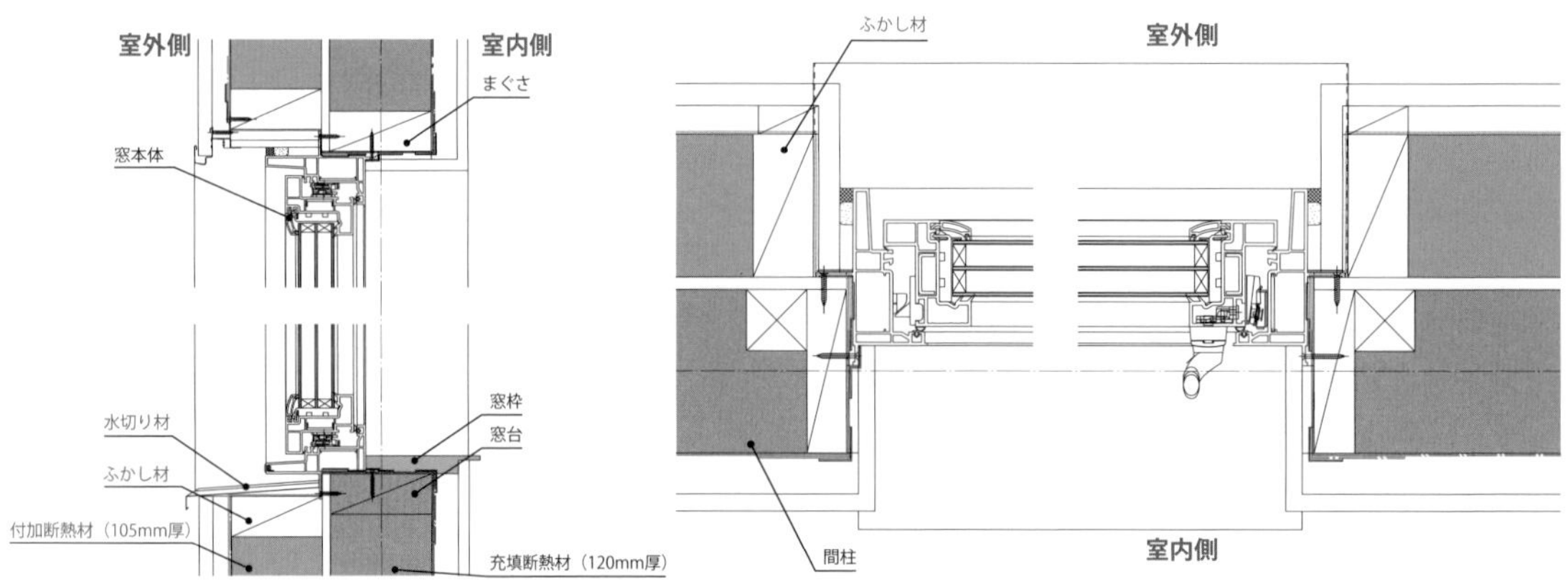

図3　アウトセット納まり（APW 430 たてすべり出し窓／付加断熱材105 mm 厚）

付加断熱の開口部の納め方
（等級６・７の納まり例）

古川繁宏◎住まい環境プランニング

今後、断熱等級6・7を目指すうえで、付加断熱は必要不可欠になっていくことでしょう。私たち、住まい環境プランニングは、国内唯一の高気密性能を担保できる気密施工マイスターを育成する設計事務所です。高性能住宅の熱環境分野に携わって以来、省エネ住宅の開発研究・普及に努めています。付加断熱についてもベストな仕様、工法とはどんなものか、試行錯誤を重ねてきました。過剰に断熱性能を最優先すると、外皮が厚くなり、コストや施工手間の点でもややバランスを欠いたものになりかねません。現実的には、外張り断熱材の厚みを必要最小限とし、特に開口部回りの納まりを複雑化させないという、カジュアルな仕様がよいのではないかと考えます。この仕様については後述します。

アウトセット納まりのメリットとデメリット

まず、一般的な窓納まりを説明します。一般的な国産の窓の納まりでは、フィン（つば）が構造躯体の外側にくるタイプが主流です。ここでは、「アウトセット納まり」と表現します。付加断熱を実施すると、その部分に窓が載る形になります。YKK APが推奨しているAPW 330の納まり図を**図1**に示します。多くの施工者にとって、慣れた取付け方法ですから、施工手間やスピードが予測しやすいというメリットがあります。

一方、気になるのは窓の重量です。断熱等級7を目指す場合、樹脂サッシ+トリプルガラスという組合せになり、経年による「垂れ」が懸念されます。これを防ぐために、付加断熱部分に木製のふかし材を組み込み、窓を支える方法が広く実践されています。ただし、断熱性能を考えると、ふかし材を入れるために僅かであっても、断熱材に欠損をつくることはあまり好ましくはありません。また、サッシも断熱層の一部と考えると、窓を外に持ち出している分、断熱の層にずれが生じ、線状の熱橋が生まれやすくなる可能性があります。これらの懸念は、国内の熱計算では反映されない要素ではありますし、実質的な影響が数値的に検証したわけでもありません。しかし、付加断熱で断熱性を高めようとしているのに、設置方法によって断熱性能が損なわれるリスクを見逃すのは非常に残念です。

そこで、当社が実践しているのが「インセット納まり」です（**図2、3**）。半外付け用のサッシの取付位置を室内側にずらして、躯体の窓台に固定するのがポイントです。窓が重くなっても、その荷重は構造躯体の土台で支えるため、将来的な「垂れ」の心配はありません。また、窓と壁の断熱のラインが揃うので、欠損のリスクも小さくなります。特に**図2**では、外張り断熱材に発泡系材料を採用し、厚みを20～30mm程度に抑え、厚みを最小限にすることで、開口部まわりの納まりを複雑にしない狙いがあります。

インセット納まりは水切りが重要

インセット納まりは断熱的にはメリットが大きい一方、**図3**のように外張り断熱材の厚みが厚い場合、施工時の注意点があります。

一つ目は、窓の取付け位置を内側にしたことで、付加断熱部分の上端に水切り部材を設置して、雨水の浸入を防ぐ必要があります。専用部材がないので、板金職による現場加工で取り付けてもらう必要があります。水切り部材の両サイドを10mmほど立ち上げ、水が壁体内に入らないようにする配慮も必須です（**図4**）。水切りと縦枠の取合いを間違えて、**図6**のように縦枠を伸ばすと、水切りの上の水が縦枠に吸い込まれて腐朽の原因になるので注意してください。

二つ目は、**図5**のように窓の上部に通気部材を入れ、窓まわりの通気を確保することです。きちんと水の出口を確保して

図4　インセットの水切りのサイドは立ち上げる

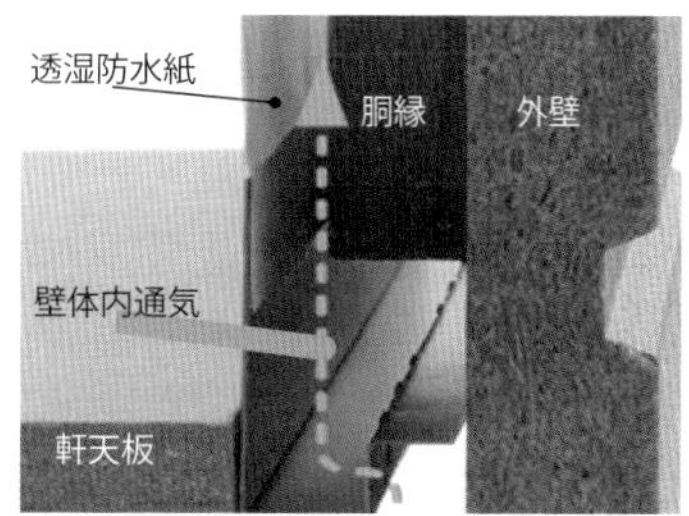

図5　窓上部の通気をとる

図6　水切りを失敗すると腐食の原因になる

パッシブタウン第4街区

ランドスケープに呼応した伸びやかな空間の実現
（木造建築）

南面外観

内観（地場産材の活用）

写真提供：YKK不動産㈱

IV

パッシブ設計で使えるツールの紹介

通風・換気のポイント❶ 地窓と高窓による経路確保

通風・換気のポイント❷ 二面開口を設ける

通風・換気のポイント❸ ウインドキャッチ連窓で風を取り込む

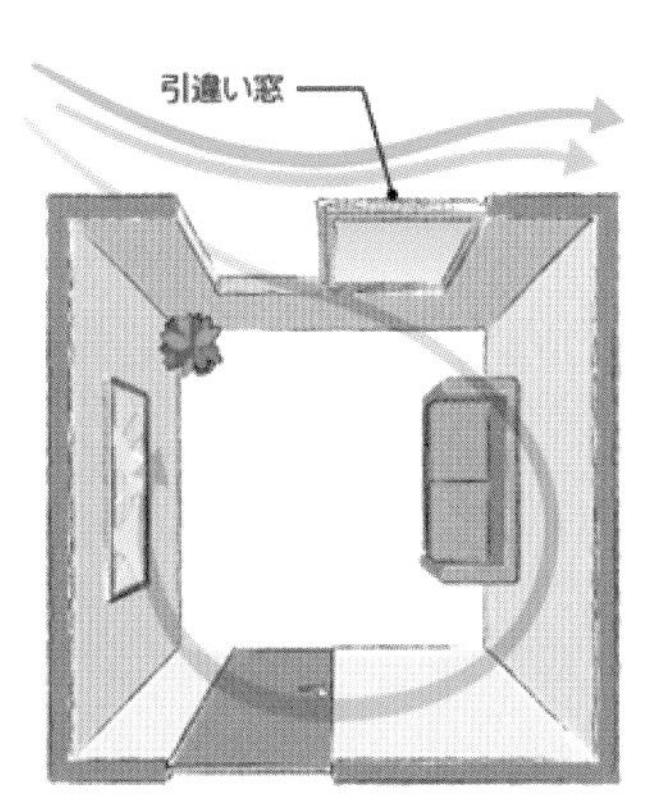

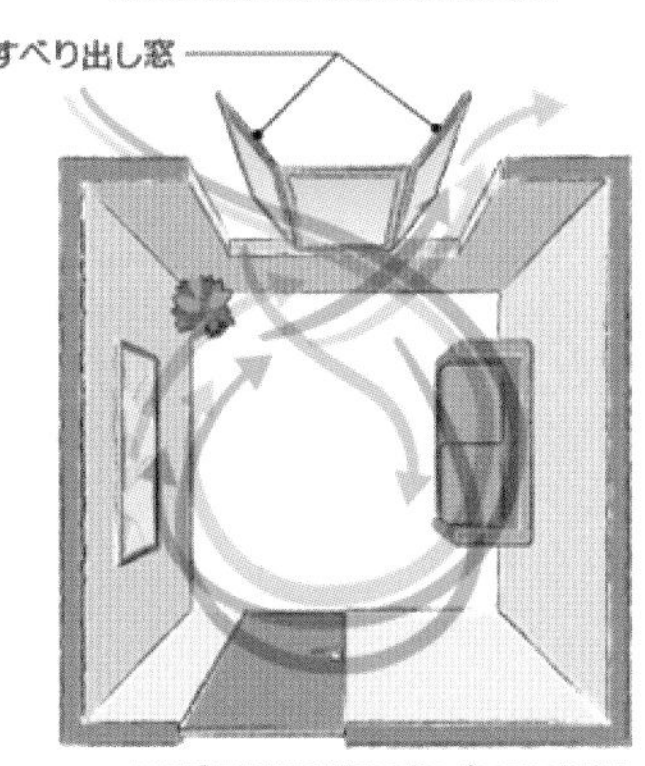

風は壁に沿って流れることが多いので、開き窓の開け方を工夫して出入口をつくることで、外の風を取り込む

ホームズ君 省エネ診断エキスパート

藤間明美◎㈱インテグラル代表取締役

ホームズ君の概要

「ホームズ君 省エネ診断エキスパート」は、外皮性能（U_A値、η_{AC}値）と一次エネルギー消費量計算が行えるソフトウエアです。標準計算法に対応し、CAD画面で間取りや窓情報、各部位の断熱仕様などを入力すると、自動で面積を拾い、断熱仕様の熱貫流率（U値）から外皮平均熱貫流率（U_A値）などを求めます。2025年に義務化される住宅の省エネ基準への適合判定にはもちろん、品確法性能表示制度や長期優良住宅で求められる断熱等性能等級（1～7）の判定が可能で、計算書は各種申請の添付図書として利用できます。日本住宅・木材技術センターのプログラム認定を取得しており、ソフトの適切さ（法令との整合性、プログラム処理の妥当性、誤用防止策など）や、運用の適切さ（メンテナンスや苦情処理体制など）について審査を受けています。構造規定を確認できるホームズ君「構造EX」と連携すれば、一気通貫で構造と省エネ適合確認が行えます。

特長

― 直感的な操作と3Dの充実 ―

ホームズ君の簡単CADインターフェイスは、直感的に入力が行えるようになっており、一棟当たり半日作業で行えます。また、設定内容や結果を3Dで確認することができるので、設計検討が行いやすく、設定ミスも発見しやすくなっています。

― 性能規定で経済性の高い設計 ―

仕様規定で計算すると安全側、どちらかと言えば過剰になるケースがありますが、性能規定・標準計算法で計算を行えば経済性の高い設計が可能です。

― パッシブ設計オプション ―

非定常計算による熱負荷計算や室温計算が行え、敷地や気象条件などを加味したシミュレーションを行えます。

パッシブ設計オプションの概要

建築物省エネ法で求められる外皮性能や一次エネルギー消費量計算を行えるソフトは多数存在しています。しかし、パッシブ設計の評価に適した、気候や敷地条件、日照条件を考慮し、無空調（自然室温）、あるいは連続・間欠など、さまざまな空調条件下での各室の時系列温度や熱負荷、設定室温未満時間の割合などが計算できるソフトは少なく、かつ研究者向けで、設計者向けではありませんでした。こうした中、ホームズ君は木造の構造検討用ソフトとしてメジャーですが、さらにパッシブ要素を評価する熱負荷計算が「ホームズ君省エネ診断パッシブ設計オプション」（開発：インテグラル）で可能です。また、高断熱化で無段防を目指す設計の増加を背景に、自立循環型住宅委員会が提案した新指標、「要暖房期間」の推定機能も、パッシブ設計オプションで出力できます。

「要暖房期間」の推定

新指標「要暖房期間」は、パッシブ設計による冬期の暖房削減の効果について、従来の暖房負荷削減量やエネルギー削減量での評価に加えて、暖房が必要となる期間で評価するものです。日射取得を有効に活用して取得する熱量を増やし、熱損失を減らした結果、暖房期間がどれほど短くなるかを評価できます。

「要暖冷房期間」の計算には、開口部性能の精緻化が不可欠です。ホームズ君は開口部の性能値として、さまざまな性能値を扱えるようになっています。日本サッシ協会が示している通称「仕様表」による値や、WindEyeと呼ばれるWEBアプリで計算した値、さらには、開口部メーカーが実験に基づ

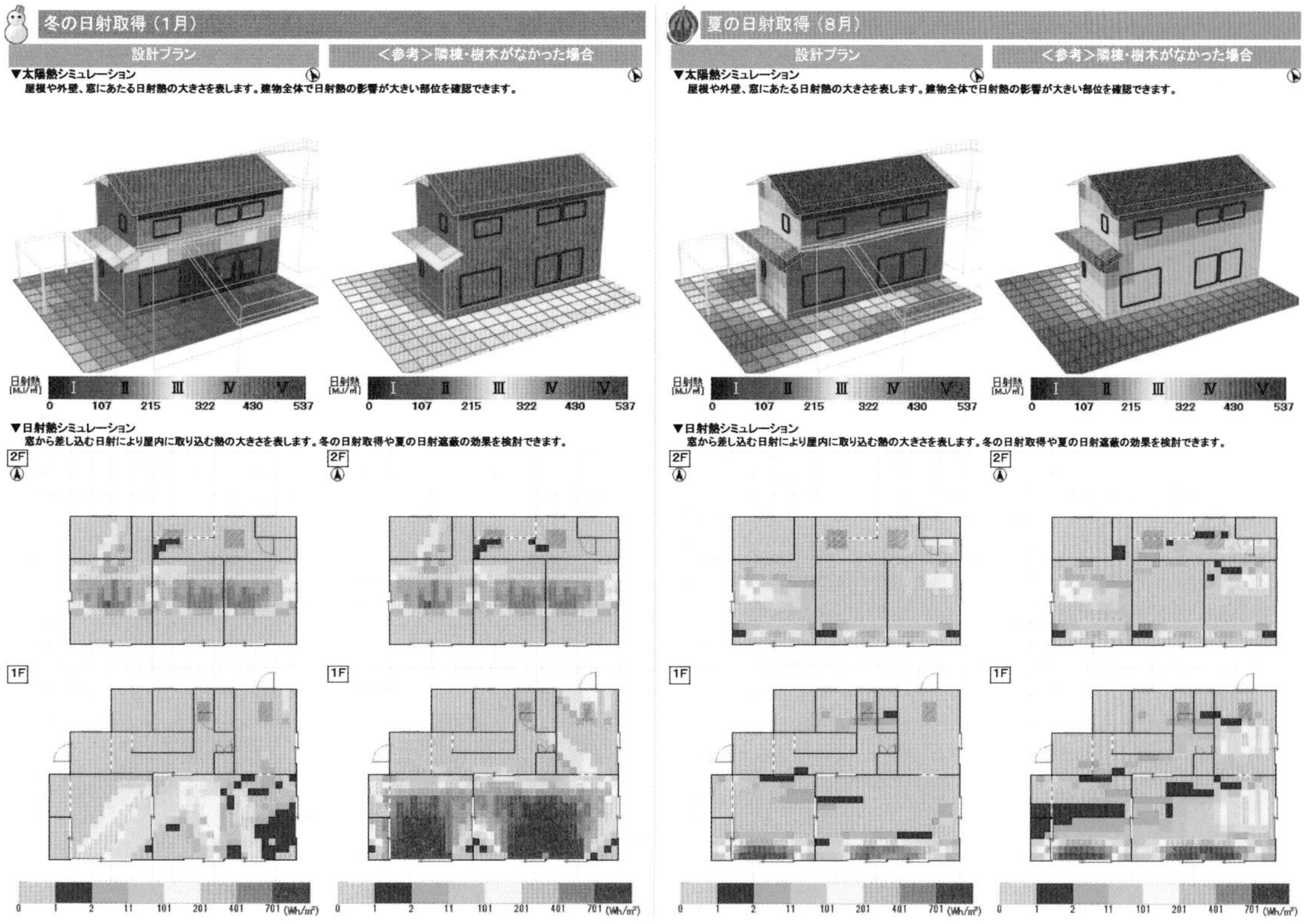

図1　日当り計画書

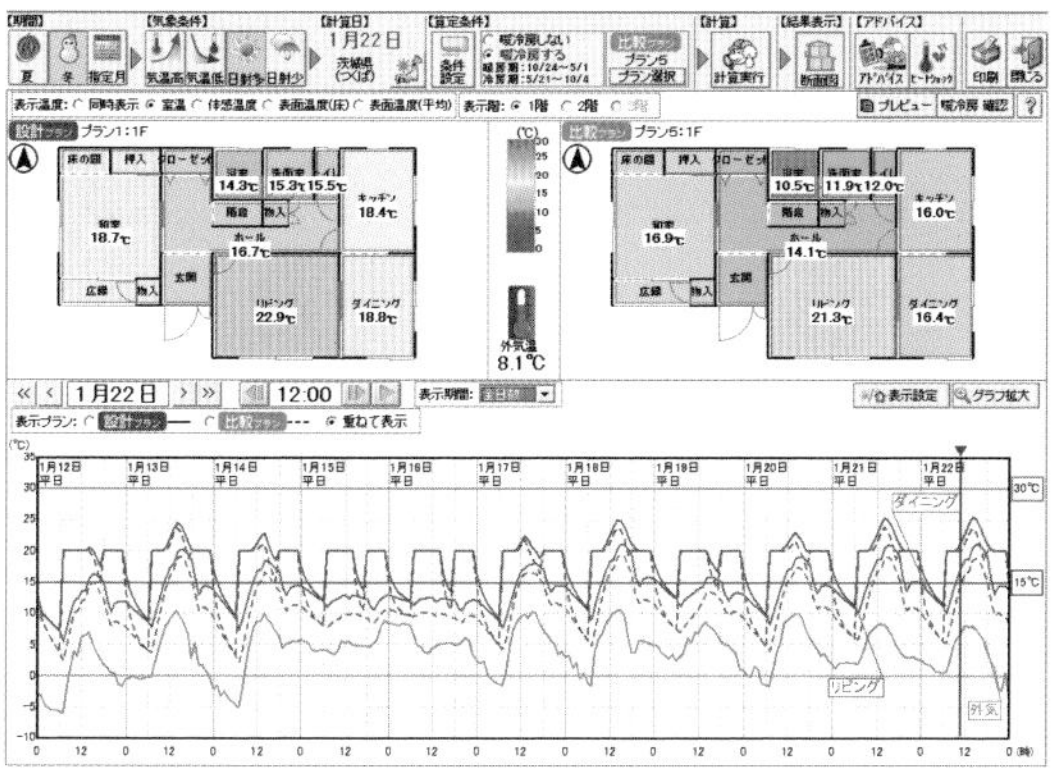

図2　温室シミュレーション

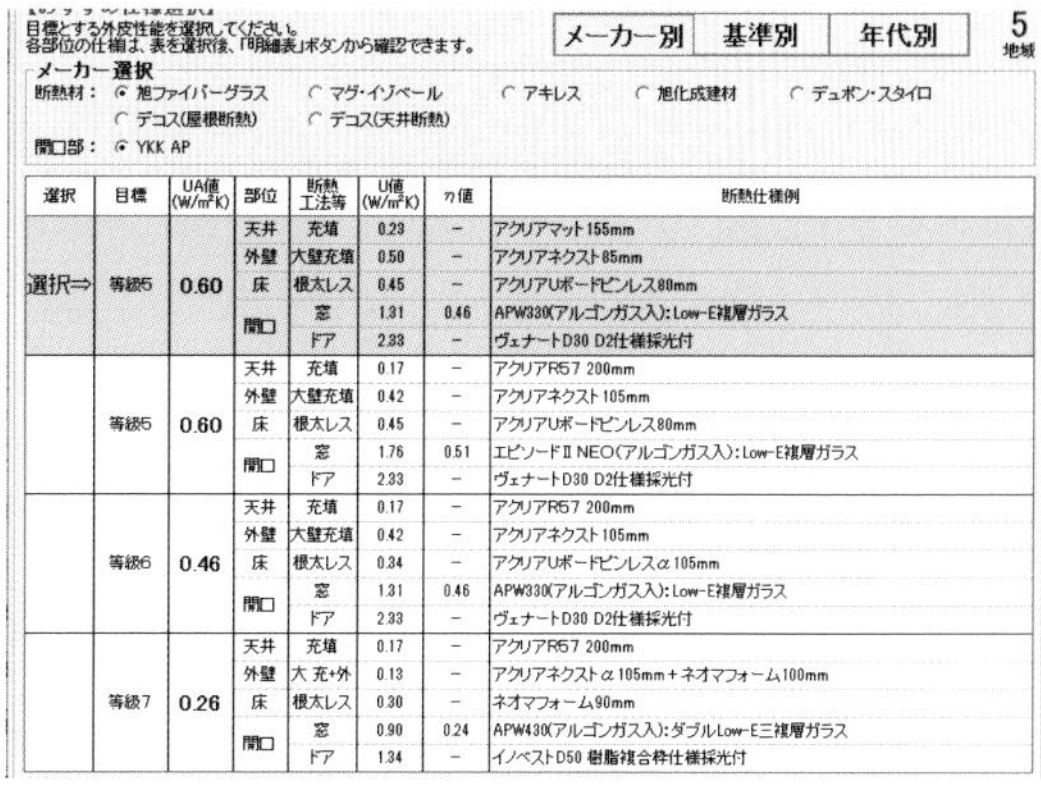

目標とする外皮性能を選択してください。
各部位の仕様は、表を選択後、「明細表」ボタンから確認できます。

メーカー別　基準別　年代別　5地域

メーカー選択
断熱材：◉ 旭ファイバーグラス　○ マグ・イゾベール　○ アキレス　○ 旭化成建材　○ デュポン・スタイロ
○ デコス(屋根断熱)　○ デコス(天井断熱)
開口部：◉ YKK AP

選択	目標	UA値(W/m²K)	部位		断熱工法等	U値(W/m²K)	η値	断熱仕様例
選択⇒	等級5	0.60	天井		充填	0.23	−	アクリアマット155mm
			外壁		大壁充填	0.50	−	アクリアネクスト85mm
			床		根太レス	0.45	−	アクリアUボードピンレス80mm
			開口		窓	1.31	0.46	APW330(アルゴンガス入):Low-E複層ガラス
					ドア	2.33	−	ヴェナートD30 D2仕様採光付
	等級5	0.60	天井		充填	0.17	−	アクリアR57 200mm
			外壁		大壁充填	0.42	−	アクリアネクスト105mm
			床		根太レス	0.45	−	アクリアUボードピンレス80mm
			開口		窓	1.76	0.51	エピソードⅡ NEO(アルゴンガス入):Low-E複層ガラス
					ドア	2.33	−	ヴェナートD30 D2仕様採光付
	等級6	0.46	天井		充填	0.17	−	アクリアR57 200mm
			外壁		大壁充填	0.42	−	アクリアネクスト105mm
			床		根太レス	0.34	−	アクリアUボードピンレスα105mm
			開口		窓	1.31	0.46	APW330(アルゴンガス入):Low-E複層ガラス
					ドア	2.33	−	ヴェナートD30 D2仕様採光付
	等級7	0.26	天井		充填	0.17	−	アクリアR57 200mm
			外壁		大 充+外	0.13	−	アクリアネクストα105mm+ネオマフォーム100mm
			床		根太レス	0.30	−	ネオマフォーム90mm
			開口		窓	0.90	0.24	APW430(アルゴンガス入):ダブルLow-E三複層ガラス
					ドア	1.34	−	イノベストD50 樹脂複合枠仕様採光付

図3　等級ごとメーカー別おすすめ断熱仕様

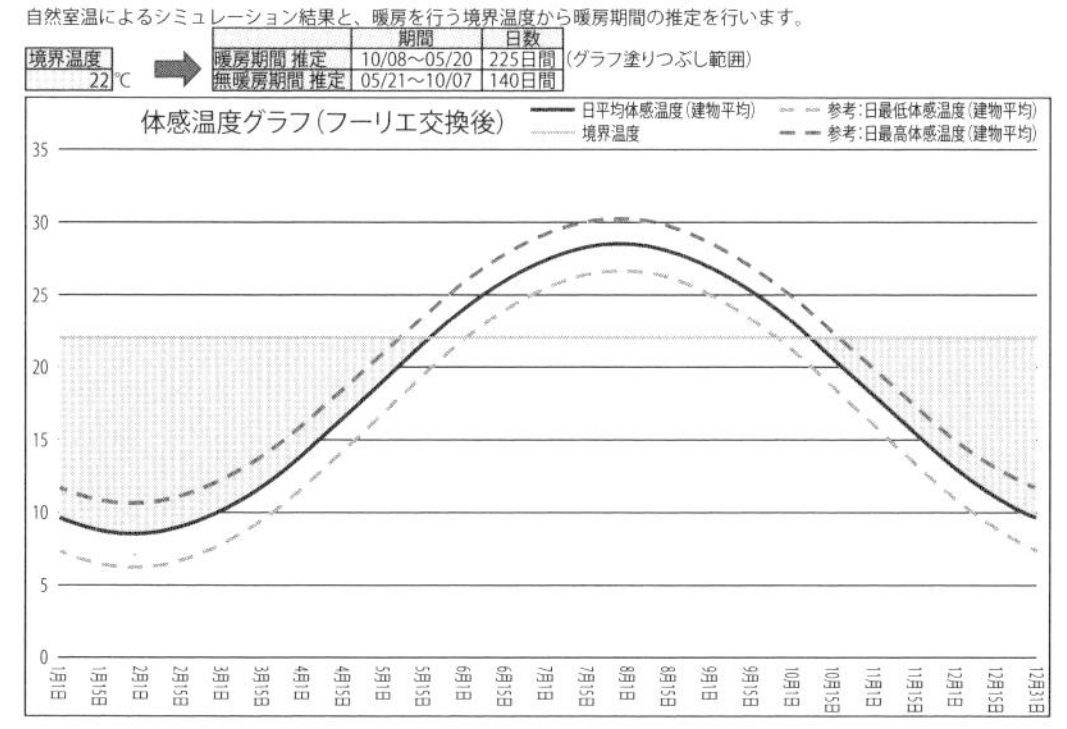

図4　要暖房期間の結果画面例

き示している自己適合宣言という値、窓メーカーの知見による計算値などです。開口部の熱損失性能と日射取得性能の重要性が増しているため、これを詳細に計算できる機能を窓メーカーと協力で開発しました。どの値を使うかについては、目的によって設計者に委ねられていますが、パッシブ設計を行う際には、熱損失性能U値、日射取得性能η値のいずれについても、より精緻な値を用いることで実状に近い結果を得られます。

[参照文献]

・https://www.homeskun.com/
・https://www.homeskun.com/products/homesene/

さまざまな解析ツール

YKK AP ㈱書籍制作委員会

建もの燃費ナビ

建もの燃費ナビ（開発：CPU）は、建物の燃費（＝一次エネルギー消費量）をグラフ形式で出力できる設計支援ツールです（**図1**）。視覚的に建物の燃費が把握でき、設計検討などに役立ちます。

また、建物形状、窓寸法や位置、影の影響などを自動的に拾って温熱計算を行い、計算結果を提案シートに出力することも可能です。加えて、CAD機能が標準搭載されており、一から間取りを入力できる他、他社製建築三次元CAD（CEDXM形式）を読み込み、基本データとして利用可能です。CAD入力の他に、計算に必要な数値を直接入力する「CADスキップ入力」にも対応しています。

なお、ISOやEN、DIN規格をベースとした厳密な温熱計算が可能な「パッシブハウス・プランニング・パッケージ」（PHPP）の日本語入力サポート機能が搭載されています（ただし、全館24時間空調を想定した燃費計算のため、部分間欠のランニングコスト根拠を計算するものではありません）。

これらの機能を活用し、省エネかつ適切な予算配分の検討が行えます。

QPEX

QPEXは、新木造住宅技術研究協議会が開発した、暖房エネルギー計算プログラムです（**図2**）。

同プログラムでは、部位ごとの材料を選び、厚さ、寸法を入力することで比較的容易に断熱や日射取得性能を計算できることが特徴です。また、エクセルでのQ値計算ができ、直感的な操作が行えます。簡易な入力で外皮性能（熱損失、日射取得熱）を算出し、暖冷房エネルギー消費量を考慮した設計検討に役立ちます。

また、全国のアメダス観測地点の暖房デグリデー（その土地の暖房の量を積算した値＝その土地の寒さ）と日射量をすべてデータとして所有しており、熱損失計算以外にどの程度の内部取得熱（日射）を得られるか、どの程度の暖房の容量が必要か、自然温度差（暖房なしで部屋温度が何℃になるか）、燃費がいくらか（灯油量や電力量など）、CO_2排出量はどの程度かが、データを更新すれば瞬時に結果が得られます。そのため、建築主と仕様と燃費を見比べながらのコミュニケーションが可能になっています。

住宅省エネ性能計算ソフト

住宅省エネ性能計算ソフト（開発：YKK AP）は、簡単な操作で住宅の外皮性能計算書や一次エネルギー消費量計算書を作成できるWEBソフトです（**図3**）。

2021年4月より、建築士から建築主に対する省エネ性能の説明義務制度が始まりました。300㎡未満の住宅を設計する際には、2021年4月の委託分より、省エネ基準に適合しているかどうか、また不適合ならば省エネ性能確保のための措置内容を掲示しなければなりません。

本ソフトを使えばより精密で優遇制度の対応範囲が広い「標準計算ルート」、「簡易計算ルート」に対応した外皮性能計算書や、一次エネルギー消費量計算書を作成することができます。また、建築主用の説明資料として、計算報告書が自動作成されるので、より明確で信頼性のある説明が可能になります。

これまで説明してきたように、戸建住宅の断熱性の低さは、「窓」からの熱の出入りが一番の原因と言われています。つまり、「窓」を断熱化することが、家全体の断熱性を高めて省エネ性能を高める一番の近道になります。

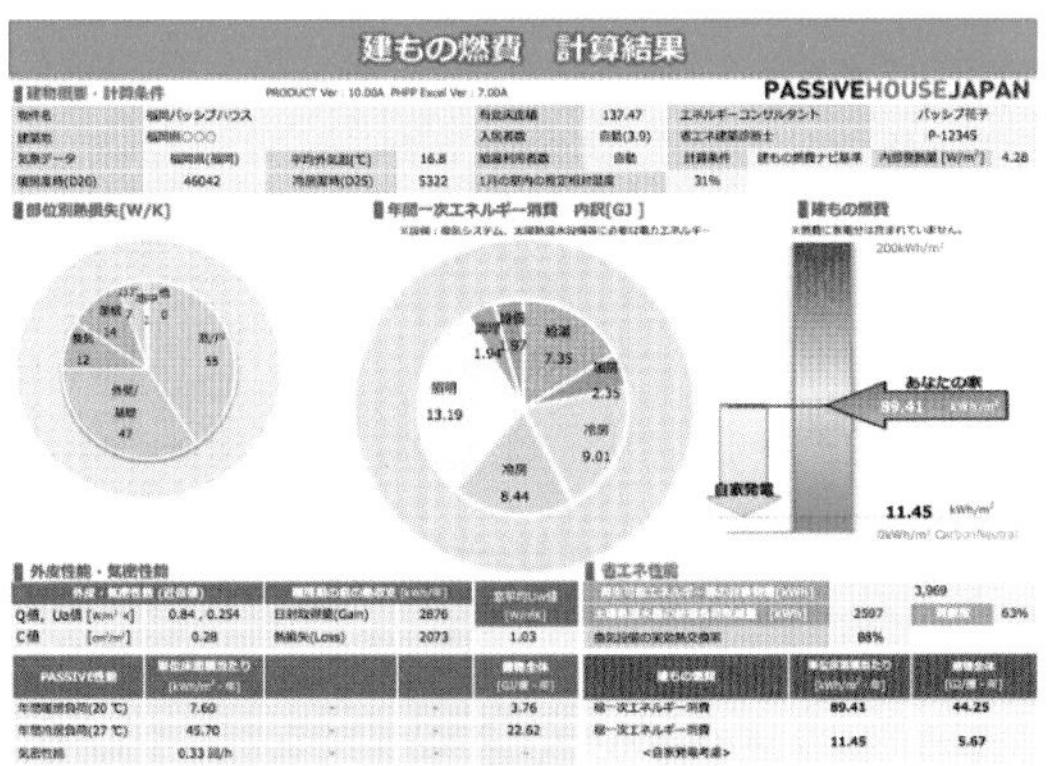

図1　建もの燃費ナビの計算結果イメージ

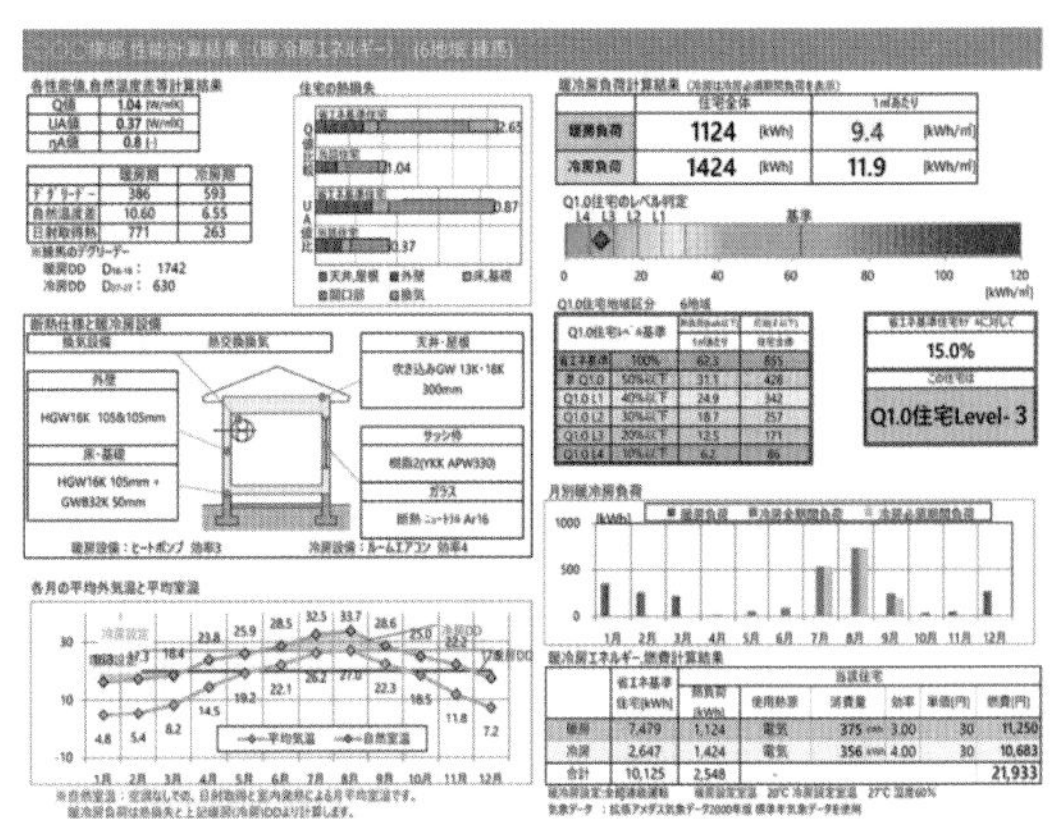

図2　QPEXの計算結果イメージ

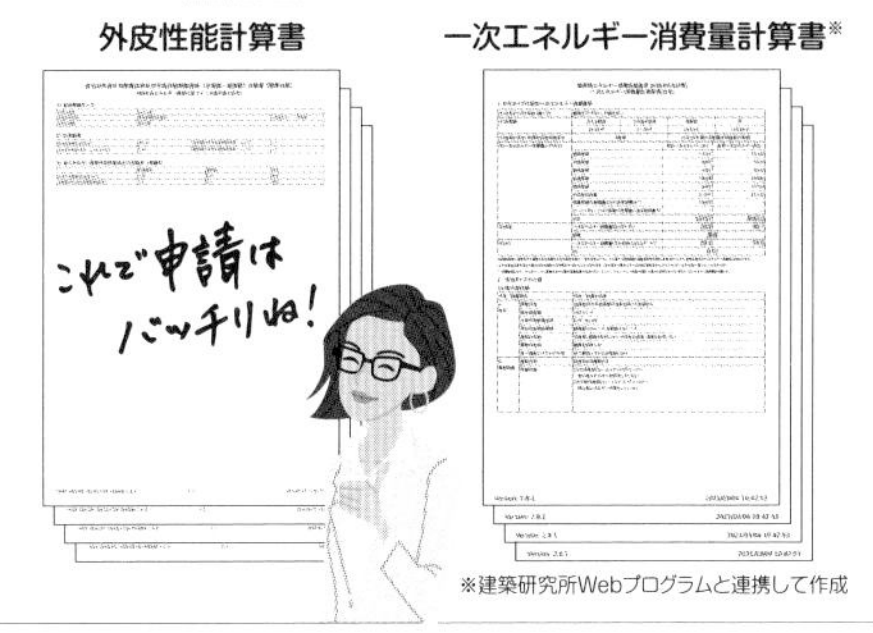

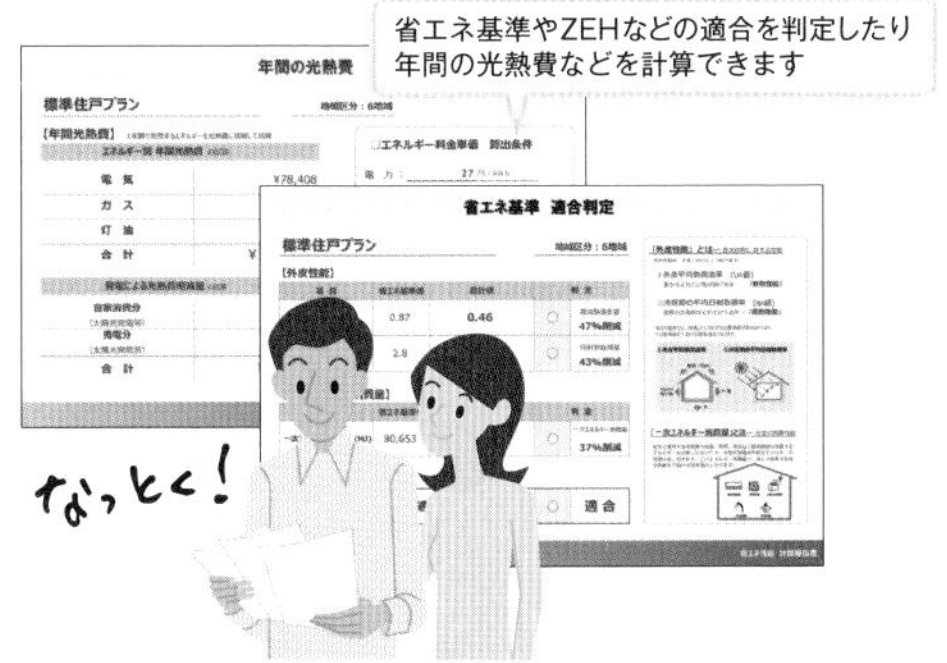

図3　住宅省エネ性能計算ソフト活用イメージ

本ソフトでは、YKK APの見積システムとの連携により、数ある窓を拾い出す必要もなく、それぞれの性能値を拾い出すことができます。窓の商品名を入れ替えるだけで、窓の性能別の計算書をつくることもでき、建築主にも窓の違いによる性能値や各種基準適合の違いを簡単に提案することができます。

［参考文献］
・㈱CPU　HP　https://passivehouse-japan.org/ja/econavi/
・新木造住宅技術研究協議会　HP　https://shinjukyo.gr.jp/tech/qpex/
・YKK AP㈱　HP：https://www.ykkap.co.jp/business/gaihiweb/

BIMの環境シミュレーションを用いた保育園の検討

谷口景一朗◎スタジオノラ／東京大学大学院特任准教授＋YKK AP㈱書籍制作委員会

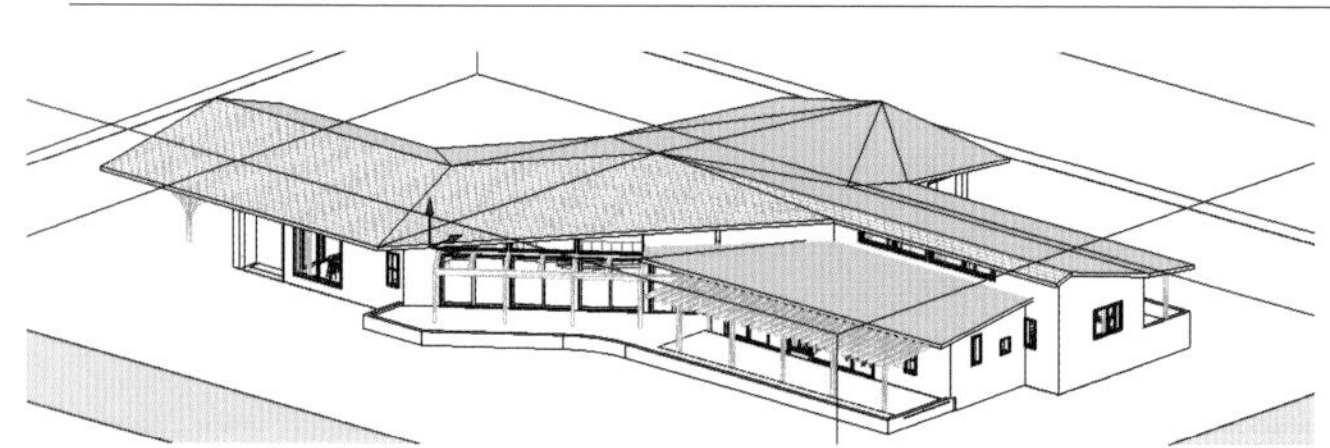

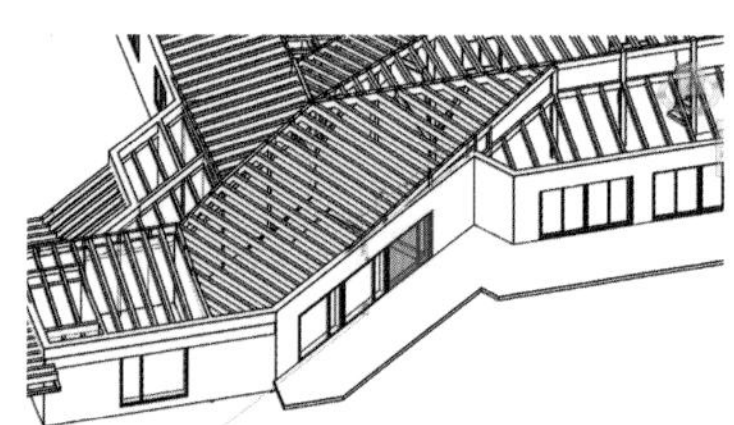

図1　保育園のBIMモデル

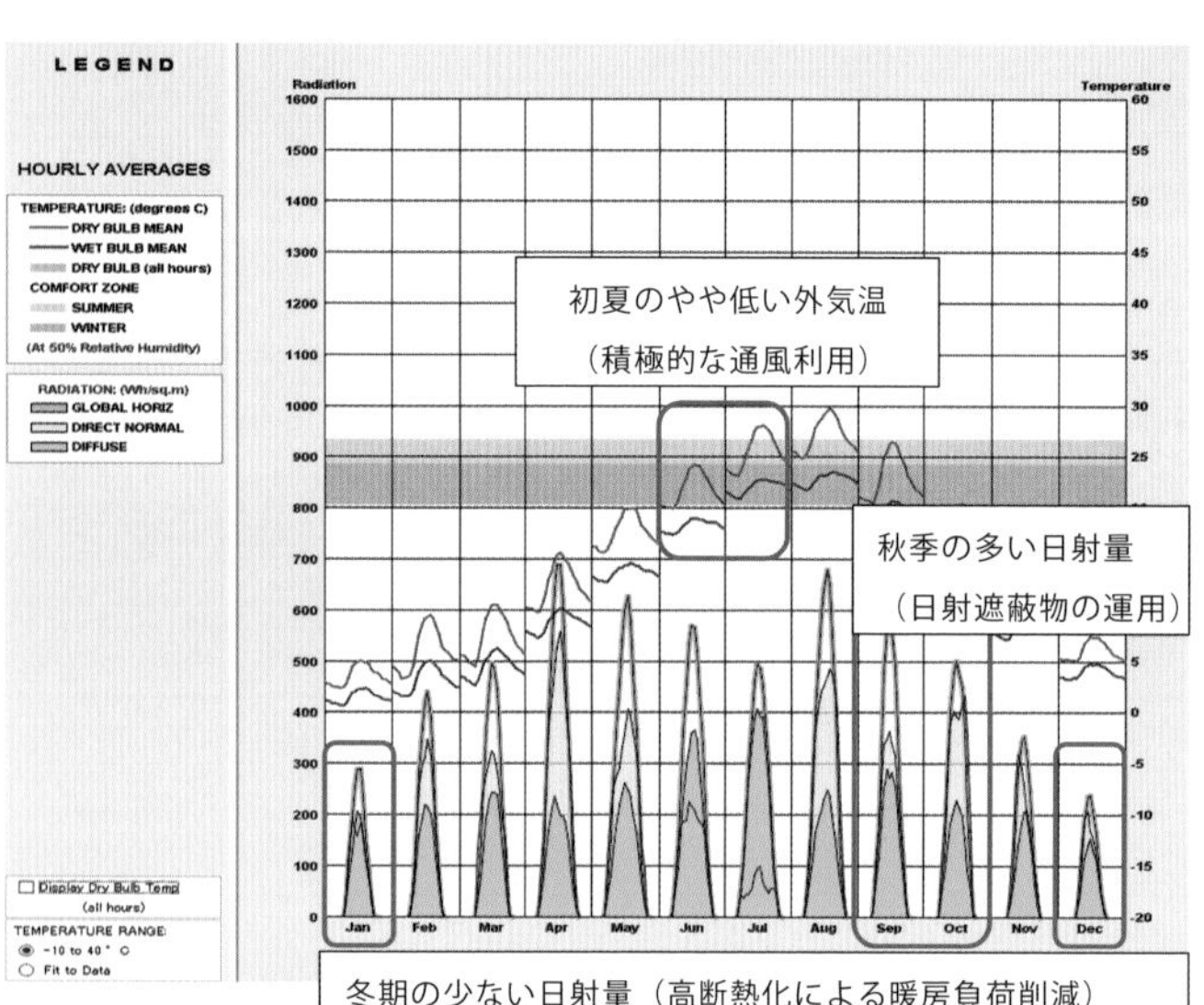

図3　気象データ（気温・湿度・日射量）

図2　パース（作成：田口知子建築設計事務所）

本稿では、主要なBIMソフトであるRevitの環境シミュレーションや気象分析ソフト（Climate Consultant 6.0）を用いて、保育園のパッシブ設計を行った事例を紹介します。**図1**、**2**に、保育園のBIMモデルとパースを示します。

気象データの活用

設計初期には敷地条件を分析し、活用可能な自然エネルギーを確認するために気象分析を行います。分析には、建設地である黒部市で実測した気象データを活用しました。気温や湿度、日射量の算出結果を**図3**に示します。

冬期は日射量が少ないため、高断熱化による暖房負荷削減が必要なことが分りました。初夏の外気温は、やや低い期間があり、積極的な通風利用の可能性が見えてきました。また、秋期には日射量が多いため、オーバーヒートを避ける目的でシェードなどの日射遮蔽物の利用を想定する必要があります。**図4**に、月別の風配図を示します。敷地の卓越風向を把握し、通風が有効な6、7月には北東から北北東の風が吹くことが分りました。このように、季節ごとに適したパッシブ設計の方針が検討され、保育園の運用時間に着目した快適な温熱環境の設計が行われました。

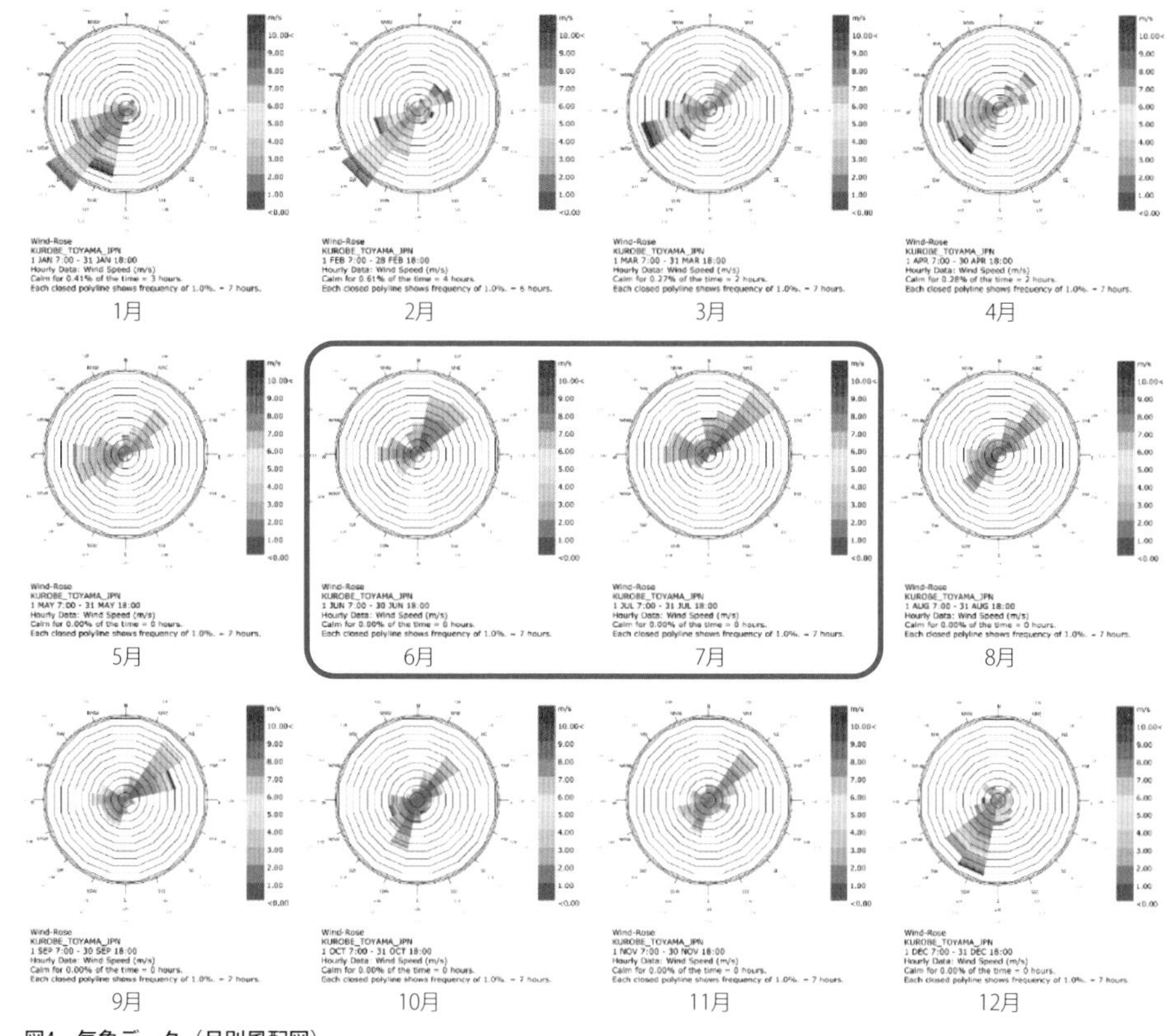

図4　気象データ（月別風配図）

図5　窓モデルの形状（左：窓BIMモデル、右：高性能窓のカタログ写真）

窓のデータベースの活用

ＢＩＭ（Ｒｅｖｉｔ）には、窓の形状データとともに、熱・光性能値をはじめとした、さまざまな情報がデータベースとして納められています。**図5**に高性能窓のカタログ写真とＢＩＭモデルの形状の比較を、**図6**に窓のデータベースの内容を示します。

木造住宅用の窓には、規格寸法があり、それ以外の寸法は特注品のため流通してません。そのため、使用する窓シリーズの窓種と寸法を一覧の中から選択し、さらに、ガラス種類やフレームの色、日射遮蔽物を選択することにより、建物の省エネ性や温熱環境、光／視環境を評価するために必要な情報を選択することができます。

環境シミュレーションでの検討

― 冬期の日射熱取得 ―

保育園は、原則、平日日中（7～18時）の運用であるため、休日や夜間には内部発熱がほぼなく、特に冬期は朝に室内が冷え切った状態になります。そこで、冬期の朝はダイレクトゲインによって積極的に日射熱を取り入れる工夫を行いました。逆に、夏期／中間期

窓のシリーズ、寸法
・高性能窓シリーズの一部
・住宅用窓の規格寸法

ガラス／フレームの種類と日射遮蔽物
・ガラスの熱性能値と光学特性
・フレームの光学特性
・日射遮蔽性能の代表値

ガラスとフレームの光学特性
・ガラスの可視光透過率
・フレームの可視光反射率

窓の熱性能値
・窓全体の熱性能値
・窓の部位ごとの熱性能値

タイプ プロパティ

ファミリ(F): PASSIVE4_YKKAP_APW330_引違い窓
タイプ(T): w2490h1110
ロード(L)... 複製(D)... 名前変更(R)...

タイプ パラメータ(M)

パラメータ	値
構築	
グラフィックス	
文字	
マテリアル／仕上	
ガラス　マテリアル	YKK AP_Low-E複層遮熱
熱用ガラスマテリアル	2.0
熱用ガラスマテリアルの説明	APW330_Low-E複層取得
サッシマテリアル_室内	YKK AP_内観外観_White
サッシマテリアル_屋外	YKK AP_外観_Brown
クレセントマテリアル	YKK AP_内観外観_White
額縁 マテリアル	塗装_白色
膳板 マテリアル	塗装_白色
寸法	
W	2490.0
幅	2490.0
H	1110.0
高さ	1110.0
全幅	
全高	
解析用プロパティ	
次による断熱プロパティの定義	ユーザ設定
解析用性能	<なし>
可視光線透過率	0.537015
日射熱取得率	0.440483
熱抵抗(R)	0.5037 (m²·K)/W
熱伝達係数(U)	1.9854 W/(m²·K)
エネルギー解析	
ガラス面積率	0.707000
可視光透過率（ガラス）	0.774000
可視光透過率（窓）	0.547218
日射熱取得率（ガラス）	0.620000
日射熱取得率（フレーム）	0.027386
日射熱取得率（窓）	0.446364
熱貫流率（ガラス）	1.400000
熱貫流率（フレーム）	3.311263
熱貫流率（窓）	1.960000
IFCパラメータ	
データ	
その他	
ID	2491110.0
KEY	5.0
IDとKEY説明	ID:窓寸法の組合せ(HW),KEY:フレーム物性値を決めるためのID
上枠見付	51.0

図6　窓のデータベース内容

には日射熱を取り込み過ぎて、室内が暑くならないための窓まわりのデザインに配慮しました。図7に、冬期の壁面への日射量積算値と、検討前後の建物形状の違いを示します。南面を「くの字」にすることで、冬期の朝の遊戯室での日射取得が約1・5倍となり、温熱環境の向上と暖房負荷の削減ができました。

― 中間期の通風利用 ―

数値流体力学（CFD：Computational Fluid Dynamic）シミュレーションにより、建物形態を検討しました。図8に、卓越風向に基づくシミュレーション結果を示します。Ｒｅｖｉｔから建物形状をｄｗｇ形式でアウトプットし、シミュレーションソフトで読み込みました。

この地域特有の季節風であるあいの風（北東風）を北側壁面で捕まえ（ウインドキャッチ効果）、室内に風を取り込みやすい建物形状としました。北壁面に作用する風圧係数が大きくなり、効果的な通風利用が可能になりました。

― 暖冷房負荷の削減 ―

暖冷房負荷シミュレーションを用い、黒部の気候に合った断熱仕様と開口部仕様を検討しました。省エネ基準相当の断熱仕様と、外壁・窓の仕様を向上させた場合の暖冷房負荷を図9に示します。高性能な樹脂窓とＬｏｗ-Ｅ複層ガラス、そして付属物（外付けロールスクリーン）の組合せにより、省エネ基準相当の断熱仕様に対し、暖冷房負荷を57％削減できることが分かりました。

さらに、感度分析によって個々の高性能窓の暖冷房負荷削減への効果を明らかにし、丁寧な断熱性能・遮熱性能の設計を行いました。図10に、感度解析を行った検討対象の窓の位置（破線赤丸）と効果の大きい窓の位置（青丸）を示します。

図10に、窓の性能向上による暖冷房負荷の削減効果を示します。効果の大きい窓を優先的に高性能化することで、性能向上とコスト増加のバランスを考慮することができます。図11は、省エネ基準相当の窓を高性能窓に変更した際の暖冷房負荷の削減量を示します。図11中【案4】は、図10の青丸で示した削減効果の大きい窓を高性能化した場合の削減効果を示しています。半数以下の窓を高性能化するだけでも、検討対象すべてを高性能化した場合の79％の削減効果を得られることが分かりました。図12に、暖房負荷・冷房負荷は削減効果を個々に示したグラフを示します。方位によって暖冷房負荷の削減効果は、異なることが分かりました。

設計段階にＢＩＭを活用した環境シミュレーションによってパッシブ設計の検

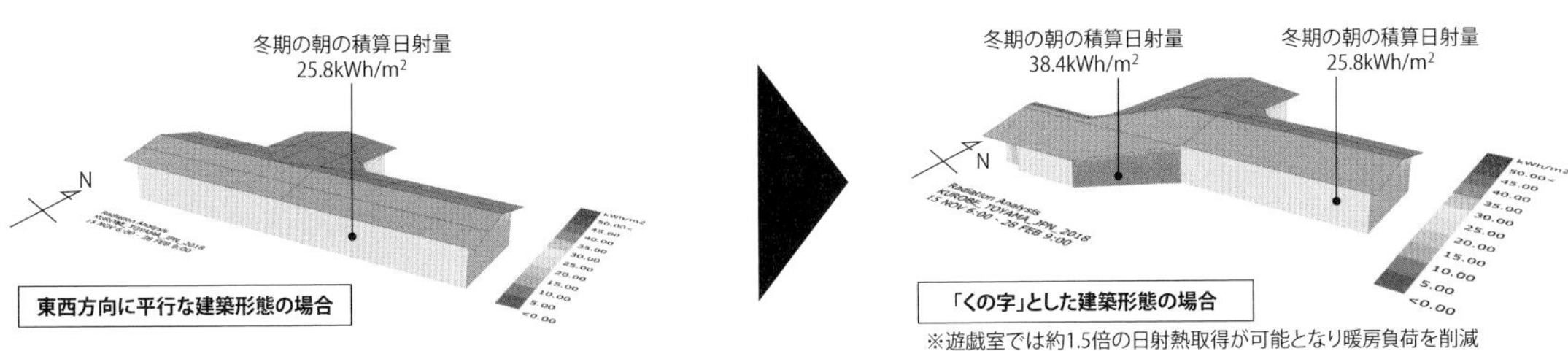

図7　冬期日射量による検討前後の建物形状

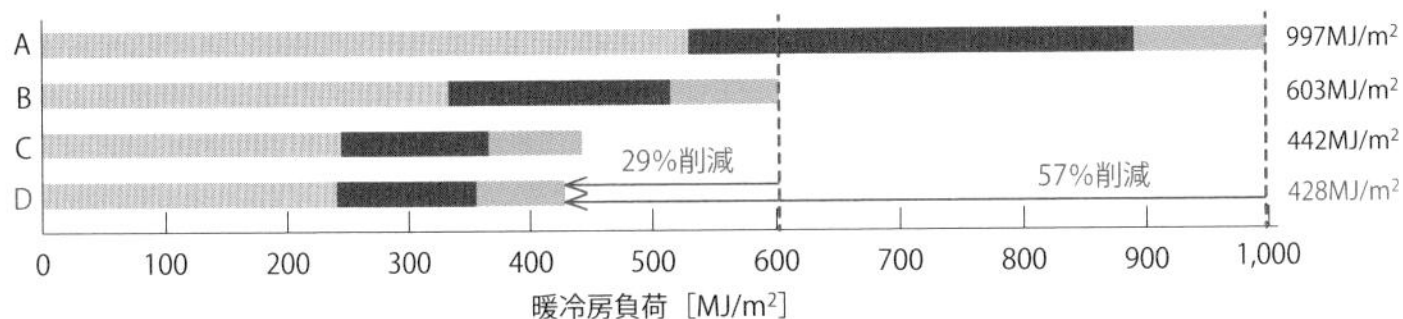

図9　年間暖冷房負荷最小化のための外壁・窓の仕様

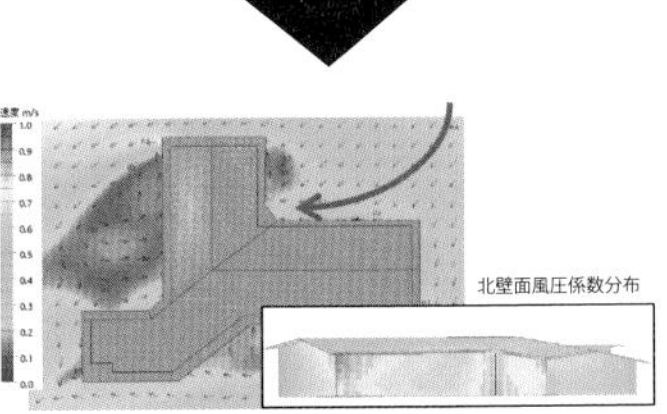

図8　通風性能検討前後の建物形状

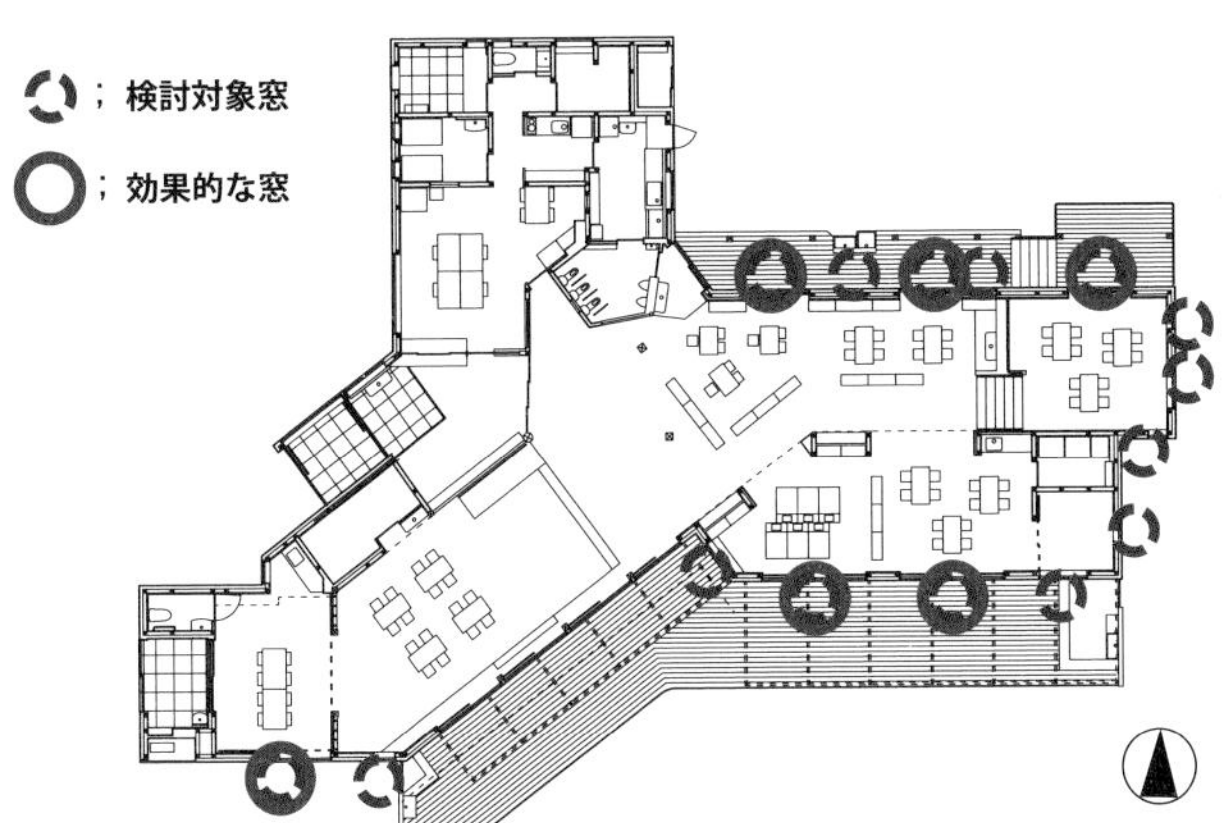

図10　感度解析検討対象窓と効果的な窓の位置

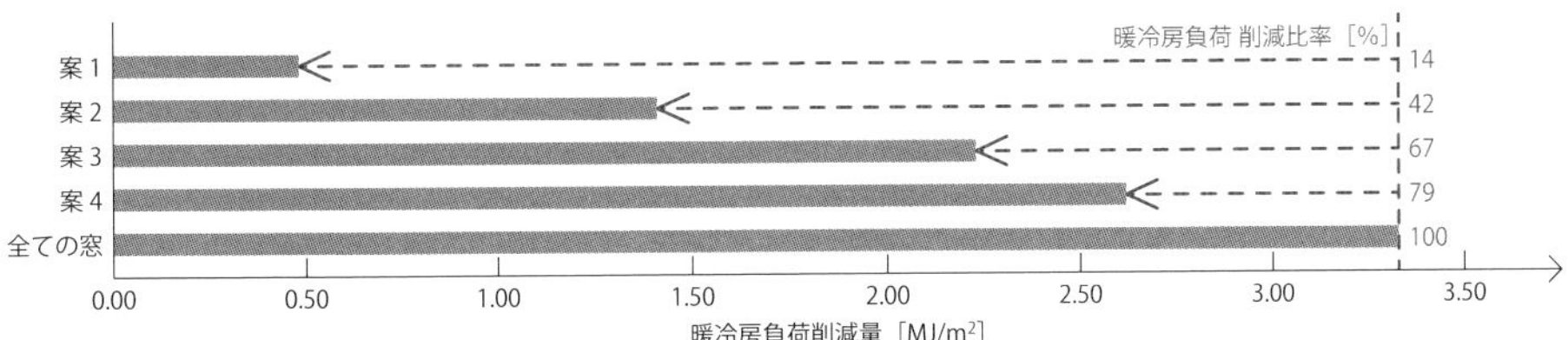

図11　窓の性能向上による暖冷房負荷の削減効果

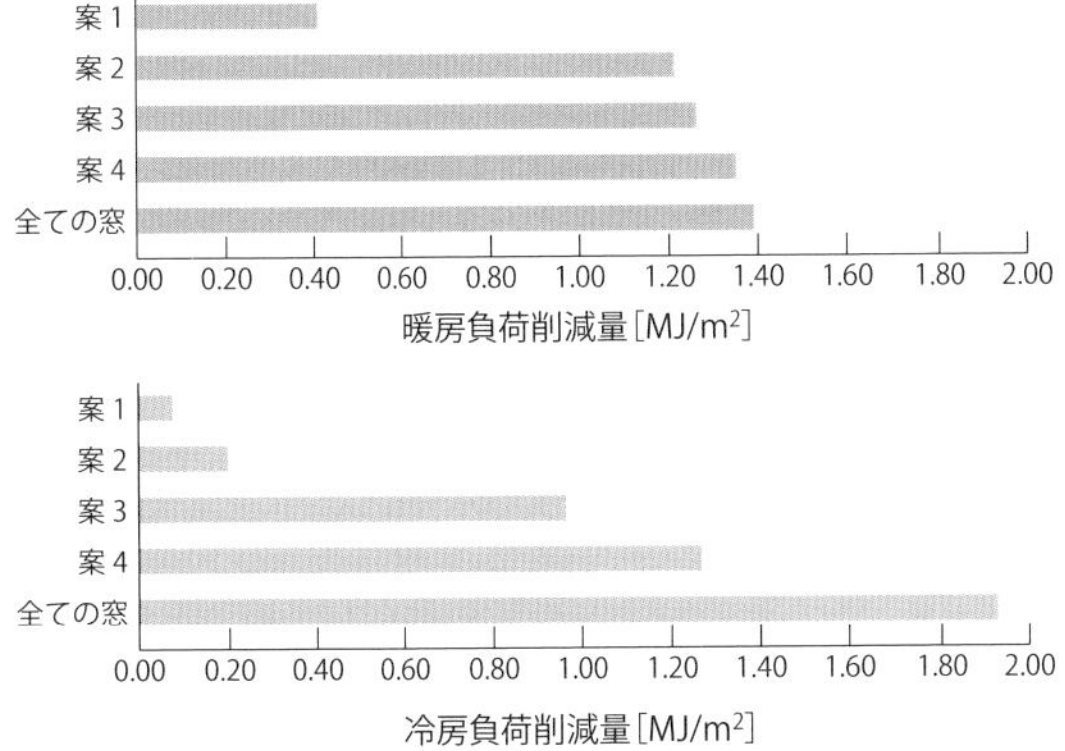

図12　窓の性能向上による暖房負荷・冷房負荷の削減効果

討を行い、建物の形状と窓性能を提案しました。その際に、窓のデータベースの活用により、効率的に正確なシミュレーションが可能になりました。

ここで紹介した以外にも、季節ごとの室内温度・光環境のシミュレーションなど、精緻な環境シミュレーションが意匠設計者と連携して行われ、保育園のパッシブ設計の設計コンセプトとして「積極的な通風利用による快適な温度管理」「はだし保育」に対応した暖冷房計画」「自然採光による明るく居心地のよい光環境」「空気のよどみのない丁寧な換気計画」がまとめられました。

窓の性能を実感するための体感ショールーム

YKK AP ㈱書籍制作委員会

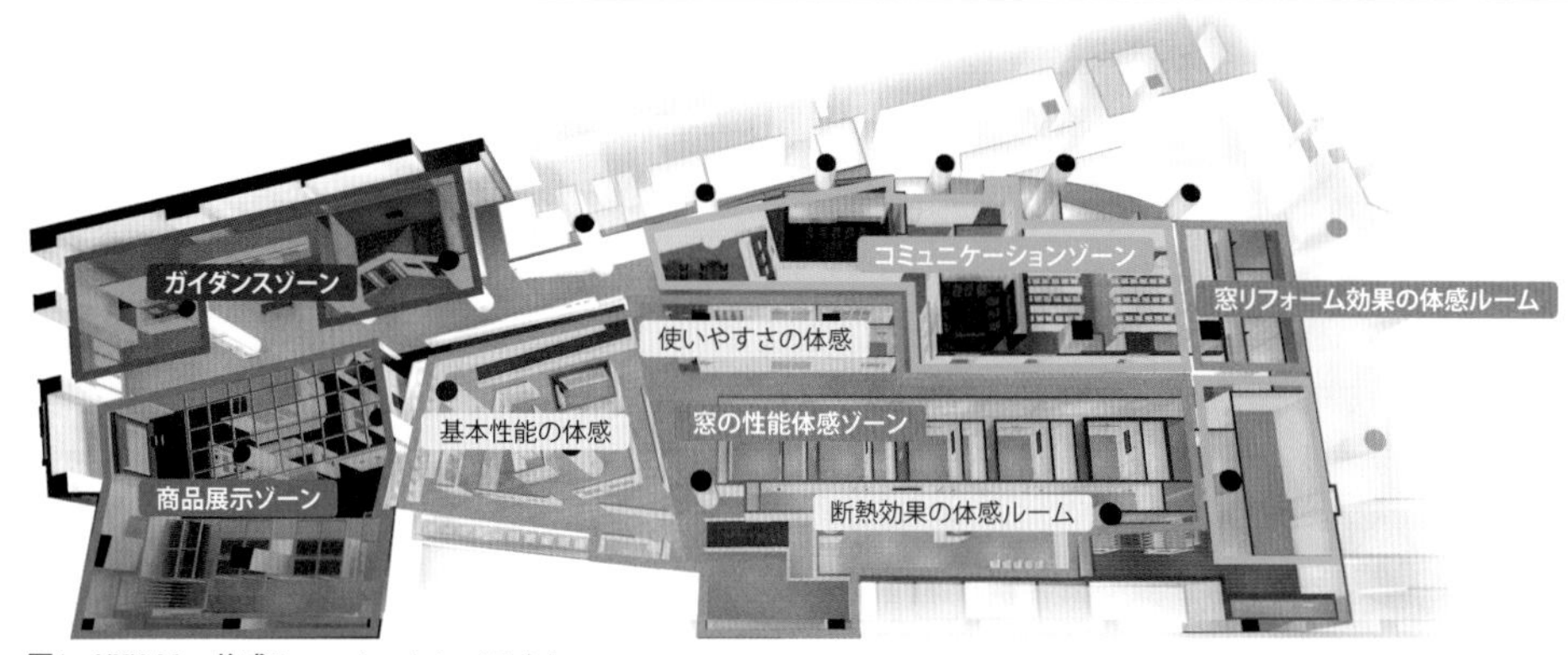

図1　YKK AP　体感ショールームレイアウト
（https://www.ykkap.co.jp/business/showroom/area/taikan）

多様なツールによって、住宅のパッシブ設計を実現するための窓性能とその効果を数値で確認できますが、実物に触れて性能の違いを実感・体感することにより、高性能な窓の必要性を説得力を持って伝えることができるのではないでしょうか。窓メーカーであるＹＫＫＡＰでは、これまでの商品を紹介するショールームの他に、窓と外皮を組み合わせた家全体での性能差を体感できる「体感ショールーム」を設置しています。ここでは、体感ショールームの機能やコンテンツについて紹介します。

体感ショールームの役割

体感ショールームは、主に①商品展示ゾーン、②コミュニケーションゾーン、③窓の性能体感ゾーンで構成されます。窓の性能体感ゾーンには、パッシブ設計に重要な窓性能である遮熱性能、断熱・防露性能、遮音性能を触ったり、聞いたり、可視化できる装置があります。さらに、通風・換気効果を実験機で見ることも可能です。断熱効果の体感ルームには、外皮性能が異なる五つの部屋を設置し、実際の冬の室内環境に近い空間を再現しています。

―遮熱コーナー―

遮熱コーナーの体感装置を、**図2**に示します。ここでは、フレームやＬｏｗ-Ｅ複層ガラスなど窓の仕様別の性能値と遮熱効果を比較できます。また、オーニングなどの外部遮蔽商品による日射遮蔽効果を夏至、冬至の太陽光を再現したスポットライトで確認できます。

―断熱・防露コーナー―

断熱コーナーの体感装置を、**図3**に示します。ここでは、フレームやＬｏｗ-Ｅ複層ガラスなど窓の仕様別の性能値と結露発生状況を比較できます。また、サーモ画像で表面温度差をビジュアルに確認できます。Ｌｏｗ-Ｅ複層ガラスの樹脂スペーサーや中空層に不活性ガス（アルゴンガスなど）を入れることで、断熱効果が色の違いで表れています。外部に、シャッターを取り付けた場合の断熱・防露効果も確認できます。

―遮音コーナー―

遮音コーナーの体感装置を、**図4**に示します。ここでは、フレームやガラス厚など、窓の仕様別の性能値と遮音効果を比較できます。騒音計や周波数別の音源発生装置によって、音の大きさ（dB）や周波数（Hz）の違いによる遮音効果の違いを体感できます。二枚のガラスを足し合わせた厚さが同じでも、遮音効果に違いがあること、内窓による遮音効果、コインシデンス効果や共鳴を、聴覚と測定値で確認することができます。

図2　遮熱コーナー体感装置
（仕様別の性能値と遮熱効果比較）

図3　断熱コーナー体感装置
（仕様別の性能値と断熱効果・結露状況比較）

壁に沿うように
風を流す
たてすべり出し窓
引違い窓
ROOM2
ROOM1

図5　通風・換気コーナー実験装置横断面

外観（引違い窓）

室外側のスピーカーから騒音を発生

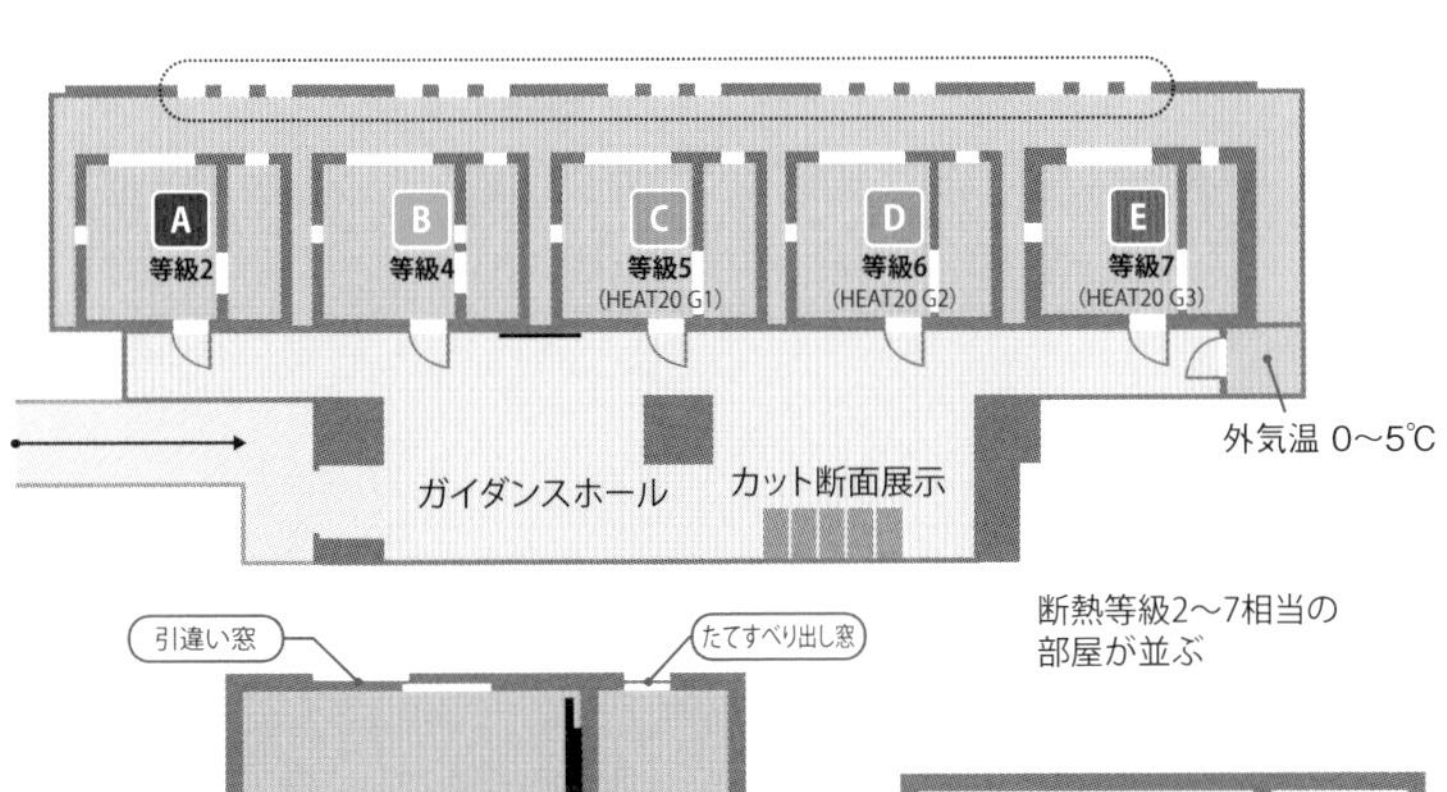

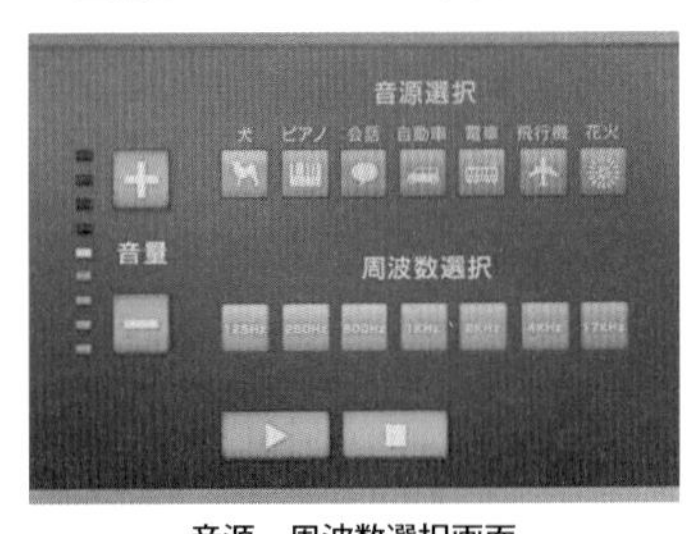

音源・周波数選択画面

図4　遮音コーナー体感装置

断熱等級2～7相当の
部屋が並ぶ

引違い窓
たてすべり出し窓
たてすべり出し窓
暖房室
非暖房室

たてすべり出し窓
引違い窓
たてすべり出し窓
暖房室
非暖房室

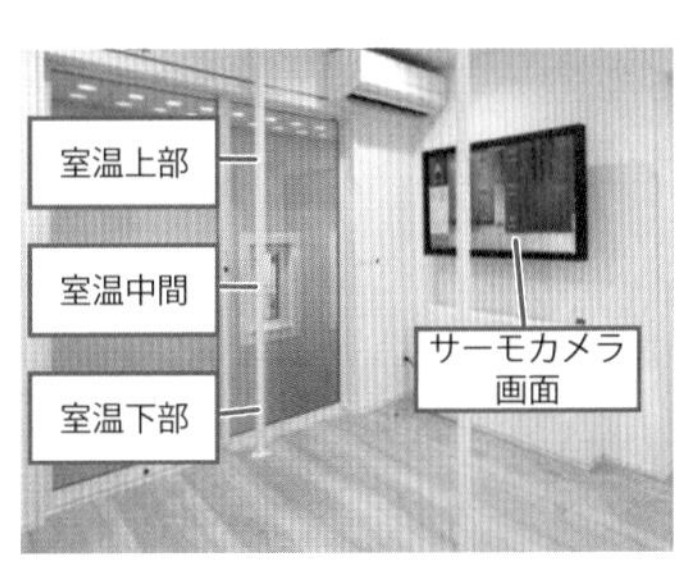

暖房室内観

図6　断熱効果の体感ルーム概要（左：間取図、右：断面図）

—通風・換気コーナー—

通風・換気コーナーの体感装置を、図5に示します。ここでは、ミストを使った実験装置で窓種の違いによる通風換気効果を比較できます。たてすべり出し窓を用いたウインドキャッチの効果を、引違い窓と比較することにより明らかにしています。また、室内建具による風の通り道の提案や、換気框付と段窓換気ファン付窓の効果も確認可能です。

—断熱効果の体感ルーム—

断熱効果の体感ルームの間取図と断面図を、図6に示します。断熱等級2の外皮性能の部屋から断熱等級7の性能をもつ部屋まで、仕様の異なる五つの部屋を冬の外気温（0～5℃）の空間内に設置し、室内環境を再現しています。各部屋には暖房室と非暖房室があり、窓辺の寒さや結露状況、室温のむら、部屋間の温度差を比較できます。室温や壁や窓の表面温度は、サーモカメラや温度計で可視化し、暖房の電力消費量も表示しています。

体感ショールームでは、窓性能を五感で感じるとともに、性能を数値や画像で見える化することで、高性能な窓の必要性を理解し、実践につなげていただければと考えています。窓による住宅のパッシブデザインの設計根拠としての活用を期待しています。

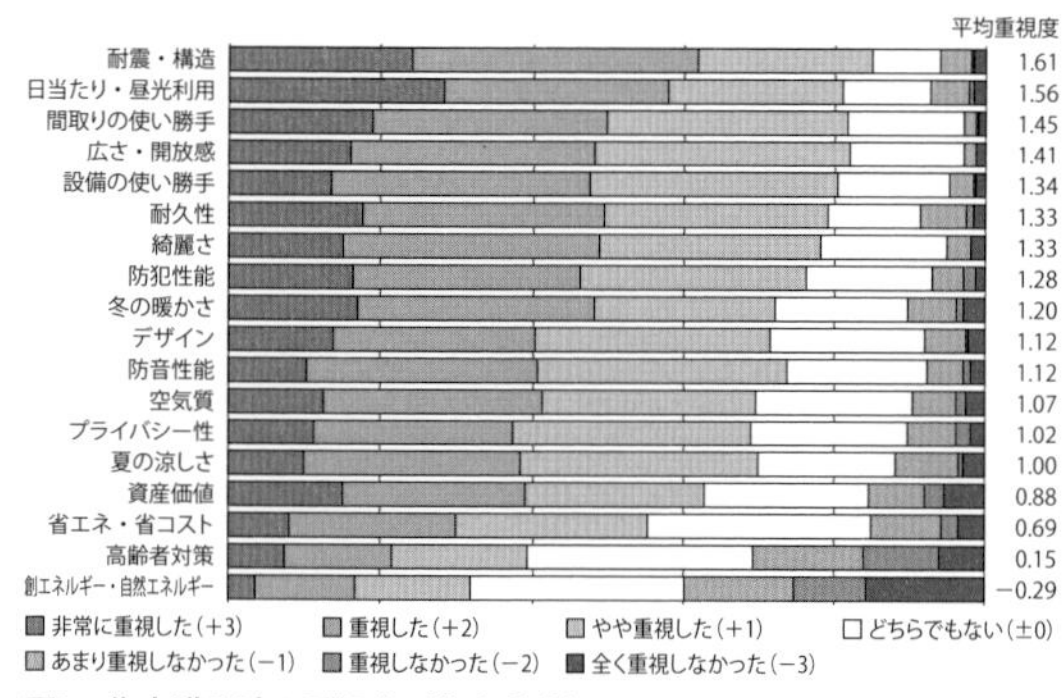

図3 住宅購入時の重視度（集合住宅）

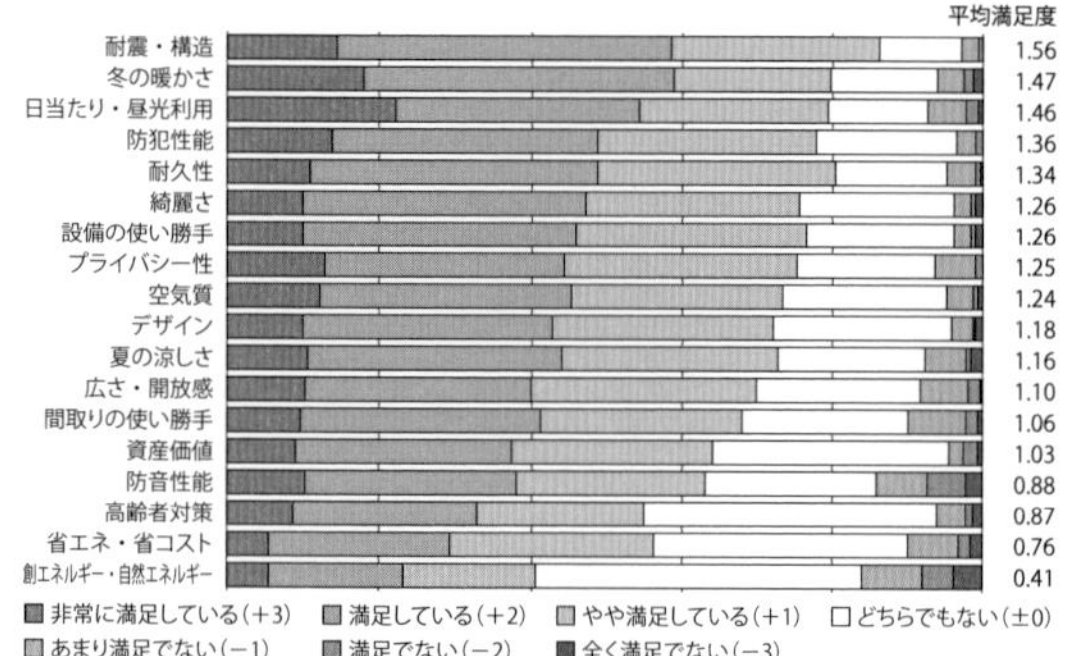

図4 居住後の満足度（集合住宅）

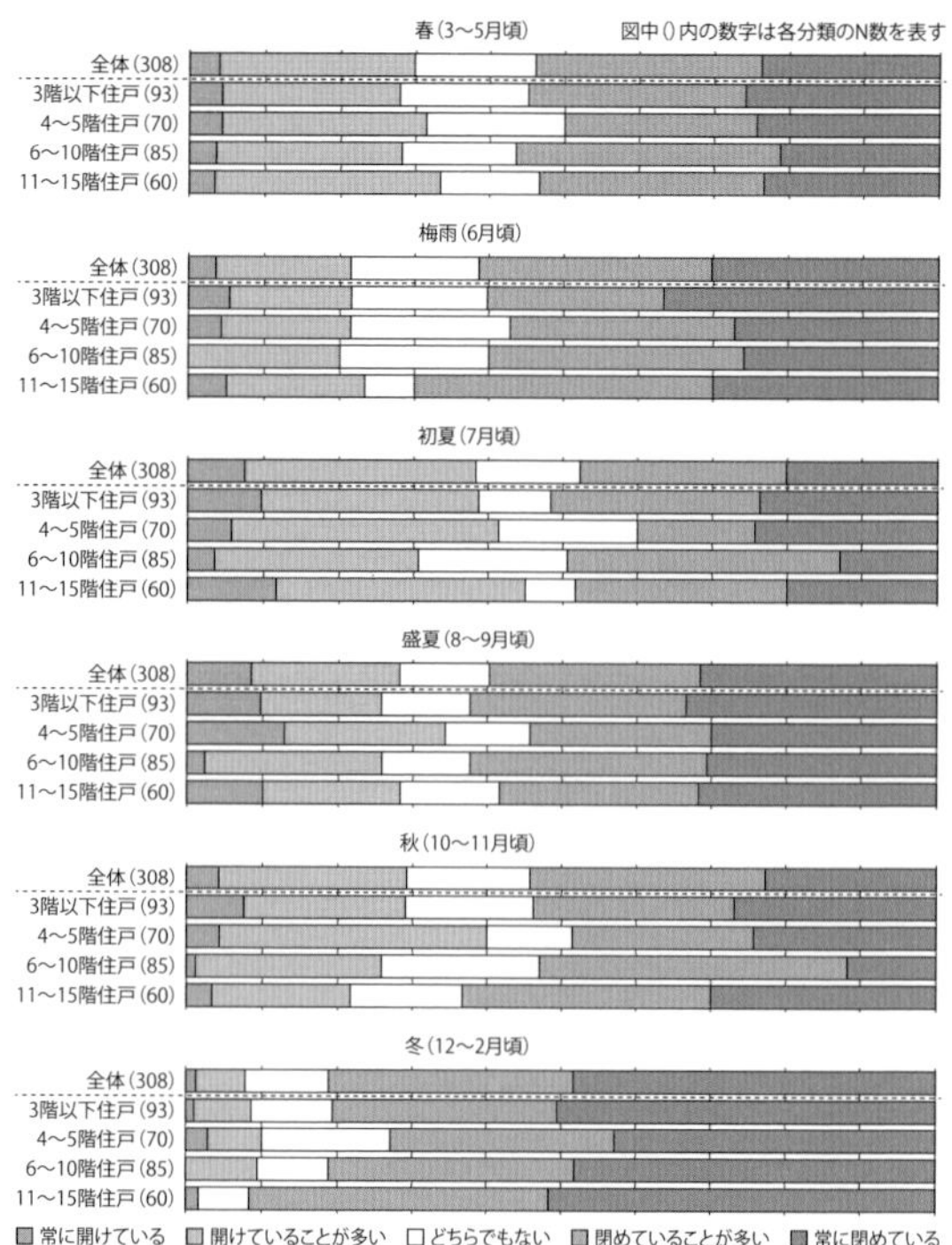

図5 日中の通風利用の実態（集合住宅）

ている回答者が一定数存在する結果でした（**図4**）。

居住者の環境調整行動の実態（通風利用の場合）

居住者が窓を開けて通風利用を行うという環境調整行動をどの程度行っているのか、その実態を把握するために季節ごと・時間帯ごとの通風利用の実態やその目的、また環境調整行動を阻害している要因を調査しました。戸建住宅のリビングについて、在宅時の通風利用状況の調査を行うと「常に開けている」「開けていることが多い」居住者は、初夏（7月頃）が4割強と最も多く、春（3〜5月頃）・盛夏（8〜9月頃）・秋（10〜11月頃）にも3割程度いる結果となりました。日中に通風利用を行う理由は、いずれの季節も「部屋を換気するため」が最も多く、昨今の新型コロナウイルス感染症流行の影響もあり、換気に対する高い関心がうかがえました。また、「外の空気を取り入れて、室温を下げるため」「風に当たって、涼むため」といった通風利用による室温低下・採涼を目的とした回答も、冬（12〜2月頃）を除いて3〜6割の割合を占めていました。日中に通風利用を行わない理由については、いずれの季節も1階にリビングを設けた場合は「防犯が気になるため」が多く、戸建住宅では通風利用を行いたくても防犯性能に対する懸念から十分に実施できていない実態が明らかとなりました。

集合住宅のリビングについて、在宅時の通風利用状況を示します（**図5**）。初夏（7月頃）および盛夏（8〜9月頃）には「常に開けている」人が1割程度を占めており、これは戸建住宅居住者よりも多い割合となりました。戸建住宅とは異なり集合住宅では防犯性に対する懸念が少ないために、窓を大きく開放できることに起因すると考えられます。日中に通風利用を行う理由については、戸建住宅と同様の傾向を示しています。より住戸が上階にある場合には「外の空気を取り入れて、室温を下げるため」「風に当たって、涼むため」と回答した人の割合が増えており、住戸が上階にあるほど防犯性能を気にせずに窓を開放できている実態が見えてきました。日中に通風利用を行わない理由については、戸建住宅では最も多かった「防犯が気になるため」は、いずれの季節も1〜2割程度にとどまっています。一方で、「外の騒音が気になるため」の割合は戸建住宅よりも多い結果となりました。

本当に有効な窓の設計を目指して

本コラムでは、密集住宅地に建つ戸建住宅・集合住宅の居住者を対象に、住宅性能に関する重視度・満足度や、居住者の環境調整行動への意識についてのアンケート結果の抜粋を紹介しました。戸建住宅と集合住宅といった住戸形態の違いや周辺環境の違いによって、居住者による環境調整行動の傾向が大きく異なることを理解いただけたかと思います。防犯性能やプライバシー性など効果的な環境調整行動の阻害となる要因について設計の工夫によって解決を図り、本当に有効な窓を設計するためには環境調整行動の実態を理解するとともに、緻密な敷地条件の読み取りが求められています。

パッシブデザイン
ポテンシャルアンケートの考察

谷口景一朗◎東京大学大学院特任准教授

居住者の環境調整行動への意識の把握

新型コロナウイルス感染症の流行を踏まえた「新しい生活様式」でのテレワーク推奨により、家庭部門のエネルギー消費量の増加が予想され、さらなる省エネへの取組みが求められています。住宅のエネルギー消費量削減のためには、太陽の熱・光、自然風といった自然エネルギーを「窓を開ける」「窓付属物を開け閉めする」といった居住者の環境調整行動により、季節ごとに最大限活用することが効果的です。一般的に敷地に余裕がある方が自然エネルギー活用は容易ですが、農地転用や相続に伴う土地の細分化によって住宅1戸当たりの敷地面積が近年減少してきており、加えて首都圏（東京・神奈川・埼玉・千葉）などの都市部の戸建住宅の敷地面積は、全国平均より約3割も小さいことが総務省の住宅・土地統計調査などの結果を見ると分かります。また、戸建よりも自然エネルギー活用が難しいとされる集合住宅も、着工件数が増加傾向にあります。このような厳しい条件の住宅でも積極的に自然エネルギー活用を検討することは、家庭部門のエネルギー消費量を削減していくために取組むべき重要なテーマです。このような背景から、近年増加傾向にある密集住宅地に建つ戸建住宅・集合住宅について、住宅性能に関する重視度・満足度や居住者の環境調整行動への意識についての実態を把握するために、2021年3月にWebアンケート調査を行いました。ここでは、アンケート結果の抜粋を紹介します。

住宅性能に関する重視度と満足度

住宅性能を表す18項目について、住宅購入時の重視度と居住後の満足度を調査しました。戸建住宅居住者の場合、「日当たり・昼光利用」の平均重視度が最も高く、重視した回答は8割近くに達しており、日照・日射に対する関心の高さがうかがえます。また、「冬の暖かさ」「夏の涼しさ」といった温熱環境にかかわる項目についても重視した回答は「冬の暖かさ」では7割超え、「夏の涼しさ」でも6.5割近くに達しており、関心が高いことがわかります。その他では「耐震・構造」「耐久性」「間取りの使い勝手」の平均重視度が高い結果となりました（**図1**）。居住後の満足度は、重視度が最も高かった「日当たり・昼光利用」は満足度も最も高い結果となっています。一方で、「冬の暖かさ」「夏の涼しさ」といった温熱環境にかかわる項目は、いずれも不満足の回答が1.5割程度存在しており、一定数の回答者が住宅の温熱環境に対する不満を

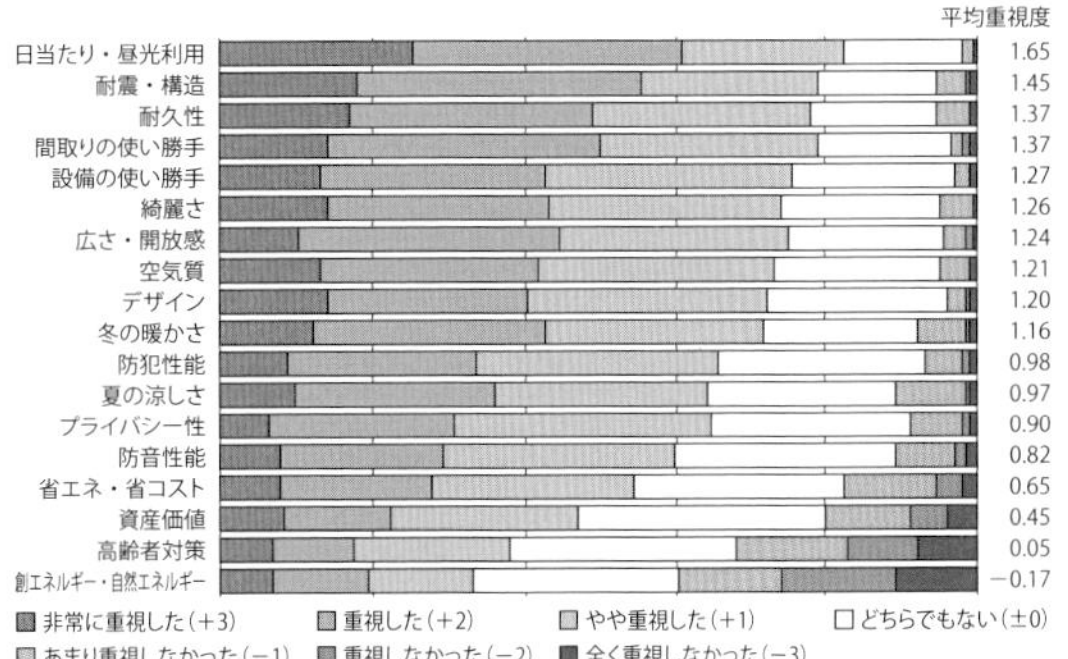

図1　住宅購入時の重視度（戸建住宅）

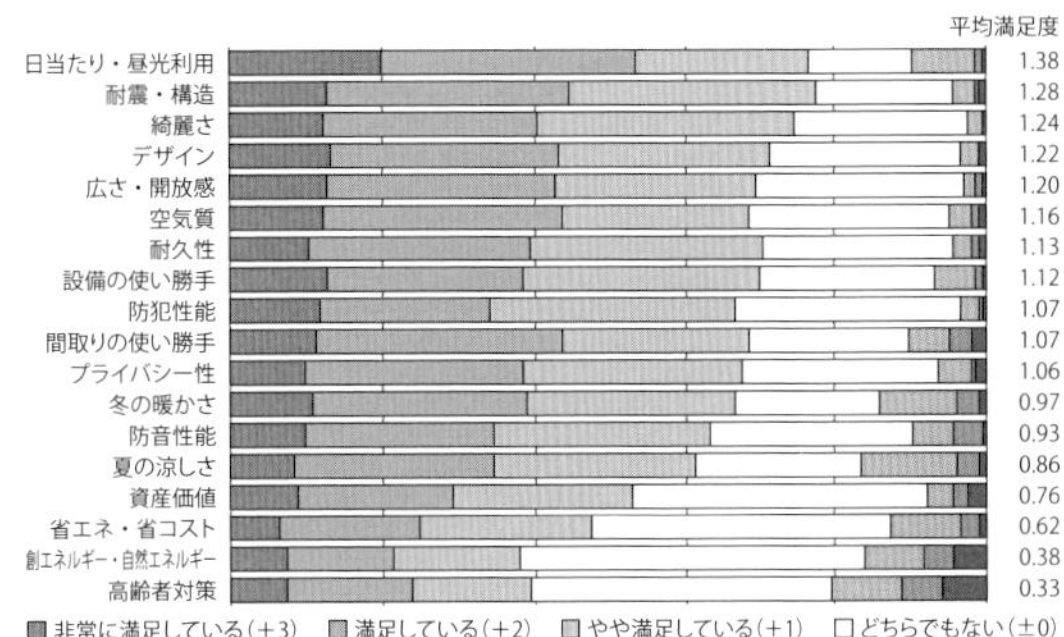

図2　居住後の満足度（戸建住宅）

抱えている結果となりました（**図2**）。

集合住宅居住者の場合、「日当たり・昼光利用」の重視度は「耐震・構造」に次いで高く、重視の回答は8割を超えており、戸建住宅と同様に日照・日射に対する関心の高さがうかがえます。また、温熱環境にかかわる項目についても、重視の回答はともに7割を超えており、戸建住宅と同様に高い関心がうかがえます。戸建と比較すると、防犯性能・防音性能・プライバシー性の平均重視度の値が高くなっており、集合住宅という住居の形態から、周囲の住宅・住戸に対する配慮や周囲からのプライバシーの確保といった要望が、戸建の居住者よりも強くなっていることがわかります（**図3**）。居住後の満足度については、「日当たり・昼光利用」は満足度も高くなっています。戸建の居住者と異なり、「冬の暖かさ」や「夏の涼しさ」についても満足度が高い結果となりました。これは、集合住宅では外気に面した外壁の面積が比較的小さいことで熱損失が小さく抑えられ、冬の室内環境が比較的良好に保たれること、また、集合住宅では戸建よりも防犯性やプライバシー性に対する懸念が少ないことから、窓を大きく開けた通風利用が行いやすく、室温低下や採涼を行うことができているためと考えられます。温熱環境・光環境以外の項目では、防犯性能・プライバシー性は居住後の満足度が高い結果となりました。一方で、防音性能は不満の回答が1.5割程度を占めており、周囲の住戸との間で騒音に対する不満を抱え

あとがき

「窓で変わる住宅のパッシブ設計」書籍制作委員会　齊藤孝一郎　YKK AP㈱

本書は、黒部市のパッシブタウンの評価に取組んだ「パッシブデザイン性能研究部会」の先生方から研究成果を書籍にしてはどうか、との機運が高まり、倉渕隆先生、吉澤望先生（共に東京理科大学）、前真之先生、谷口景一朗先生（共に東京大学）の賛同が得られスタートしました。そして「これまでにない〝窓〟に焦点を当てたこれまでにない書籍で、窓によるパッシブ設計で住宅の環境がどう変わるのかを住宅設計者に知ってもらいたい」という前先生の強い想いに引っ張られて熱が入り出しました。温熱環境や窓の性能などの知識が少ない設計者の方にも分かり易く伝えるために、表現方法に苦心した時期もありましたが、前先生をはじめ第一線で活躍される先生方や当社の書籍制作委員会の協力により、発刊を迎えることができました。

本書をとおして、「快適な住宅を実現するパッシブ設計のポイント＝窓」であることをご理解いただけたと思います。気持ちよさ・心地よさ・環境を意識することにより「極端な省エネ・断熱」と「徹底した意匠優先」との分断を埋め、開口部（窓＋付属物）のさまざまな工夫が設計を広げるヒントになったのではないかと思っています。私も長年この仕事にかかわっていますが、窓の日射熱取得性が室内の温かさに大きく影響すること、眺望を満足すれば照度はさほど問題でないこと、一面開口でも通風が確保される可能性があることは、新たな発見でした。

また、高性能住宅を具現化するためには、オーナーの要望、敷地条件、コストなど、性能以外の実務的な課題が多くあります。3章の座談会では、こういった具現的な設計者の工夫や苦労が垣間見え、これから高性能住宅の設計に取組む実務者にとっては、大変参考になる内容だと考えています。加えて、解析ソフトなどの設計支援ツールについても紹介をしています。今後は住宅設計においてもシミュレーションの活用が必要になることが予想されるため、本書をとおしてシミュレーション活用のポイントを知っていただければと思います。

２０２３年に温室効果ガス46％削減（２０１３年度比）、２０５０年にはカーボンニュートラルを達成するには、建材をはじめとした住宅の基本性能を向上させるだけでなく、パッシブ設計の導入が極めて重要になります。脱炭素社会に向けて、市場を牽引しようとしている窓メーカーと設計者が一丸となって取組む必要があります。

最後に、前先生を筆頭に、コロナ禍で社会的混乱が広がる状況でも制作にご協力をいただいた先生方に感謝を申し上げます。また、当社の書籍制作員会メンバーにも、多大な協力をいただきました。特に、石川創さん、鷹木萌さんには、営業・企画部門の強力なバイタリティで窓メーカーが住宅設計者やエンドユーザーに伝えるべき内容や手法を提案して貰いました。その他、出版を引き受けてくれた㈱建築技術をはじめ、書籍制作にかかわっていただいたすべての方々に、この場を借りて感謝申し上げます。

企画立上げから約2年という時間が過ぎましたが、本書がこれからの住宅と窓の発展の一助になれば幸いです。

●著者一覧

前 真之（まえ・まさゆき）

1998年3月　東京大学工学部建築学科卒業
2003年3月　東京大学大学院工学系研究科
　　　　　建築学専攻博士課程修了　博士（工学）
2003年4月　日本学術振興会特別研究員として建築研究所に勤務
2004年4月　独立行政法人建築研究所 研究員
2004年10月 東京大学大学院東京電力寄付講座 客員助教授
2008年より　現職
東京大学大学院　工学系研究科　建築学専攻　准教授

［主な著書］エコハウスのウソ2（日経BP社）／エコハウスのウソ増補改訂版（日経BP社）／あたらしい家づくりの教科書(新建新聞社)／エコハウスへの誘い（鹿島出版会）

倉渕 隆（くらぶち・たかし）

1982年3月　東京大学工学部建築学科卒業
1985年3月　東京大学大学院工学系研究科
　　　　　建築学専攻博士課程中退　博士（工学）
1985-1992　東京大学工学部 助手
1986-1987　米国商務省付属国立基準局 客員研究員
1992-1995　東京理科大学工学部 専任講師
1995-2003　同 助教授
2003-　　　同 教授
2022年より　東京理科大学副学長
東京理科大学工学部　建築学科　教授

［主な著書］初学者の建築講座　建築環境工学（市ヶ谷出版）／はじめての環境・設備設計シミュレーション　CFDガイドブック（オーム社）／実務者のための自然換気設計ハンドブック（技報堂出版）／建築環境設備ハンドブック（オーム社）／床暖房読本（風土社）

吉澤 望（よしざわ・のぞむ）

1993年3月　東京大学工学部建築学科卒業
1998年3月　東京大学大学院工学系研究科
　　　　　建築学専攻博士課程修了　博士（工学）
2002-2006 東京理科大学理工学部建築学科 助手
2006-2009 関東学院大学人間環境学部
　　　　　人間環境デザイン学科 講師
2009-2010 同学科 准教授
2010-　　　東京理科大学理工学部建築学科 准教授
2015-　　　東京理科大学理工学部建築学科 教授
東京理科大学理工学部　建築学科　教授

［主な著書］HEAT20 設計ガイドブック｜2021 正しい住宅断熱化の作法（㈱建築技術）／JIEG-012（2021）美術館・博物館の照明技術指針（照明学会）／日本建築学会環境基準　AIJES-L0003-2018　昼光照明規準・同解説（日本建築学会）／日本建築学会環境基準　AIJES-L002-2016　照明環境規準・同解説（日本建築学会）／光の建築を読み解く（彰国社）／日本建築学会環境基準　AIJES-L001-2010　室内光環境・視環境に関する窓・開口部の設計・維持管理規準・同解説（日本建築学会）／環境負荷低減と豊かな光環境の両立に向けて（照明学会）

谷口景一朗（たにぐち・けいいちろう）

2007年3月　東京大学工学部建築学科卒業
2009年3月　東京大学大学院工学系研究科
　　　　　建築学専攻修士課程修了
2022年3月　博士（工学）取得
2009-2016　株式会社日建設計
2016-2022　東京大学大学院工学系研究科建築学専攻 特任助教
2016-　　　スタジオノラ共同主宰
2022-　　　東京大学大学院工学系研究科建築学専攻 特任准教授
東京大学大学院　工学系研究科　建築学専攻　特任准教授

［主な受賞］2018年　日本建築学会、日本建築学会教育賞（教育貢献）／2020年　空気調和・衛生工学会、空気調和・衛生工学会賞技術賞／2020年　日本建築学会、作品選集新人賞

藤間明美（ふじま・あけみ）

1986年3月　東京都立大学卒業
富士通株式会社
株式会社インテグラル
株式会社インテグラル　代表取締役社長
二級建築士

渡辺圭彦（わたなべ・きよひこ）

1993年　　上智大学文学部新聞学科卒業
扶桑社「住まいの設計」編集部、ハウジングエージェンシーを経て、
2004年よりフリーランスとして活動

［主な著書］「住まいの進路相談室」（扶桑社）

富川義弘（とみかわ・よしひろ）

1982年3月　名古屋大学理学部地球科学科卒業
1997年9月　金沢大学大学院自然科学研究科
　　　　　システム科学専攻博士課程卒業　博士（工学）
1982年　　吉田工業株式会社開発部勤務音響担当
1984年　　吉田工業株式会社研究開発本部音響・振動解析担当
1994年　　YKK株式会社研究開発本部
　　　　　解析技術センター音響・振動解析担当
2004年　　YKK AP株式会社中央試験所試験企画室試験技術担当
2015年　　YKK AP株式会社中央研究所音響技術担当　現職
　　　　　YKK AP中央研究所・研究員

YKK AP㈱「窓で変わる住宅のパッシブ設計」書籍制作委員会

八木繁和（やぎ・しげかず）
技術顧問

石川 創（いしかわ・はじめ）
窓事業推進部 部長

鷹木 萌（たかぎ・もえ）
窓事業推進部

手塚重博（てづか・しげひろ）
開発本部デザインセンター

田中英興（たなか・ひでおき）
開発本部デザインセンター

岸本尚子（きしもと・なおこ）
中央研究所

齊藤孝一郎（さいとう・こういちろう）
中央研究所／エリアリーダー

窓で変わる住宅のパッシブ設計

発行
2023年8月31日

著者
前 真之、倉渕 隆、吉澤 望、谷口景一朗

発行者
橋戸幹彦

発行所
株式会社建築技術
〒101-0061 東京都千代田区神田三崎町3-10-4 千代田ビル
TEL 03-3222-5951 FAX 03-3222-5957
https://www.k-gijutsu.co.jp/
振替口座 00100-7-72417

造本デザイン協力
三浦裕一朗（文々研）

印刷・製本
三報社印刷株式会社

ISBN978-4-7677-0182-0